主编 董树宝

美学与美育研究

文化艺术出版社
Culture and Art Publishing House

图书在版编目（CIP）数据

美学与美育研究 / 董树宝主编. -- 北京：文化艺术出版社, 2024.7. -- ISBN 978-7-5039-7664-3

Ⅰ. G40-014

中国国家版本馆 CIP 数据核字第 2024VX1329 号

美学与美育研究

主　　编	董树宝
责任编辑	汪　勇
责任校对	董　斌
封面设计	姚雪媛
出版发行	文化藝術出版社
地　　址	北京市东城区东四八条52号　（100700）
网　　址	www.caaph.com
电子邮箱	s@caaph.com
电　　话	（010）84057666（总编室）　84057667（办公室） 　　　　　84057696—84057699（发行部）
传　　真	（010）84057660（总编室）　84057670（办公室） 　　　　　84057690（发行部）
经　　销	新华书店
印　　刷	国英印务有限公司
版　　次	2025年2月第1版
印　　次	2025年2月第1次印刷
开　　本	710毫米×1000毫米　1/16
印　　张	17
字　　数	230千字
书　　号	ISBN 978-7-5039-7664-3
定　　价	78.00元

版权所有，侵权必究。如有印装错误，随时调换。

目录

春霖美育讲座

003　从品位建设看美育的社会功能　高建平

020　审美有标准吗？　彭 锋

数字技术与美育

041　孩子在画什么？
　　　——图像之"重"与视觉美育的真谛　姜宇辉

067　从"游戏的人"到"审美的人"
　　　——数字媒介时代审美研究的新视域与新发展　董树宝

高校美育

091　人文艺术何为？
　　　——基于大学美育理论意蕴与实践向度的考察　王 鑫

110　西山永定河文化在首都高校美育教育中的传承与创新
　　　——以北方工业大学的美育实践为例　于　隽

122　重大事件视域下京西地区高校美育的模式构建与资源更新　李昕皓

美学研究

139　乐韵悠扬
　　　——中国古代音乐的审美与文化之维　李　颖

153　德勒兹与加塔利的"点—圈—线"音乐美学观　曹家慧

172　元宇宙视阈下的审美变迁
　　　——以偶像产业为例　张雅琪

189　作为姿态的舞蹈　熊佳琦

美育教学与反思

203　大学诗教的体悟、实践与反思　赵晓辉

222　京与昆、曲与戏
　　　——北京高校戏曲教学的若干思考　胡淳艳

235　数字技术对美育的挑战与机遇
　　　——"新文科"背景下大学美育的教学实践探索
　　　张　艳　李麟学

域外美育

251 当代中法师范院校美育体系比较研究
　　——以北京师范大学与巴黎高等师范学院为例
　　　杜一雄　柴　婷

春霖美育讲座

从品位建设看美育的社会功能

高建平

摘 要

美育虽有古今之分、中西之别，但中西古代美育都注重诗歌和艺术的教化功能，这凸显了美育的社会功能；席勒和杜威的美育理论皆阐述了美学与美育的基本关系，指出现代美育要以美学为依托开展审美（感性）教育，改善人性的分裂状况，促进人的全面发展。通过分析美育与艺术教育、美育与分科教育、美育与宗教、美育与科学等关系，强调具体艺术门类是实施美育的"抓手"，美育通过共同的艺术活动，实现着人的社群结合，分享相似的趣味。本文回顾中国当代美学与美育的发展，分析了美学与美育在当代社会发展的物质层面与精神层面上的动态变化，指出美学与美育迎来发展黄金时期，品位建设成为当前美育发展的当务之急。

关键词

美育与分科教育 美育与科学品位建设

一、中西美育思想的社会功能

在中西美育历史演变的大背景下，回顾了中西美育思想的发展历程，指出美育虽有古今之分、中西之别，但中西古代美育都注重诗歌和艺术的教化功能，凸显了美育的社会功能。

我们平常可能会觉得美育不能解决吃穿的需要，似乎和我们的生活没有很密切的关系。实际上，如果你回顾历史，无论是西方的还是中国的，就会发现，在日常生活、政治生活、伦理生活等各个方面，美育都起着很重要的作用。美育无所不在，这种存在润物无声，对于当下的品位建设话题有很强的现实意义。

笔者想先树立一个概念，就是当我们谈到美育的时候，这既是一个现代概念，同时又包含古代的美育思想，即现代有美育，而古代有"美育思想"。朱光潜先生写的《西方美学史》这本书中有一个自相矛盾的地方。他在书中说"美学"这一概念是从18世纪鲍姆嘉通[①]创立的，即18世纪才有了一个学科叫作美学，但朱先生的《西方美学史》却是从古希腊写起。那么如何解决这一矛盾？在20世纪80年代，朱光潜先生晚年最后一本书《美学拾穗集》提及，在古代这个东西叫"美学思想"，而且产生很早。这个用词是很精确的，后来我发现很多的美学的前辈学者们都很精确地使用这个词。

朱光潜先生这里做出对古代的"美学思想"（aesthetic ideas）和现代的"美学"（aesthetics）很大的区分，即现代美学学科体系的建立和古代的美学思想是有区别的。美学作为一个学科的建立，在大学设立专业，进行系统的专业研究，这是近代才逐渐有的，古代没有"美学"这个词，那时的学者诸如柏拉图时代、中世纪到文艺复兴的学者等谈到了艺术、谈美等，也不会说其研究的这个东西是美学，但我们确认了美学这一概念后需

---

① 亚历山大·戈特利布·鲍姆嘉通（Alexander Gottlieb Baumgarten，1714—1762），简称"鲍姆嘉通"，又译鲍姆加登，德国著名哲学家。他继承了莱布尼茨与沃尔夫的"感性认知"，并系统地化成一门新的学科，并将它命名为"Aesthetics"。这是鲍姆嘉通对美学史的一大贡献，他后来被称为"美学之父"。

写一本美学史，故把他们写进去。一些古代的理论，是以现代理论为模式整理而成的。美学是如此，各种理论都是如此，美育也是如此。古代没有"美育"（aesthetic education）这个名称，古代的美育思想，是现代美育的对应物。

那么，我们也从希腊说起，西方人的文化、文明和人文主义精神的源头都是从希腊说起，用马克思的话说，他们的诗歌和艺术具有"永久的魅力"①。在希腊文明兴起的时候，我们知道在那个时刻有史诗、有悲喜剧和抒情诗，比如有《伊利亚特》《奥德赛》这两大史诗，有索福克勒斯、欧里庇得斯、埃斯库罗斯三大悲剧诗人，有阿里斯托芬这样的喜剧诗人，这是流传到现在的，而没流传下来的还有很多很多。除了这些，希腊艺术还有博物馆中大批的如宙斯、雅典娜、阿芙罗狄忒等神的雕塑，还有瓶画、建筑等。但是我们想知道，为什么希腊文明可以在短短几代人的时间里开花结果，为什么能几十年时间中一下子出现了如此多的成果，走向了艺术的高峰？这是当时希腊艺术美育性的特点。在那个时代，并不存在"为艺术而艺术"的追求，不存在纯粹为了美本身这一目的来做什么，实际上当时的艺术都是为了另外的目的，艺术是社会政治生活的一部分。我们今天在把艺术看成一个很纯粹的东西，其实对于希腊人来说这是日常生活的一部分，从某种程度上是生活中的一种需要。艺术的目的都是在教育，与当时人的信仰、历史、社群意识都联系在一起。

对于希腊人来说，诗与艺术是社会的黏合剂。希腊人的信仰是通过

---

① 马克思在《〈政治经济学批判〉导言》中指出"希腊人是正常的儿童。他们的艺术对我们所产生的魅力，同它在其中生长的那个不发达的社会并不矛盾"，并评价希腊艺术和史诗"仍然能够给我们以艺术享受，而且就某方面说还是一种规范和高不可及的范本"。

诗和艺术而具形化的。通过诗人把它记下来，通过艺术家把它画出来和雕塑出来，完成了具形的工作。荷马和赫西俄德将神的故事记载下来，才使这些神定型，在诸多的城邦间流传。

什么叫希腊人？希腊指的是什么？我们今天问你是哪个国家的人的时候很可能是在问国籍，可那时候没有国籍。是种族吗？不好说，地中海的沿岸种族混杂。那是什么呢？古代希腊并不是一个国家，而是一种文化上的组合。这种文化，包括宗教在内，也包括他们共同的信仰、知识和活动。希腊人信仰同一组神，就是奥林匹斯山上的众神，如宙斯、赫拉、太阳神阿波罗、女战神雅典娜、海神波塞冬等，他们之间是一种亲属的关系。不同的城邦里面的希腊人信仰这一组神中不同的神为自己城邦的守护神，于是城邦间是一种亲属的关系。希腊的城邦在政治上并不相属，各自独立，没有一个统一的义务，相互也有战斗、争夺、和好和结盟。只是由于对一组神，即对奥林匹斯山上的众神的共同信仰，以及包括奥林匹克运动会在内各种带有宗教性的文体活动而组合在一起。

所以在希腊城邦的政治体制中，文学艺术起着重要的作用。最早的时候是行吟诗人说唱史诗，通过史诗的演唱使大家在共同的历史叙事中成为一个整体。要知道这是一个很大的整体，从伯罗奔尼撒半岛到小亚细亚，故事把一个很大的希腊连到一起去了，一个一个松散且遥远的城邦由此构成了一个整体。后来，城市兴起、城邦繁荣发达的时期就有戏剧。戏剧集休闲和教育于一体，大家去看戏、看悲剧、看喜剧，起到了启蒙公民文化的作用。这就是古希腊的美育。

中国古代也是这样。在中国诸侯国分立的西周和春秋时代，诗歌和音乐是礼制的一部分，以周天子为中心的天下一家，以礼和乐，将巨大的帝国联系在一起。"吾闻用夏变夷者，未闻变于夷者也"① 就是说用文明教化野蛮。"诗教"和"乐教"起着文明教化的作用。以"教"的名义，维护政治秩序。诗有"兴观群怨"的功能，诗教使人"温柔敦厚"。《诗经》的一个重要作用就是文明教化。"诵诗三百，授之以政，不达；使于四方，不能专对。虽多，亦奚以为？"② "不学诗，无以言。"③ 所以学诗使人能够"专对"，学诗后使用雅言就是一种文明的教化。乐教使人"广博易良"④，心胸坦荡。乐与礼结合在一起，礼别异，乐和同。"以类相动"的思想，主张功成作乐，乐以治邦。中国古代讲究诗、乐、礼结合，社会是一个等级制度，不要僭越，但上下一心，这就形成了一种政治行为，宗教、文艺、文学、艺术等都在起这种社会功能，因此社会的教化和美育是联系在一起的。美育是"文治"的一部分。

当前在欧洲很多国家，很多古希腊建筑仍有留存。比如，在克罗地亚、法国、土耳其等都留有古代剧院。观众坐在很高很高的地方，一层层地上去，圆形的，下面是剧场，而古罗马人借用这个建筑，把剧场改成了斗兽场。这是社会改变的一个重要标志。希腊小城邦的人是一个普遍的享有者，享有喜剧、悲剧等，大家一起看，所以等级没有什么大的差别。罗马的社会是一个统一的中央王权，罗马贵族、元老院和普通奴隶的社会地位的差距很大。与此同时，罗马建起了规模宏大的浴池和凯旋门。英国有个地方叫巴斯，就是浴池的意思，也是因为那时候属于古罗马。罗马人将剧场改变成斗兽场，并且兴建浴池和凯旋门，作为公民教育的美育逐

---

① 出自《孟子·滕文公上》。
② 出自《论语·子路》。
③ 出自《论语·季氏》。
④ 《礼记·经解》："孔子曰：'……其为人也温柔敦厚，诗教也……广博易良，乐教也。'"

渐让位给贵族的尚武和休闲精神。在罗马时代，城邦消失，让位给巨大的帝国。社会的上层与下层相距遥远。在这种情况下，宗教填补空间，满足美育需求。在罗马帝国的时期，基督教的兴起扮演着填补人们的精神需要的角色。在教堂中，音乐、雕塑、绘画、建筑，用一种宗教的方式对人们进行着艺术的教育。这种艺术的教育具有高度的参与性，使人们融入其中。特别是天主教会，弥撒不是去听讲演，是一种信众参与的，有大量艺术因素的活动。在这一时期，宗教满足了美育需求。

回到这个话题上来，其实在中国古代也是这样。社会中原有的艺术的群体性，被艺术的上层与下层的分离取代。例如，中国秦汉时的统一帝国，就出现以汉赋、汉代皇家建筑和雕塑为代表的宫廷艺术，从而体现出皇权的辉煌盛大。上层与下层的距离越来越远，下层的思想慢慢地就下沉。唐宋之时，形成上层的宫廷艺术与文人艺术并存的局面，但下层审美欣赏和教育的空间，还是被宗教占据了一部分。

中国的宗教所起的作用也正是这样。佛教的建筑、造像、绘画、书法、法器，以及音乐、诗词，都起着很重要的作用。那些传教者永远不是说：我来给你讲个道理，我给你讲讲，如果你听懂了，你就信。宗教上起着沟通社会的上层与下层的作用。这种宗教艺术具有明确的传教目的，背后的意义是明确的。重要的不在于他们通过艺术传递什么意义，或者说"寓教于乐"，而在于通过各种艺术，形成了一种以宗教为宗旨的社团，使人们具有思想上和情感上的结合。"寓教于乐"有时只是统治者的一厢情愿，共同的艺术活动中情感的联结才起到作用。

二、美育是在用美学进行教育吗？

下面笔者将以席勒和杜威的美育理论为例，阐述美学与美育的基本关系，指出现代美育要以美学为依托开展审美（感性）教育，改善人性的分裂状况，促进人的全面发展。

有人说，美学就是美育。也有人说，美育用美学进行教育，这句话对不对呢？这涉及如何看待美学。如果美学是一种既有的理论形态的东西，或者是一个体系。这种体系的讲述或者应用，与美育并没有什么关系。现在的美学教材中也有美育一章，一般说来，这只是对美育概念的一般介绍。美育本质上是实践性的，用美学来进行教育这句话可能需要打一个问号。

应该说，现代美学作为一个学科，它的建立所带来的是一种审美观念的变化，其中包括对自然、社会和艺术的观念，以及对它们的本质和功能的认知。这些观念的变化影响着我们现代美育，现代美育要以此为依托。美学作为一种现代现象，它所包括的一些核心概念，成为美育的追求。这时的美育，是一种自觉地运用美和艺术进行教育。

现代人对美育的理解，一般说来是从席勒[1]开始的。席勒受康德《判断力批判》的影响写了一系列关于美育思想的信。不同于康德抽象的主观性的美学理论，席勒更强调一种客观性。它不是"用美学进行教育"，而是进行审美的或者是感性的教育。通过感性的活动，克服理性的思考与感性的知觉间的冲突。例如，我们会有一种思考求真的欲望，人也有一种本能的求温饱与受生活各种诱惑的人性的冲动。感性的活动是感性和理性的一种结合，而不是纯粹理性的抽象和纯粹感性的冲动，在这两者之间寻找第三种冲动，即游戏冲动。

---

[1] 约翰·克里斯托夫·弗里德里希·冯·席勒（Johann Christoph Friedrich von Schiller，1759—1805），通常被称为弗里德里希·席勒，德国18世纪著名诗人、哲学家、历史学家和剧作家，德国启蒙文学的代表人物之一。

理性和感性的结合形成了一种游戏的冲动,这种冲动既是发自内心的,又是符合规则的。正如我们平常玩游戏,游戏的过程是精神力的发挥,但是游戏时需符合规则,下棋悔棋、打牌偷牌就不是游戏精神,游戏也就无法进行下去。生活中儿童的游戏,能让儿童懂得在娱乐中服从共同的规则,逾越人与人之间的那些规则就不称其为社会的人了。所以美学的知识被用于对美育活动进行调整和指导,而不是根据美学的知识去活动。

我们再说约翰·杜威[①]。约翰·杜威在他最重要的美学著作《艺术即经验》中认为艺术的本质就在于人与人之间的沟通,因此也起着美育的作用。

为什么要有艺术,艺术要来干什么,这实际上是多少人在反复思考的一个话题。我们需要食物,是因为人的新陈代谢,我们需要穿衣是因为要御寒,或者某个场合需要有一种符号。艺术呢?就这个问题,杜威认为,人与人之间的思想和情感上不断沟通,唱歌、跳舞、欣赏艺术品等,人和人之间慢慢变得可以相互理解。因此,艺术的意义不是在声明一种传统的、不变的价值观,而是在这些功利性的活动使人们形成新经验的时候,使这种经验与人的更广泛的更为深层的经验相谐调。实际上就是,人在形成经验的时候,在生活中是为了一个直接的目来实现的,但是艺术的意义在于更为深层的经验。把这一切同人的生命本身、人和人之间的关系、人和这个社会都连接起来,形成一个更为深层的经验。所以说,至少这样看来,艺术有助于人的全面发展,改善人性的分裂的状况。

---

① 约翰·杜威(John Dewey,1859—1952),美国著名哲学家、教育家、心理学家。《艺术即经验》作为杜威的美学专著,代表了杜威晚年核心的美学思想。

三、美育与艺术教育、分科教育、宗教和科学的关系

美育与艺术教育、美育与分科教育、美育与宗教、美育与科学等关系，强调具体艺术门类是实施美育的"抓手"，美育通过共同的艺术活动，实现着人的社群结合，分享相似的趣味。

现在讲的是第三个问题，即有关美育的几对关系：美育跟艺术教育有什么关系，跟教育有什么关系，跟宗教有什么关系，跟科学有什么关系。

有人常常会说美育就是要学会某种乐器，学会画画、唱歌、跳舞，等等。这些实际上是艺术学习、艺术能力的教育，应该成为实施美育的"抓手"。想要提高美育，的确是需要通过增强艺术教育这样的手段来达到目的，但这不是美育本身。美育是更广泛的，渗入生活的各个方面的，是致力于人的全面发展的。人的发展与培养某一些艺术的能力，是有区别的。艺术教育是怎么使琴弹得好、舞跳得好，这是专门能力训练。美育是通过共同的艺术活动，实现着人的社群的结合，分享相似的趣味。美育重视的是共同参与性，而不是重视从中挑选培养一两个有特殊艺术才能的人。美育实现社会组合，也形成一种民族动员能力，大家一起创造、活动就代表着一种力量、一种号召，这时候通过艺术就能起很多作用。

再来看美育和教育的关系。教育是知识的传授和技能的训练。大学的学习，有普遍性的理想，但同时也越来越分科化；大学的发展伴随着的是分科，又追求系科分立、学科齐全。大学就需要一种平衡，一面要专门，一面又要普遍，既要教授丰富全面的各方面的知识，又要让学生胜任某一个专门学科方面的工作。学生进入一个科系学习，中国人还喜欢说"科班出身"，就是说进一个专业，接受专业教育，所以本科四年的专业教育会在一生中打下很深刻的烙印。在这种情况下，美育在教育中的地位

和作用如何呢？

在这种情况下，美育成了人文教育的一个部分，是大学教育的一部分，也是理工科大学教育中的一个重要的补充部分。美育具有克服分科化带来的片面化的功能，可以实现人的全面发展与经验的平衡。

现代教育就出现了一些问题，例如一个人很系统科学地接受数学的专科教育培养，说起来头头是道，但是很快就导入了大多数人都不懂的话里面去，这就是教育太专门了。尽管存在个人对某个学科有浓厚兴趣爱好的情况，但缺少一些对于社会人生的各个方面的知识的接触。于是，当我们把教育变成了专科教育时，这个科目就变成了标签。贴标签是一个非常片面化的行为，正如很多被贴标签的理工男其实知识也是很丰富的。尤其是在当前的社会生活中，人需要全面发展，很多大学也开始重视人的全面发展。笔者曾在深圳编了这方面的教材，最早做得比较好的有武汉大学的人文通识教育。美育与教育是相辅相成的，在大学教育中美育必不可少。

说到宗教，笔者刚才说到了这个话题。西方从罗马帝国开始一直到后来的中世纪，艺术在教会的支持下发展，起到了民众动员和塑造情感共同体的作用。在历史上，无论是在西方还是在中国，艺术在宗教的支持下发展。通过艺术，宗教扩大了在社群中的影响，有着对民众进行动员的力量。

马克思曾经说过一句话，"宗教是无情世界的感情"[①]。这个很有意思，宗教起到一个弥补情感空间的作用，构筑情感共同体。这种东西在有时

---

① 马克思在《〈黑格尔法哲学批判〉导言》中提道："宗教里的苦难既是现实的苦难的表现，又是对这种现实的苦难的抗议。宗教是被压迫生灵的叹息，是无情世界的感情，正像它是没有精神的制度的精神一样。宗教是人民的鸦片。"

候是很重要的，比如一部分海外留学的人会由于一种孤独而在周末很喜欢去教堂，在那个地方通过宗教的仪式可以感觉到某种分享、某种参与、某些古老的传说性的东西，这种情感性的东西慢慢地深入人心。当然，宗教艺术是出于宗教目的。而在深入人心，致力于形成情感共同体方面，宗教的仪式及其对艺术的采用，与美育有相似之处。

笔者现在说这样的话题是为什么？我们很多的美学家们都在讨论这个话题。在20世纪初中国重要的学者和学界领导人，也是现代美学的创始人之一蔡元培先生就谈论过这个话题。他曾是北大校长，当过教育总长，社会地位崇高，是辛亥革命的元勋。他提出了一个口号，叫"以美育代宗教"[①]。实际上，原来的美育，被宗教采纳，而现在，美育要追求艺术的独立，而这个艺术又不是我刚才说的专门化的东西，而是为整个社会生活服务的。那么，在这种情况下，美育使得年轻人的情感形成情感共同体的这种能力就体现出来了。艺术在过去是不被宗教使用的，古希腊的时候没有，中国古代的时候也没有，但是后来就被宗教如基督教、佛教等借用，他们都要用艺术，所以这时艺术的突出特征是在宗教的控制下。美育代宗教，要追求艺术独立，由此形成艺术不受制约下的发展，同时对人起着作用，尤其是对于人的全面发展、在实现情感的结合方面，起重要的作用，这显然与宗教有着明显的区别。所以在这个意义上，蔡元培说美育要代宗教，是因为我们过去这方面的功能被宗教占据了，我们要挣脱出来，

---

① 蔡元培（1868—1940），我国近代著名的民主革命家和教育家，曾任中华民国教育总长、北京大学校长、中央研究院院长等职，对我国近代教育贡献极大，堪称"学界泰斗、人世楷模"。他曾提出过著名的"五育并举"的教育方针，其中就有"美感教育"，尤以"以美育代宗教"的口号闻名于世。这一思想，在其《赖斐尔》《对于教育方针之意见》《教育独立议》《以美育代宗教》《美育代宗教》等文章中都有体现，特别是1917年他在北京神州学会的讲演词、后发表于《新青年》杂志中的《以美育代宗教说》一文，最具代表性。

让美育来取得这样一种作用，让年轻人的情感得到陶冶，获得全面发展。

再说一个，那就是科学。美育与科学有什么关系？科学倡导一种现代理性精神，与美育不是一回事，是有区别的。我们现在社会需要科学，现在的社会也需要美育。我们知道，陈独秀正是蔡元培请到北京大学去的，他在北京大学办《新青年》，没有蔡元培的支持是不可能完成的。当时蔡元培作为校长就好像一个大家长，让陈独秀、李大钊等人到一起来发展他们的思想，帮忙化解别人的反对。他们所提倡的德先生、赛先生是主张民主的精神、科学的精神。"五四"时期讲的科学是一个广义的科学，跟我们今天讲的自然科学所提倡的计算的精神、数学的精神还是有些区别的。但是不管怎么说，这种科学的精神，无论是广义的还是狭义的，也会带来经验本身的失衡，还是需要用美育来恢复这种平衡。我们发展科学，要有科学的精神，需要美育来维持，恢复这种平衡以实现人们感性和理性的共同的发展。

回到这个话题上来，美育有广义和狭义之分。有人说狭义的美育就是艺术教育，而广义的美育就是社会的教育。其实这个区分是错的，我刚才已经说到，艺术教育是美育的"抓手"，美育在本质上不应该区分为狭义和广义。实际上，是美育在日常生活中的应用造成了这种区分，所以只好这么用。有时候学校里开一个美育课，于是大家就学一点艺术知识，把它变成了一个艺术知识课，在这个美育课堂上欣赏名画、欣赏音乐；昆曲进课堂，那就请几个会唱昆曲的人，来让大家给你唱一段。所有这些都很好，但这是美育课吗？美育是通过艺术教育提高美育水平，不要简单地把它分成广义的和狭义的，不仅仅是获得艺术知识，艺术知识需要成为提高美育水平的抓手。

四、美育在社会改造中所起的作用

当前,美学与美育迎来发展黄金时期,品位建设也成为当下的当务之急。

社会需要改造,本质上,美育是要改造人。社会的进步、科学的进步归根结底还是在人。人的教育比某一项科学知识的进步、某一项技术的发明还要重要得多。那么,人是什么?人的教育是什么情况?

我们知道,德国的一批哲学家们就在苦苦地思考一个很有意思的话题,就是教育者受教育的问题。笔者给大家讲两个在研究这个话题的人。

先说这个话题本身。教育使人实现感性和理性的平衡,使人成为一个知识全面发展的人,成为一个有很丰富的学识、有崇高的人格的人。所有这一切,我也希望这样,你也希望这样,那么谁来教育?所以说有一个教育者受教育的问题。

这本质上可以看出是环境造就人,人又形成环境这样的一个循环的问题。例如,中国的乒乓球长盛不衰,原因是很早的时候就有很好的教练,所以后来就越来越好。现在中国乒乓球很厉害,原因是什么呢?是因为好教练太多了,有太多基层的教练,普遍水平都很高,这就是一个良性的循环。巴西街头看到小孩在玩球,踢球的脚法也很厉害,所以这项运动在他们社会的整体水平就很高。这就是一个教育者受教育的问题。有大批的技术很高的球星,形成了一个新的环境,球星成为教练,教练教出球星,一代一代地传承下去,长盛不衰。

谈到这里,笔者发现席勒在《审美教育书简》这本书中就有一段话很有意思。笔者先谈一下背景,席勒属于18世纪末19世纪初的德国人,那个时候充满着德国人式的自卑,这是历史造成的。在30年的宗教战争以后，德国被分成了多个诸侯国，互相混战而没有统一，这些诸侯所在的小城都很漂亮，但在他那个时代对这个问题的评价很负面，德国人自己说一句话："英国人走向了海洋，法国人走向了大陆，德国人走向内心。"这是在自我嘲讽国家内部互相分裂，这种情况下怎么改造德国？对于康德、席勒那代人来说，怎么改造德国？这是一个很大的话题。席勒的回答是：教育，审美教育能改造德国。但是他又说了一个很有趣的话题，这个话题就是"怎么教育"。

他在《审美教育书简》中说的一段话是这样的，他说：

一个仁慈的神及时地把婴儿从他母亲的怀中夺走，用更好时代的乳汁来喂养他，让他在远方希腊的天空下长大成人。当他变成成人之后，他——一个陌生的人——又回到他的世纪，不过，不是为了以他的出现来取悦他的世纪，而是要像阿伽门农的儿子那样，令人战栗地把他的世纪清扫干净。他虽然取材于现在，但形式却取自更高贵的时代，甚至超越一切时代，取自他本性的绝对不可改变的一体性。这里，从他那超自然天性的净洁的太空，向下淌出了美的泉流；虽然下面的几代人和几个时代在混浊的漩涡里翻滚，但这美的泉流并没有被它们的腐败玷污。

他在说什么呢？在说一个事情，在带着抒情的口吻说一件事：怎么改造德国！在呼唤巨人、呼唤伟人，在呼唤要在另外一个时代、另外一个空间中培养出来的人。因为18世纪末太污浊了，在这里成长不出伟人，一定要到另外一个地方，这是第一个意思。

第二个意思是他提到的"希腊"。我们在讲座刚才开始说的时候提到过，希腊是一个遥远的过去，但对于席勒这些人，他说的是一个"理想"的希腊。其实那个时代的希腊状况并不怎么好，是一个被占领着的、非常可怜的国家，只是留下一点儿石头，就是那些雕像，但那些雕像却很了不起。他们说的是心中的希腊，是所有德国人心中的希腊。我们知道，德国人都崇拜希腊，例如席勒的朋友歌德。他在魏玛宫廷中任职，相当于总理的一个位置，突然不当了，不辞而别，到了希腊待了两年去了解希腊，这就是对希腊的崇拜。又如到后面黑格尔讲到，象征型、古典型、浪漫型的艺术，最好的是古典型的，它的典型就是希腊。一直到尼采讲的酒神精神和日神精神，依然说的是希腊。这是整一个世纪的德国人对于希腊的无限的崇拜。席勒的《审美教育书简》里的希腊，也不再是真实的希腊，而是一个被理想化的希腊。把一个人送到一个理想的环境中成长，再回来改变这个时代，清扫这个时代，超越这个时代，让社会得到改造。这是席勒非常精彩的一段论述。

席勒这样的话当然就带来一个问题，比如马克思在很多的地方就批评席勒。席勒就把人分成两个部分、两个空间，一个是浑浊的环境，一个是理想的环境；有两种人，一种是普通人，一种是巨人，巨人来改造我们这个社会，崇拜天才，期盼天才。这是席勒的一个理想。马克思当然不是这样，马克思在《关于费尔巴哈的提纲》中说：

有一种唯物主义学说，认为人是环境和教育的产物，因而认为改变了的人是另一种环境和改变了的教育的产物——这种学说忘记了：环境正是由人来改变了，而教育者本人一定是受教育的。因此，这种学说必然会把社会分成两部分，其中一部分高出于社会之上（例如在罗伯特·欧文那里就是如此）。

环境的改变和人的活动的一致，只能被看作是并合理地理解为革命的实践。[①]

马克思的意思是要革命的实践,这种实践包括了改造这个社会,也包括了对于社会的一种审美的教育。因此就走向最后的结论,即解决品位建设和社会建设的关系。

社会建设其实有物质层面和精神层面。其实对于我们来说,这个本来就是应该相互平衡的,但是有时候会带来社会的失衡。经济的发展也要带来社会的发展,物质的发展也要带来精神的发展,不能失衡。经济迅速发展所带来的社会失衡,失衡就会带来了很多新的问题。比方说前些年,你会经常去看艺术展吗?你有几年没进中国美术馆、中国历史博物馆了?有一些很好的一些电影,你看吗?曾经整个社会有一种普遍的现象,看的多是一些刺激性的、搞笑的事物。所以说我们常常会发现经济效益和社会效益之间有很多的矛盾。

那这些东西是怎么形成的呢?笔者有时候觉得脸红。笔者在法国卢浮宫看到了一个中国旅游团。中国人来了,导游跟他们说:"进去一小时大家都得出来,我就在这个地方等一小时!"进卢浮宫一小时怎么出得来?他就告诉你,去找三件宝——《蒙娜丽莎》《米洛斯的维纳斯》《胜利女神像》。不要看别的,其他东西看了没用!"用"是什么?"用"是到此一游,回去说"我去过"。这些游客,他们在自己的城市也许从不去博物馆,这下子到法国了,倒是看一下,其实是很多时候我们带来一种对于艺术、对于美的一种冷漠,慢慢地,这个社会就会出现这样严重的问题。

近些年来,我们应该说中国的美学、美育迎来了一个很好的时机。此

[①] 出自马克思《关于费尔巴哈的提纲》第三部分。

一时彼一时,因为笔者亲身经历过美学的萧条时期,美学的书卖不掉,也干脆没有,出版社赚不到钱。但这些年的美育发展得很不错,不少学校,包括我们的北方工业大学,建立美育讲堂,对美学的重视,对美育的重视,实际上是这些年的发展的体现,毕竟已经过了这么多年,经济发展到了一定的程度。因此,对于美育的需求就展现出来了。我们很需要文化品位的提高,这对于建立一个健康的社会是很重要的。

所以说,在当下,品位建设变成了当务之急,变成了一个很重要的任务,这就是美育对于品位建设的意义,这种东西好像是虚的,但它其实在我们的社会生活中起了至关重要的作用。

作者简介 高建平,美学家、文艺理论家,中华美学学会会长,中国社会科学院文学研究所前副所长、研究员,现任深圳大学美学与文艺批评研究院院长。

审美有标准吗？

彭　锋

摘　要

　　从 18 世纪开始到当下，审美标准问题就一直是困扰美学的一大难题。从英国哲学家休谟提出这个问题开始，美学史上的审美标准问题几经演变。影响审美判断的不同因素可以从生物学法则、文化习惯和个人策略等角度分析。我们面对审美标准问题的美学策略，是根据审美接受的对象来确定审美标准：针对所有消费者的工业设计应该遵循生物法则，一般艺术应该遵循文化习惯，而小众艺术应该采取个人策略。

关键词

　　审美标准　审美策略　生物法则　文化习惯　个人策略

　　审美有没有标准？我们在此不会给大家一个答案，就是简单地说有还是没有，凡是有简单答案的地方一般都不会有哲学。比如说，有人问水是什么，水就是氢氧化物，所以很少有关于水的哲学。但问艺术是什么，我们说不清楚，所以可能有关于艺术的知识对应不上的地方，否则我们的思考就没有空间。所以关于审美有没有标准，今天更多的不是给大家一个"有标准"或是"没有标准"的答案，而是希望大家一起来思考：这个审美到底是怎样一回事？

我们知道这个问题其实是困扰美学界的一个特别典型的问题。从18世纪美学确立的时候，一个重要的问题就是审美有没有标准。英国美学家休谟①有一篇文章，标题叫"论趣味的标准"。"taste"这个词我们经常翻译为"趣味"，即口味，但吴兴华先生把它翻译为"鉴赏力"，而鉴赏在某种意义上就是我们后来所讲的审美。所以这篇文章字面上讲的是论趣味的标准，其实就是论审美的标准。

休谟在这篇文章里自问自答，提出了一个"两难"。所谓的"两难"，第一个方面就是：他观察到人和人之间的趣味存在着巨大的差异。关于"趣味的差异性"是这样的："趣味的巨大差异，就像世上流行的意见一样，是如此的明显，以至于不会受到每个人的观察的影响。大多数知识有限的人，在他们熟悉的狭小圈子里就能看出趣味的差异，即使那里的人们都在同样的政府下受教育，且从小都受到同样的偏见的影响。而那些能够把将他们的视野扩大去思忖遥远的国度和久远的时代的人，对于这方面的巨大差异和对立就会越发惊叹了。对于无论什么很不符合我们的趣味和理解的东西，我们都倾向于称之为野蛮；但很快就会发现有责难的粗话回敬给我们。就连最傲慢和自负的人在看到各方面的人都同样自信时最终也会感到吃惊，要在这种关于敏感的纷争之中肯定地表明自己的爱好，也会犹豫起来。"所以，趣味存在着古今差异、地域差异，每个人的趣味都有可能不统一。

"两难"的第二个方面是：他又观察到，尽管人与人之间的趣味千差万别，但人们又似乎能够将真正的天才与冒牌的假货区分开来，这里还是有共性、有标准的。关于"趣味的统一性"是这样的："两千多年前在雅典

---

① 大卫·休谟（David Hume，1711—1776），英国思想家，其著作《论审美趣味的标准》（*Of the Standard of Taste*）历来被视作西方美学著作中的名篇。

和罗马让人喜爱的同一个荷马，在巴黎和伦敦仍然让人钦佩。气候、政治、宗教和语言的所有变化，并不能遮蔽他的光辉。权威和偏见可以让一个糟糕的诗人或演说家暂时流行，但是他的名声决不会持久或普遍。当后代或外国人来考查他的作品时，迷惑就会烟消云散，他的错误就会原形毕露。相反，一个真正的天才，他的作品持续越久，传播越广，他所得到的赞美就越真诚。在一个狭小的圈子里嫉妒和猜疑太多，即使熟悉他的朋友也会减少对他的成就的赞叹；但是，当这些遮幛被清除的时候，那自然地适合激发令人愉快的情感的美，就立即会显示它的能量；只要世界还继续存在，它们就会维持在所有人心灵中的权威。"

这就是休谟给自己提出的一个难题：一方面，每个人的趣味都不一样，但另一方面，伟大的作品会获得大家一致的称赞，这种现象要怎么去解释呢？这就是他全部美学的核心问题：寻找审美的标准。这是休谟给自己确立的一个"任务"，他的美学就是要解决这个问题。休谟是这样考虑的：趣味的标准是找不到的，但趣味或审美又是有标准的，"没有标准"的东西是怎样形成一个标准的呢？鲁迅先生说："这世上本没有路，走的人多了，也便成了路。"休谟认为，趣味本来没有标准，但是模仿的人多了，就形成了标准。

趣味本身只是一种感觉，不可能有抽象的标准。但人们对伟大的文学艺术作品的普遍认同，又表明趣味是有标准的。有趣味的批评家对伟大的文学艺术作品往往表现出更强的鉴赏力，他们往往被当作趣味的榜样，因此趣味的标准问题，可以适当地转化为理想的批评家的资格问题。在休谟看来，理想的批评家的趣味就是健全的趣味，就是人们遵循的标准。

没有抽象的标准，我们就会去模仿理想的批评家，模仿理想批评家的时候，我们的审美就达成了一致。回到这个问题：为什么雅典、罗马、巴黎、伦敦的人和我们都会喜欢同一个荷马？因为雅典、罗马、巴黎、伦敦这些地方的理想的批评家继承了欧洲的古典传统，都认为荷马好，我们模仿他们，也说荷马好。所以审美的标准是由理想的批评家引导出来的，而不是我们真的从《荷马史诗》里面发现了什么普遍性的东西。这就是休谟的观点，他把一个哲学问题变成了社会学问题。

休谟进一步说，要成为一个理想的批评家，需要具备五个条件：（1）精致的敏感或想象力；（2）欣赏优秀艺术作品的实践；（3）进行广泛比较；（4）破除一切偏见；（5）健全的理智。拥有了这五个条件，你就有可能变成理想的批评家，从而引导一个时代的审美标准。与康德哲学式的解决方式不同，休谟解决方式是社会学式的，我觉得这个解决方式比康德的更有趣。

休谟的方案基本成了经典美学共同遵循的一个准则：审美的标准是人们模仿理想批评家的趣味的结果。所以有一个时期，批评家的地位特别高，因为他们可以引导一个时代的趣味。从这个意义上讲，我们的审美是有标准的，这并不代表说我们喜欢的东西都一样，而是我们模仿、崇拜的人是一样的。但是，随着全球现代化的进程，我们进入了大众化的社会，不再像古典社会的人们那样崇拜别人。如果我们不再崇拜，那么审美就没有标准了。

尤其是进入后现代社会之后，一些思想家就发现：审美没有标准，趣味也没有高低。芝加哥大学哲学系教授、哲学家科恩（Ted Cohen）最清晰地表达了这一点：在他看来，趣味只事关个人享受，一个人可以选择这种趣味，也可以选择那种趣味，只要他能够在自己感兴趣的东西中获得快乐，由此，就没有理由说某种趣味更高级，更不能说某种高级趣味是唯一合法的趣味。举个例子，如果你喜欢古典音乐，我喜欢流行音乐，不能说你喜欢古典音乐就趣味高，我喜欢流行音乐就趣味低：在古典音乐里获得的快乐跟在流行音乐里获得的快乐没有什么区别，因此我没必要将我的趣味从流行音乐改为古典音乐。再举个例子，比如说每个人一天只有一小时的时间欣赏作品，我可以欣赏流行音乐来获得这一小时的快乐，如果我不喜欢流行音乐而是喜欢古典音乐，那我就从古典音乐那里获得从流行音乐那里不能获得的一小时的快乐，这里没有发生变化或提高。你还可以喜欢油画、国画、音乐、舞蹈，只要有喜欢的东西就行了，这里没有高低区别。从这个意义上讲，审美也就没有标准，只要能获得快乐就行，就算有标准也是主观的。

我的观点是，趣味有高低，审美有标准。科恩强调，从一种趣味转移到另一种趣味时会因为得到新趣味而失去旧趣味，我认为这个判断是未经检验的，得到新趣味并不一定失去旧趣味。一个原本只能欣赏流行音乐的人，经过训练能够欣赏古典音乐之后，他仍然具备欣赏流行音乐的能力和趣味，于是他的欣赏领域扩大了，鉴赏水平提高了。欣赏的风格、类型越多的人，审美水准越高，我简单地称之为"多就好"。

丹托[①]的风格矩阵理论可以支撑这一点。丹托认为，艺术作品的风格是成对出现的，比如说有"表现"就有"再现"。在再现和表现被公认为两种基本艺术手法的艺术界中，至少有四种风格可供选择：再现表现主义，如野兽派；再现非表现主义，如安格尔；非再现表现主义，如抽象表现主义；非再现非表现主义，如硬边抽象。对艺术界风格的了解越多，对其中任何一种风格的理解就越深。如果你只欣赏一种绘画，你对这种绘画的理解就会非常肤浅，如果你知道上述四种绘画，你对里面任何一种绘画的理解都会更加深刻。所以鉴赏就是比较：一个只喜欢古典绘画的人，就没

[①] 阿瑟·C. 丹托（Arthur C. Danto，1924—2013）是美国当代具有影响力的艺术哲学家，他的"艺术的终结""艺术世界""艺术的定义"等思想在学术界引起了广泛的讨论。

有能欣赏这四种绘画的人趣味高。

拓展一下，如果我们把中国的"写意"放进去，就有八种风格，即：再现、表现、写意；再现、表现、非写意；再现、写意、非表现；再现、非表现、非写意；表现、写意、非再现；表现、非再现、非写意；写意、非再现、非表现；非再现、非表现、非写意。可以看出，我们对艺术的欣赏是通过风格之间的比较来进行的，了解的风格越多，对其中任何一种风格的理解也就越深（图1）。写意的作品多与中国传统绘画有关，西方绘画中几乎没有。徐渭的《墨葡萄图》就是一种大写意，我们可以看到这些作品同它的千丝万缕的联系。

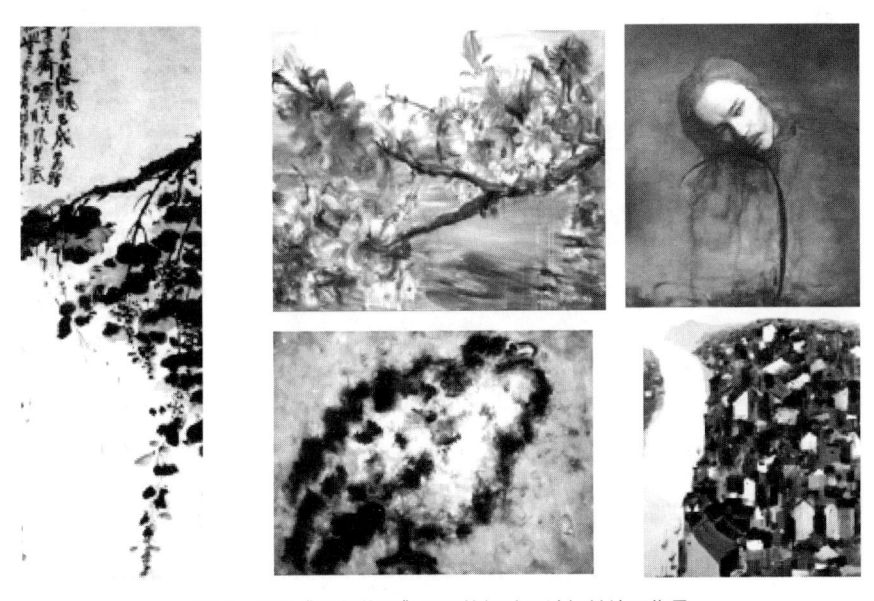

图1　徐渭《墨葡萄图》和风格矩阵理论相关绘画作品

从这个角度来说，我们做一个总结：审美可以有标准。但是它跟我们一般理解的"标准"不太一样，我们还是用"趣味"这个词。以古典音乐和流行音乐为例：对于经典美学来说，欣赏古典音乐的趣味比欣赏流行音乐的趣味高，趣味是有高低的；对于后现代美学来说，欣赏古典音乐的趣味与欣赏流行音乐的趣味一样高，它们只是不同，没有高低；对于当代美学来说，欣赏古典音乐的趣味与欣赏流行音乐的趣味一样高，但是能够欣赏古典音乐和流行音乐的人比只能欣赏古典音乐或者流行音乐的人趣味高。就此而言，审美确实是有标准的，但这个标准并不是说某一个东西一定美，而是我们通过不断地扩大我们的欣赏范围，来提高自己的欣赏水平和鉴赏力。

我既没有支持近代美学，也没有支持后现代美学，而是倡导一种比较适合我们今天的标准：尽量扩大我们的欣赏范围，去欣赏风格不一样的艺术作品或自然物，这样能够提高我们的审美能力和鉴赏水平。这是我讲的第一个观点。

我的第二个观点是，影响审美判断的因素有生物法则、文化习惯和个人策略。首先，影响审美判断的一个根深蒂固的因素就是生物法则。这说明审美不仅有标准，而且有很强的标准，强到全人类都遵守。

我们先看一个例子。从1994年开始，两个美国的艺术家科玛和梅拉米德用四年时间完成了一个大型的绘画项目，画出了全世界几十个国家的人民最喜欢的绘画和最不喜欢的绘画（图2）。他们是怎么画的呢？通过一系列的数据：他们到不同国家做民意测验，根据民意测验得到的数据来作画。我们发现，全世界人喜欢的画都差不多，有一个模板样式，这引起了许多美学家的极大兴趣。在全球范围内，我们做过两次这样大范围的民意测验，得出来的结论差不多都是一样的。这就形成了一种新的美学，我们称它为"进化论美学"。

进化论美学得出的结论是：全世界人类的审美偏好是一样的，我们的审美能力与我们的视觉能力、听觉能力一样，在人类完成进化的时候就已经形成了，之后再也没有发展变化。也就是说，审美能力是恒定的，是人

图2 科玛和梅拉米德绘画项目中各国人民喜欢的画

的一种天生能力,保留在遗传基因里面。调查得出来的结论是,全世界人民喜欢的绘画仿佛有一个原型——东非大草原的风景。按照进化论美学家的解释,这是因为我们人类最初在东非大草原上完成进化,我们的遗传基因保持着对老家的记忆——当然这是一种假说。如果是这样的话,肯定跟当时的生产环境密切相关,这种解释也不是完全没有道理。

我们再来看陶器(图3)。一个是我在北京大学赛克勒考古与艺术博物馆拍的,另一个是我在雅典国家艺术博物馆拍的——当我第一眼看见这个陶器的时候,我以为是中国仰韶文化的彩陶。我想说的就是,人类的审美有共同的起源,这种标准对所有文化都有效。

图3 雅典国家艺术博物馆的陶器和北京大学赛克勒考古与艺术博物馆的陶器

从古至今，人类的审美体现出一定的共识，全人类喜欢的东西有很大的一致性。有人会说，这是不是不那么普遍呢？我觉得不是，而是越来越普遍，这可以在全球化的商品生产、贸易里体现出来。在全球化的贸易时代，产品的美观不只要满足某一个地方、某一种文化的需要，而是要满足全人类的需要，汽车、手机的设计都是如此。再比如电影明星，欧洲人喜欢，我们也喜欢。这种现象以前被审美有文化差异的观点遮蔽了。

所以，这个特别强的审美的标准，我把它称为"生物学法则"——只要违背了这个法则，事物就不美了，从中也感觉不到美。

影响审美判断的第二个因素是文化习惯：不同文化里喜欢的东西确实不太一样。那有的人就会说，这是不是和前一个因素冲突了？不冲突。世界上的艺术是各种各样的，在某个领域里可能遵循生物法则，在另一个领域里可能遵循文化习惯。古希腊的雕塑大家看起来觉得很美，因为西方艺术追求的是完美的形式，这同中国汉代的击鼓说唱俑相差特别大。你更喜欢哪一个？中国人喜欢的艺术，强调的是"神"，而西方强调的是

"形"。这两个概念很抽象，但在作品中表现得很具体，它们之间有很大的差异：西方的形是可以计算的，完美的形状可以通过完美的比例制作出来，例如达·芬奇的完美人体比例图；中国则追求气象高雅、高古。我们不能说哪个好，看你更喜欢哪个，哪个更能引起你的审美愉悦（图4）。

古希腊雕塑掷铁饼者　　汉代击鼓说唱俑　　梁楷《李白行吟图》　　达·芬奇《维特鲁威人》
图4　中西图像对比

西方追求静态的平衡，帕特农神庙的每个柱子之间的距离都是不一样的，是按照音乐的和声比盖的。中国建筑喜欢动态的平衡，比如屋檐的飞动性。基于静态平衡的建筑喜欢用广场，基于动态平衡的建筑喜欢用长廊，因为长廊会有一种流动感，比如颐和园的长廊会呈现出一种运动关系。广场是让我们站在一个最合适的位置看风景，把景观看完，所以是静态的；中国的建筑是动态的，要求我们把对空间的感知分配到不同的时间里，然后把这些时间加在一起获得一个整体印象，它不让我们一眼看完、一览无余，它要"曲径通幽"。

西方绘画追求恢宏。透纳的《暴风雪中的汽船》虽然不大，但气势上却非常地宏伟：船已经被海浪完全打得看不见，但旗帜没倒，还在顽强地航行，体现了人对大自然搏斗不屈的精神，是19世纪西方文化的主题。中国艺术则追求恬淡的感觉，没有大的冲突，更多地追求对照、和谐。

从技术层面讲，西方艺术走向极致。有极致的写实，如委拉斯开兹的

《宫娥》。关于这幅画我和福柯观点不同。福柯认为，这个作品处在古典绘画向现代绘画转型的临界点上。我认为这个判断是不对的，我认为它还是一个典型的古典绘画。福柯的观点是，现代绘画和古典绘画最大的区别是现代绘画在艺术和观众之间没有"第四堵墙"：古典的艺术世界是封闭的，现代的艺术世界是开放的，开放到可以跟观众直接互动。在我看来，委拉斯开兹画这幅画的时候，画的是镜像，他不是在跟我们打招呼，而是在跟自己打招呼，所以还在一个封闭的世界里。这幅画特别写实，画中还有一面镜子，镜子里有王后，我们在画面前看久了，会产生身边有人也就是王后的幻觉。总而言之，这个作品还是古典绘画，它很写实，写实到能够让人身临其境。但是，西方艺术也有极致的抽象，有冷抽象和热抽象，前者看不到情感，后者非常强调情感释放（图5）。

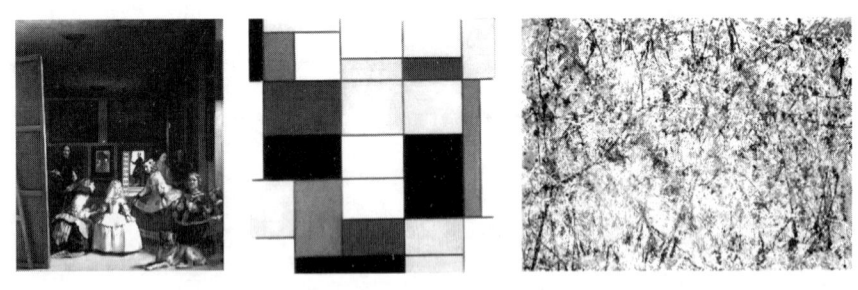

图5　极致写实的委拉斯开兹的《宫娥》·极致的冷抽象的绘画·极致的热抽象的绘画

中国的艺术比较中庸。如北宋文同的《墨竹图》；元代管道昇的《竹石图》，女画家画出来的竹子温柔，不锋芒毕露；明代文徵明《墨竹图》，通过浓墨淡墨进行对比，还有清代郑板桥的竹子以及民国画家画的竹子。总的来说，它们都不是完全抽象的，也不是特别写实，介于写实和抽象之间。尽管我们有工笔画，但我们要画出有透视、有立体感的物品是有些难度的，当时的技术还没有完善。

中国绘画重气势、神韵，如徐悲鸿的马。西方则重结构、象征。我们可以进一步看到，一个西方人不管在中国待多久，他画出来的趣味在整体看来还是西方的；一个中国画家画一匹西方的马，你还是会发现这是中国人画的（图6）。

图6　西方的东方·东方的西方

那么，我们现在可以说：第一，审美判断受生物法则的影响，全世界的人欣赏的东西都一样；第二，审美法则可以体现出文化差异，尤其像是中国文化和西方文化，它们之间的差异非常明显。按照法国汉学家朱利安的观点，全世界只有两种文化可以从数量和质量上进行对比，一个是发源于古希腊的西方文化，一个是发源于中原的中国文化，因为它们有同样的体量，都有很多文本，都有大的文明，但它们没有相互影响。印度也有源远流长的文明，也有许多文本，但是它跟西方文化之间的区别不是很明显，语系是一样的，古希腊罗马的雕塑也对印度雕塑产生过影响。所以从这个意义上讲，对照意义没有中国明显。

影响审美判断的第三个因素是个人策略：就是我喜欢，但不需要别人喜欢。当然，这不是一般人可以采取的，这属于明星的个人策略。举个例子，明星最怕撞衫，明星就是要与众不同，彰显个人特点，跟大众拉开距离；咱们老百姓最喜欢撞衫，1984年流行一部电影《街上流行红裙子》

(图7),老百姓都买条红裙子穿。

图7　1984年电影《街上流行红裙子》

从艺术领域来看,这种个人策略体现得非常明显,就是不断地去挑战传统。法国哲学家利奥塔① 这样论述后现代:

> 什么是后现代呢?……它无疑是现代的一部分。所有接受到的东西都必须被怀疑,即使它只有一天的历史……塞尚挑战的是什么样的空间?印象主义者的空间。毕加索和布拉克(Braque)挑战的是什么样的物体?塞尚的物体。杜尚在1912年与何种预先假定决裂?与人们必须制作一幅画——即便是立体主义的画——立体主义的想法。而布伦(Buren)又检验了他认为在杜尚的作品中安然无损的另一预先假定:作品的展示

---

① 弗朗索瓦·利奥塔(Jean-Francois Lyotard,1924—1998),当代法国著名哲学家,后现代思潮理论家,解构主义哲学的杰出代表。主要著作有《现象学》《力比多经济》《后现代状况》《政治性文字》等。

地点。"一代一代"以令人吃惊的速度闪过。一部作品只有首先是后现代的才能是现代的。这样理解之后,后现代主义就不是穷途末路的现代主义,而是现代主义的新生状态,而这一状态是一再出现的。

现代艺术的进程,就是一个不断挑战的进程,这有点像科学里面的"猜想与反驳":前一代科学家提出猜想,后一代科学家反驳前一代科学家的猜想,提出一种新的猜想,再被反驳,再提出新猜想,于是推动科学向前发展。艺术也差不多是这样。前一代艺术家确立一个图式、模式,后一代艺术家去挑战它、改变它,推动艺术向前发展。

图8 塞尚《圣维克多山》·毕加索《小提琴与葡萄》·杜尚《自行车车轮》

我们举个例子:塞尚挑战什么?印象主义的空间(图8)。印象派绘画就是画空间、画光影、画呼吸。如果我们画眼睛看见的,即使没画好,照相机也能拍好,那么画家就觉得自己被完全取代了,所以法国画家说过,照片出现的那一天,就意味着绘画死亡了。但照相机照不出来的是物品的结构的分析。所以塞尚挑战的,就是印象派的空间。用什么来挑战空间?用物品即他画的物来挑战空间。那毕加索挑战什么呢?挑战塞尚的物品。塞尚的物品是一个完整的东西,山是山,树是树,房子是房子。而到毕加索这里,一个完整的物品被拆开了。你看这个提琴,完全被打散了、分开了。画出一个东西最有代表性的那个元素、那个方面,这是照相机拍不出来的,因为这里面牵涉对事物的重要方面的把握,牵涉我们对世界的分割和重组。

如果这个提琴也叫绘画,还有什么不可以叫绘画呢?那么杜尚拿了一个自行车轮子当作艺术,这个作品在耶鲁大学的美术馆里,我第一次见不相信,这怎么能叫艺术呢?我以为这是一个雕塑,结果发现它就是一个自行车轮子。自行车轮需要满足一个条件才叫艺术作品,这个条件就是必须进入美术馆:它在大街上就不是艺术作品。那么布伦挑战的是杜尚。杜尚的作品需要放在美术馆里才能成为一个作品,而布伦的所有作品都被非常有意识地放在美术馆外面,不需要美术馆也能成为作品(图9)。这就是一代又一代人挑战前人,推动着艺术向前发展。我把这个称为个人策略。

图9 布伦《从天空到天坛》

这里没有好坏美丑，只有不同。当然我们看古典绘画的话，比如说达·芬奇的《蒙娜丽莎》，可以看到印象派也在挑战，挑战的是古典作品。印象派的画家要在很短的时间里完成一幅画，一般不能超过两小时，因为超过两小时光影就会变化，要画的就变成另外一幅画了。而在古典绘画里，一幅画要画好几年。那么它们之间的区别就很明显了：古典美学是没有时间的，印象派是带着时间的。我们可以看到皮萨罗画了一系列这样的画，在同一个旅店、同一间房间、同一个窗户向外看同一条街，不断地画。所以印象派认为古典主义是虚构的：蒙娜丽莎被画了四年，那它究竟是什么时间的呢？是每一年、每一月、每一天吗？印象派就告诉我们，某一幅画是哪年哪月哪天的哪个时候画的，是真实的、带有时间的。古典主义没有时间。所以印象派是对古典主义的永恒观念的一个挑战。艺术就是这样发展的，一代代进行挑战，它没有标准，却不同（图10）。

图10 皮萨罗的画与达·芬奇的《蒙娜丽莎》

所以我们可以看到：在生物法则影响的领域，审美有标准，而且是全人类共同遵循的标准；在文化习惯影响的领域，审美在同一文化内部有标准，在跨文化交流时无标准；在个人策略影响的领域，审美无标准。那么，哪些领域受生物法则影响，哪些领域受个人策略影响，哪些领域受文化习惯影响？如果你希望你的东西得到更多的人喜欢，那么它可能遵循的法则是生物法则。

我先举个例子。一个非常有名的画家，古典油画画得特别好，当他后来要拍电影时却快要把自己累死了。因为什么呢？因为他对电影的镜头要求像古典油画一样完美无缺。这个要求正当吗？在我看来，是不对的。他没有弄清楚这两种艺术属于完全不同的门类，不同门类的要求是不一样的。电影是一种大众艺术，或者说大众文化，它希望喜欢的人越多越好；而绘画，尤其是经典绘画，它的欣赏、接受方式跟电影就完全不同。喜欢的人越多，其中的个性就越弱，所以在电影领域遵循的法则，可能是文化习惯或者生物法则，而在美术领域遵循的法则，可能是个人策略而不讲文化习惯。也就是说，美术是追求往上走的，是小众艺术。

那么，工业设计应该遵循什么标准？我觉得工业设计最好不要强调个人策略或者文化习惯，而是老老实实去遵循生物法则。生产一款手机，不一定非得体现中国传统文化，而是要去找它的生物法则。因为这个手机是卖给全人类的、卖给所有人的，生产汽车也是如此。在产品领域，我们遵循生物法则，在艺术领域，我们遵循文化习惯：中国人喜欢的产品外国人一般也都喜欢，但我们喜欢的文化外国人不一定喜欢，反之亦然。在更高级、更小众的艺术领域里面，个人策略发挥的作用更大。

当我们把这些领域分清楚以后，审美有标准吗？有，要看在哪个领域。如果是工业设计领域，一定是有标准的，好看不好看，我们很容易看出来。但是，在一些艺术领域是没有标准的，这个问题无法一概而论：有些领域有标准，可能是相对较弱的标准，还有些领域可能鼓励个性的彰显，可能没有标准。

所以，今天我讲"审美究竟有标准吗"讲了两个方面。第一个方面是，古典的有一定标准，后现代的没有标准，当代的有标准——但这个标准，和古典的不一样：古典的标准，比如说经典艺术意味着趣味高，大众艺术意味着趣味低；当代则是喜欢的越多趣味越高，喜欢的越少趣味越低。第二个方面是，各领域里面，在一般的规律设定领域是有标准的，这些标准的体现还挺强，受遗传基因、生物法则的影响；在一般的文化领域，比如说牵涉语言、习惯，那么它可能跟文化习惯的影响有关，所以在文化内部有标准，在跨文化的时候没标准；在一些彰显独创的领域，比如说绘画、雕塑、装置这些，它可能有意挑战生物法则和文化习惯，有意跟它们拉开距离。这样一来，我们就把简单的"有没有标准"问题细化了：在不同领域里，它的答案是不一样的。

作者简介　彭锋，北京大学艺术学院院长、教授，研究方向为美学、艺术理论，兼任国务院学位委员会艺术学理论学科评议组召集人、教育部高等院校艺术学理论本科专业类教学指导委员会秘书长、国际美学协会副会长、中华美学会副会长。

数字技术与美育

孩子在画什么？
——图像之"重"与视觉美育的真谛

姜宇辉

摘　要

　　美育，既是对人的爱美审美之天性的陶冶，但同时也必然关涉图像自身的本性。法国哲学家南希对于图像之基底的阐释就为我们深思视觉和图像之间的审美关系提供了重要参考。南希的图像之思既深刻回归于自古希腊起始的诗与哲学之争、mimesis 与 methexis 之辩，同时又敞开了视觉与图像，以及可见的形式与不可见的力之间的内在差异的分离关系。但从柏拉图到格式塔心理学，其实围绕 mimesis 展开的另一条历史脉络更强调视觉与图像之间的统一、整合的关系，并由此试图以美育的方式为孩子的感知和生存提供一个重力之根基。然而，进入全面失重的数字时代之后，这个 mimesis 的传统及其所默认的本体论前提都遭遇到了前所未有的挑战和危机。由此，回归南希对分离的诸多启示性论述，重新激活孩子们身上的那种见证真实的创造性力量，或许也是开启美育探索的一条新路。

关键词

　　美育　图像　基底　分离　格式塔　mimesis　methexis　儿童画

论画以形似，见与儿童邻。

——苏东坡《书鄢陵王主簿所画折枝二首》

爱美之心，人皆有之。人们总会觉得，爱美，追求美，乃至创造美，理应是人的天性。这或许不假。但诚如柏拉图在《会饮篇》中所言（200A），"爱"绝非只有能力即可，还必须在一种对象化的关系之中才能真正实现。[①]爱美之心，必须与可爱之物、美丽之人关联在一起，才是完整的一体两面。若如此看来，美之培育也同样不是一件单纯的事情。除了激发孩子身上的爱美的天性，施展他们所固有的爱美的能力之外，还必须在这个教育和启蒙的过程中更积极、明确地引入现实的关怀。不同的对象引发不同的爱美之能力，绘画对于视觉，音乐对于听觉，舞蹈对于身体，等等，皆是如此。但不同的时代，需要与时俱进的美育。读着唐诗宋词，听着洞箫古琴长大的孩子，固然也动用着诸种感官、情感和判断力，但此种运用显然与今天的刷着抖音、玩着游戏的网络"原住民"一代有着天壤之别。

正是因此，谈论美育，单纯停留在抽象的思辨或体系的建构都还是远远不够的，还必须具体而微地洞察人的种种审美能力，进而将其落实于当下的时代。由此，为了避免空泛，本文就选取了视觉与绘画为切入点，并最终试图对周遭的现实世界进行深刻的回应。那么，如果用一个词来生动但又不失全面地概括当下时代的图像之境况，或许"失重"会是一个恰切的选择。失重，一方面是数字图像和影像的鲜明特征，它们正在不断地抽离人的肉身性和世界的物质性，进而令人们全面转向透明而光滑的数

[①] "请你牢记这一点，牢记爱神是对某某的爱。"（[古希腊]柏拉图《柏拉图对话集》，王太庆译，商务印书馆2004年版，第322页）

字元宇宙。而另一方面，失重的图像同时带来的也是人类自身的失重体验。数字空间会制造前所未有的新鲜刺激和快感，但或许也同样让人类陷入本雅明所谓的"地狱般"的空洞深渊之中[1]，进而为孤独和焦虑所困而难以自拔。

那么，面对这样一个日渐全面失重的数字时代，美育又究竟该做出何种回应，甚至给出何种疗治呢？在一个数字的时代去重新培养孩子们的数字美感，这当然不失为一个选择。但从哲学和美学的角度，对失重的现实进行深刻的反思乃至批判，以美育为契机探寻主体性重建的道路，这同样是一件极具意义重大的事件。我们在这里并不想刻意地与时代为敌，矫揉造作地摆出一副悲天悯人的情怀，而更想切实地回到图像本身，尝试一个理应进行的根本性的追问：在数字和网络的时代，图像真的就陷入一种不可逆的失重过程之中了吗？当下时代的图像，还是否有可能获致另一种根基和重量，由此再度唤醒人类对自身的生存之"重"的体验与反思？关于这个问题，在当代欧陆哲学之中似乎没人比让－吕克·南希（Jean-Luc Nancy）谈得更为透彻而全面。这不仅是因为他写有《图像之基底》(*The Ground of the Image*)这本名作，而且更是因为基底与无基底（groundless）之间的本体论差异，以及由此导向的对于图像、艺术和美学的深刻思考，向来亦是贯穿他毕生思想发展的一条主线。那就让我们跟随哲人的脚步，对图像的轻与重进行一番哲学的考察，并最终尝试回应这个根本的难题：数字时代，美育何为？

---

[1] 本雅明关于"现代性"作为"地狱般的时间"（the time of hell）的深刻启示，尤其参见 Susan Buck-Morss, *The Dialectics of Seeing: Walter Benjamin and the Arcades Project*, Cambridge, Massachusetts: The MIT Press, 1989, pp. 96-97。

一、何为图像：Mimesis 与 Methexis 之辩

每位哲学家都有其独特的思想发展轨迹，而激发他开始进行哲学思考的开端性的追问往往相当关键。南希亦是如此，虽然他深受海德格尔、德里达等当代哲学家的深刻影响，但通观他一生的思想演进，却几乎始终在一次次地回归到古希腊和西方哲学发端处的那些根本问题。根据伊安·詹姆斯（Ian James）的令人信服的概括和梳理，南希的哲思的真正起点，正是试图回应哲学与文学之间的本源性、差异性的张力[1]，或更准确说，正是要回应"诗与哲学之争"这个柏拉图在《理想国》中激起的旷日持久，绵延古今的争辩。只不过，在柏拉图的笔下，最终是诗人令人遗憾地被逐出了哲人王治理的理想城邦，但在深受尼采和海德格尔影响的南希这里，却一开始就明确揭示了二者之间的不可被同一化、等级化和本质化的"不可确定"（indécidable）[2]的关系。由此，也就开启了他日后关注的两个重要的哲学主题，一是对整个西方形而上学传统进行深入批判，二是逾越文学的范畴，将图像和意义的问题置于文化、艺术、历史和政治的广泛场域之中进行多方面多维度的思考。

这两个方面又显然彼此相关。诗与哲学之争，及其所引出的对于真理与虚构、概念与图像之间的差异性张力的辩证，这本就是引导南希对形而上学进行批判的主线；而反过来说，他对主体、身体、意义、共通体

---

[1] Ian James, *The Fragmentary Demand: An Introduction to the Philosophy of Jean-Luc Nancy*, Stanford: Stanford University Press, 2006, p.13.

[2] Ian James, *The Fragmentary Demand: An Introduction to the Philosophy of Jean-Luc Nancy*, Stanford: Stanford University Press, 2006, p.43.

等哲学主题的思辨又进一步深化了他对于图像之基底这个根本问题的理解。由此也就能够解释，为何南希在进入 20 世纪 90 年代之后，会有一个鲜明的"图像之转向"[1]，那无非是因为，在之前的长期的哲学史研究的过程之中，他已经为图像之思准备好了原创的、极具启示性的概念工具。其中最为关键的或许正是"暴露"（exposure），"基底/无基底"和"外部性"（exteriority）这三个，而它们几乎都是来自南希对于康德的批判哲学的批判性反思。诚如他自己清楚意识到的，康德的批判最终所致力于的无非两件事，正是奠基（foundation）与划界（limitation）[2]，那么，要想从这个既定的框架之中挣脱而出，不妨进行三步的推进。首先，正是将哲学"暴露"在文学等外部的力量面前，进而动摇形而上学体系的稳固和自洽。其次，暴露并非仅仅面向外部，同样也是哲学向着自身的暴露（s'expose[3]），并由此在自身的根基之处发现了差异性的裂痕，甚至无根基的深渊（the ground of the abyss[4]）。最终，经由此种内外交织互渗的双重暴露，我们得以领悟，哲思的真正道路并非只是合乎逻辑的思辨和演绎，而从根本上说更是在"极端外部性"的激发之下，不断释放出自身本就蕴藏着的差异性、开放性和创造性的潜能。不妨再度借用詹姆斯的精辟概括，恰可以说南希的哲思正是试图经由时空的开敞（opening）而实现思想本身的那种化

---

[1] Nigel Saint and Andy Stafford, eds., *Modern French Visual Theory: A Critical Reader*, Manchester University Press, 2013, p.201.

[2] Ian James, *The Fragmentary Demand: An Introduction to the Philosophy of Jean-Luc Nancy*, Stanford: Stanford University Press, 2006, p.29.

[3] 转引自 Ian James, *The Fragmentary Demand: An Introduction to the Philosophy of Jean-Luc Nancy*, Stanford: Stanford University Press, 2006, p.39.

[4] Jean-Luc Nancy, *The Ground of the Image*, translated by Jeff Fort, New York: Fordham University Press, 2005, p.77.

一而多（singular plurality）的生成运动。①

我们看到，这些概念上的创造随后都顺理成章地转用于南希对于图像和艺术的思考之中。但仅用"转用"这样的说法似乎又有些片面，因为这就会让人忽视南希的图像之思中所展现出来的全新思路，以及所关注的全新问题。其中最关键的一个难题，正是mimesis（模仿）与methexis（分有）之辩这个同样与诗与哲学之争密切相关的要点。也正是这个要点，成为连贯南希思想前后期转变的核心枢纽。其实，当我们带着"基底/无基底"这一对基本范畴来反思图像之时，随即就会引发出一系列相关的追问：那么，图像的基底又究竟何在呢？它到底是真实的再现，还是仅为人心的造作？它到底呈现了真实，还是遮蔽了真相？② 说到底，它到底是通往真理的光明之路，还是深陷假相的黑暗洞穴？这些显然正是源自柏拉图的根本追问。当柏拉图在《理想国》中以"三张床"的著名案例引出模仿说的讨论之际，他最终无疑贬斥了图像的那种遮蔽、扭曲真实的作用，进而主张用以追求智慧为目的的哲学之"教化"（paideia）来取代以音乐和诗歌为主导的传统希腊教育。③ 然而，诚如亚里士多德在《形而上学》中所言（987b 10-13），模仿说早已有之，而分有说才是柏拉图自己的原创。④ 但当他在《斐多篇》等文本中细致阐发分有说之时，无疑又强调

---

① Ian James, *The Fragmentary Demand: An Introduction to the Philosophy of Jean-Luc Nancy*, Stanford: Stanford Unirersity Press, 2013, p.103.

② 诚如南希所言，整个mimesis传统之中所始终默认的一个本体论前提正是"事物本身的缺席（absence）"（Jean-Luc Nancy, *The Ground of the Image*, translated by Jeff Fort, New York: Fordham University Press, 2005, p.37）。

③ 参见［德］韦尔纳·耶格尔《教化：古希腊文化的理想》（第二卷"探寻神圣的中心"），陈文庆译，华东师范大学出版社2021年版，第240页。

④ Aristotle, *Metaphysics*, translated by Hugh Lawson-Tancred, London and New York: Penguin Books, 1998, p.24.

了图像对于理念秩序的体现和参与。这样一来，以"分"为前提之模仿与以"合"为目的之分有，乃至图像与真理之间的既差异又同一的关系，就成了柏拉图的图像之思的核心难题。

而这个难题和张力在南希后期的图像之思中同样是重中之重。很多学者都明确认识到这一点，比如，詹姆斯在集中阐释南希的《看与触》（*Seeing and Touching*）一文中就指出，虽然从巴迪欧和德里达的视角来看，南希的思想始终充满着有限与无限、接近（abord[①]）与分离之间的看似很难化解的张力，但实际上，"间隔（distancing），脱离（detachment）和分离（separation）"[②]才是南希自己所孜孜以求的要义。那么，聚焦于图像这个核心主题，到底是谁和谁分离？分离又是怎样一种关系呢？对此，南希自己就给出了清楚的回应。首先，分离的是图像及其基底，因为任何图像都一定要在一个背景之上才能凸显而出。其次，图像之基底又不能单纯等同于背景，而更是一种在给出、呈示图像的同时又潜藏、回撤（retrait）自身的不可见之力。[③]也正是因此，南希才会将"区分"和"分离"视作图像的可见之形（form）与基底的不可见之力之间的最根本关系。分离（the distinct），[④]并非彻底的断裂，更非矛盾和对立，而更是在本源性的差异关系之中，将图像和基底维系在既近又远的彼此归属之中："正在成型的力量之形式（form-orce）与已然成

[①] ［法］让-吕克·南希：《肖像画的凝视》，简燕宽译，漓江出版社2015年版，第23页。

[②] Nigel Saint and Andy Stafford, eds., *Modern French Visual Theory: A Critical Reader*, Manchester University Press, 2013, p.208.

[③] 转引自 Nigel Saint and Andy Stafford, eds., *Modern French Visual Theory: A Critical Reader*, Manchester University Press, 2013, p.208。南希自己也明确将图像称作"力之符号（force-sign）"（Alison Ross, *The Aesthetics Paths of Philosophy: Presentation in Kant, Lacoue-Labarthe, and Nancy*, Stanford: Stanford University Press, 2007, p.23）。

[④] Jean-Luc Nancy, *The Ground of the Image*, translated by Jeff Fort, New York: Fordham University Press, 2005, p.1.

型的形式之力量（force-from）之间的彼此联结（coupling）。"①

由此看来，只有将模仿和分有这两个方面结合在一起，才是图像之全貌。这也是南希自己所每每强调的要点。比如，在《图像：摹仿与分有》这篇重要论文的开篇，他就明确指出，"没有摹仿可以脱离分有而发生"②，真正的图像并非单纯的再现（representation）或复制，它从根本上说注定是基底之力的"呈现"（presentation）③与表现。这当然清晰显豁，但问题还在于，在模仿和分有、再现与呈现之间，到底是同一还是差异、切近还是分离才是本体论上的前提呢？南希毫不迟疑地突出了差异和分离这个根本要点。实际上，正如柏拉图在《智者篇》中所坦承（258c—259c），他之所以要提出分有说，正是要克服巴门尼德那里的存在与非存在之间的鸿沟，进而以具体事物为中介和纽带建立起二者之间的"相异"而非"对立"的关系。④简言之，"拯救现象"正是分有说的真正目的，"以便把隔离开的'相'和事物重新连接起来"⑤。在这个意义上，南希所要进行的恰可以说是一种"拯救图像"的工作。他的"分离说"并未取消或填平图像与基底之间的差异，正相反，他始终强调二者之间的"相异性

---

① Jean-Luc Nancy, *The Pleasure in Drawing*, translated by Philip Armstrong, New York: Fordham University Press, 2013, p.50.
② Carrie Giunta and Adrienne Janus, eds., *Nancy and Visual Culture*, Edinburgh University Press, 2016, p.74.
③ "南希思想中的核心主题就是作为意义（sense）或含义（meaning）之呈现的问题。"（Alison Ross, *The Aesthetics Paths of Philosophy: Presentation in Kant, Lacoue-Labarthe, and Nancy*, Stanford: Stanford University Press, 2007, p.134）
④ 参见［古希腊］柏拉图《智者》，詹文杰译，商务印书馆2012年版，第81—82页。
⑤ 汪子嵩、王太庆编：《陈康：论希腊哲学》，商务印书馆1990年版，第79页。

（alterity）"或"内在差异"这个根本前提。① 正是因此，图像既引出、渴求（desires）着基底，但同时又延迟着、悬搁着（defers）后者的呈现。②

南希甚至由此回溯到"图像"这个词的拉丁词源（imago），并将其恰如其分地称作"死亡面具"（masque mortuaire）。图像作为"死亡面具"本无多少难点，因为面具本就是既自我呈现又自我隐藏③，这当然符合作为模仿与分有、可见之形与不可见之力的合体的图像的一般逻辑。但困惑恰恰在于，为何是死亡的面具呢？在柏拉图式的图像面具的背后既隐又显、既分又合的正是超越的理念。但既然南希从一开始就对传统形而上学持激烈的批判立场，那么，他在这里至多只是借用了柏拉图的图像逻辑，而完全不可能接受理念世界和图像世界二分的本体论前提。④ 进而，如果图像的背后既不存在原型的理念，也不存在稳固的根基，那么，确乎只剩下那个幽深莫测、不可辨识甚至不可名状的不断回撤的无基底的深渊。与充满生机的图像相比，这个背后的深渊确实近乎死亡的黑洞。⑤ 但南希所谓的死亡面具又并非仅意在突出面具与深渊、生与死之间的否定性、断裂性的关系。正相反，他同时提示我们，作为死亡面具的 imago 在

---

① Carrie Giunta and Adrienne Janus, eds., *Nancy and Visual Culture*, Edinburgh University Press, 2016, p.75.

② Carrie Giunta and Adrienne Janus, eds., *Nancy and Visual Culture*, Edinburgh University Press, 2016, p.76.

③ Jean-Luc Nancy, *The Ground of the Image*, translated by Jeff Fort, New York: Fordham University Press, 2005, p.96.

④ "理型（form-idea）进行回撤，而此种回撤所残留之形（vestigial form）正是我们的柏拉图化的语汇所谓的'感性（sensible）'。"（Jean-Luc Nancy, *The Muses*, translated by Peggy Kamuf, Stanford: Stanford University Press, 1996, p.97）

⑤ Jean-Luc Nancy, *The Ground of the Image*, translated by Jeff Fort, New York: Fordham University Press, 2005, p.24.

拉丁语中还包含着对于祖先和先贤的纪念。[1] 先人已逝,但他们的丰功伟绩仍然长留我们心间,这也让那看上去毫无生气的死亡面具充满了怀念的氛围和历史的痕迹。作为死亡面具的图像亦如此,基底在自我呈现的同时也不断回撤,但它并未就由此成为一个彻底否定的空无和黑洞,而是在这个回撤的过程之中遗留着无比丰富、开放、流变不已的痕迹之网络和意义的场域。与柏拉图式的超越性理念截然不同,南希式的基底/无基底的理念"不断要求着它自身的诞生和欲望的开敞"[2]。

也正是因此,南希在下文随即凝练概括出了图像之基底的三重含义[3]:首先,从本体论的前提上来看,基底与图像是分离的(àfond);其次,这种分离意味着基底本身持守于自身,而不可全然被可见之形穷竭(au fond);最后,持守于自身之中的基底并未由此就成为空洞苍白的虚无,而反倒是在自身之中酝酿着更为强烈而深厚的共振(vibrating),"共鸣(resonance)"或回声。[4] 图像面具背后的死亡深渊,绝非无底的空洞,而更是孕育新生的起点。图像之所以要一次次回归那个幽暗的基底,亦绝非是为了彻底走向自身的否定和反面,而更是为了汲取新鲜的创造性动力。由此,当南希在谈论图像之时,他往往更为关注听觉和触觉这另外两个跟视觉密切相关的感觉能力,但不是将它们视作视觉的补充或增强,而

---

[1] Jean-Luc Nancy, *The Ground of the Image*, translated by Jeff Fort, New York: Fordham University Press, 2005, pp.67-68.

[2] Jean-Luc Nancy, *The Pleasure in Drawing*, translated by Philip Armstrong, New York: Fordham University Press, 2013, p.51.

[3] Carrie Giunta and Adrienne Janus, eds., *Nancy and Visual Culture*, Edinburgh University Press, 2016, p.78.

[4] Carrie Giunta and Adrienne Janus, eds., *Nancy and Visual Culture*, Edinburgh University Press, 2016, p.83.

更是将它们视作通往图像之基底/无基底的真正通道。确实，无论是聆听还是触摸，似乎都远比视觉要更好地实现那种反身性的自我体验、自我触发和自我激活。

二、从柏拉图到格式塔心理学：Mimesis 的另一条脉络

然而，南希这一番游弋于模仿和分有之间的图像之思固然隽永又富有哲理，但仍然存在着一个疑点甚至可说是盲点。关于 mimesis 和 methexis 之间的关系，他在各处多有论述，且往往皆是重点。但他要么强调二者之间的差异游戏[1]，要么强调二者之间的包容（encompasses）与互渗[2]，而无论何种情形之中，分离这个前提及其所展开的原初张力是从未被质疑和动摇的。但若回归哲学史的脉络，尤其是柏拉图对于 mimesis 的广泛深刻的论述，会发现二者之间本还存在着另一种截然不同的关系，那不是以分离和差异为要点，而恰恰是以统一为前提，以整合为目的。

对于这后一种关系，斯蒂芬·哈利威尔（Stephen Halliwell）在《摹仿的美学》（*The Aesthetics of Mimesis*）一书中给出了极为清晰全面的阐释，进而亦提示我们，柏拉图所谓的模仿已然内在地包含了一个分有的向度，只不过，此种分有不是为了在基底和图像、力与形式之间展开接近又分离的原初游戏，而更是最终为了将所有的图像的运动皆纳入、统合入宇宙的终极秩序之中。哈利威尔首先指出，柏拉图的 mimesis 本就包含着两个看似有

---

[1] Jean-Luc Nancy, *The Muses*, translated by Peggy Kamuf, Stanford: Stanford University Press, 1996, p.24.

[2] Jean-Luc Nancy, *The Ground of the Image*, translated by Jeff Fort, New York: Fordham University Press, 2005, p.9.

别实则统一的面向，分别是虚假（eikastikē）与虚构（phantastikē）。[①] 前者主要见于《智者篇》的文本之中，强调图像对于真相的扭曲和遮蔽；而后者主要出自《克拉底鲁篇》的论述，尤为突出图像以创造性的想象力来更好地体现、参与理念的秩序。概言之，若说在前者之中，图像的作用根本上就是一种欺骗（deception），那么在后者之中则正相反，图像真正起到了"介入"（engagement）之关键功效。[②] 其中的道理似乎也不难理解。根据少年苏格拉底的"拯救现象"这个初衷，理念本身必须具显于感性世界之中，因此从根本上说，后者对于前者所构成的并非只是遮蔽和阻碍，而更是丰富性的拓展和创造性的实现。一个抽象的命题，如果用隐喻和图像的方式来表达，就会显得更加生动，也更容易令人理解进而信服。

不过，看似充满"欺骗性"的图像之所以能够最终实现对于理念和真理的模仿，那正是因为它的种种"虚构"之力并非仅停留于事物的外表，更能够深入宇宙的最深处。[③] 由此，经由虚假和虚构之间不断展开的模仿游戏，图像得以深刻地参与到宇宙的终极秩序之中，以生动而丰富的方式展现出万事万物之间的相似性。至此，柏拉图式的以 mimesis 为核心的分有和南希的以 methexis 为前提的分离之间的基本差异已经清晰呈现：前者以相似性为前提，以图像的虚构之力为纽带，最终实现的是万物在理念秩序之下的统合；而后者则以内在差异为前提，以图像的分离运动为方式，

[①] Stephen Halliwell, *The Aesthetics of Mimesis: Ancient Texts and Modern Problems*, Princeton: Princeton University Press, 2002, pp.62-63. 实际上，根据哈利威尔在文本中的提示，这两个希腊词也正可以用英文里的 "false" 和 "fiction" 来比较恰切地对译。

[②] Stephen Halliwell, *The Aesthetics of Mimesis: Ancient Texts and Modern Problems*, Princeton: Princeton University Press, 2002, p.124.

[③] Stephen Halliwell, *The Aesthetics of Mimesis: Ancient Texts and Modern Problems*, Princeton: Princeton University Press, 2002, p.4.

最终实现的是死亡面具式的自我呈现与自我回撤的双重运动。不可忽视的是，柏拉图式的思路在 20 世纪的图像理论之中也有鲜明的继承和发展，尤其体现于格式塔心理学这条影响深远的脉络之中。实际上，诚如詹姆斯所敏锐指出的，南希关于图像及其基底的论述显然与格式塔理论存在着密切关系。[1]但多少令人意外的是，他在论文的后续部分中却完全搁置了这个重要背景。我们在这里就试图重拾这条线索，首先揭示格式塔的图像理论与柏拉图式的 mimesis 的分有之间的深刻关联，再经由阿恩海姆（Rudolf Arnheim）对于儿童绘画的重要论述引出数字时代的图像之失重困境。这一切最终也是为了对于南希的图像理论再度进行一番反思和拓展，进而权衡它是否能够重新为数字时代的美育提供一种必要的"重力"和"意义"。

那就先从格式塔心理学的重要源头之一，库尔特·考夫卡（Kurt Kofka）的奠基之作《格式塔心理学原理》入手。全书在开篇第一章中就明确阐释了诸多基本的理论要点，皆鲜明体现出与 mimesis 传统的切近性关联。考夫卡首先就提出了一个宏大的愿景，将心理学的最终目的规定为"整合"（integration）[2]。之所以如此，正是因为唯有心理学能够在"自然、生命、心理"这三个基本的存在领域之间形成一种终极的整合，由此最终将人类知识的不同部分也联结在一起。但心理学不是专门研究人类的心灵活动吗？那它又何以能够突破内心领域的范畴，实现天地万物的整

---

[1] Nigel Saint and Andy Stafford, eds., *Modern French Visual Theory: A Critical Reader*, Manchester University Press, 2013, p.205.

[2] ［德］库尔特·考夫卡：《格式塔心理学原理》（上册），黎炜译，浙江教育出版社1997年版，第10页。

合？关键要点正在于"生机论"（vitalism）这个最为根本的本体论前提。[1] 三大领域的整合，必然以生命为中心，因为生命才展现出密不可分的两面性，一面朝向物质，一面朝向心灵，由此亦得以成为这两极之间相互连接的纽带。而生命的此种纽带的作用，正在于它为单纯"数量性"的无机自然界提供了目标、方向和顺序，进而由此为人类的心灵活动提供了意义。[2] 因此，格式塔心理学所致力于揭示的并非仅仅是内在心灵的秩序，正相反，这个秩序内通心灵，外达宇宙万物，并最终皆体现于贯通天地的生命力的法则。[3] 考夫卡明确将这个原理界定为"心物同型论"（isomorphism），而这个原理所支配和掌控的正是连通内在与外在的"心物场"[4]。

我们看到，这个心物同型、万物相似的生机论范式，虽然从具体内容上来说与柏拉图的理念论相距甚远，后者的前提是超越性，前者的预设则是内在性，但从基本的理论立场来看，确实体现出明显的趋同，因为二者皆始自同一，归于整合。对于柏拉图，图像的模仿本是分有理念秩序的一个重要的虚构环节；对于考夫卡，人的心理活动也本是分有万物的生命秩序的一个关键的内在环节。进而，在《格式塔心理学原理》的文本之中，

---

[1] 当然，诚如考夫卡自己所坦承，他所谓的生机论早已超越了"机械论"与"生机论"之争（《格式塔心理学原理》，第19—20页），而试图以生命为普遍的运动贯通整个宇宙的三大领域。因此，他的立场或许应该更恰当地被译作"生命主义"。Mitchell G. Ash 也在研究格式塔心理学史的重要著作中将这个要点视作其最为重要的理论贡献之一。（*Gestalt Psychology in German Culture*, 1890–967, Cambridge University Press, 1995, p.409）

[2] 参见［德］库尔特·考夫卡《格式塔心理学原理》（上册），黎炜译，浙江教育出版社1997年版，第14、19页。

[3] 参见［德］库尔特·考夫卡《格式塔心理学原理》（上册），黎炜译，浙江教育出版社1997年版，第4—5页。

[4] ［德］库尔特·考夫卡：《格式塔心理学原理》（上册），黎炜译，浙江教育出版社1997年版，第84页。

几乎所有的基本原理都体现出 mimesis 的理论旨趣，比如恒常性原理、组织律等都是明证。而最具有说服力则是简洁律这个终极的法则，因为它将"统一、一致、良好的连续、简单的形状和闭合"[①]等诸多方面都最终贯穿在一起，形成了一个完备的整合式的理论体系。考夫卡在书中当然也大量谈到了与图像感知相关的种种心理活动，但尚未充分展现出它们与艺术活动之间的密切关联。在这个方向上的后续发展，当然主要体现于贡布里希（Ernst H. Gombrich）和阿恩海姆的著作之中。

首先，贡布里希的名作《艺术与错觉：图画再现的心理学研究》（*Art and Illusion*）显然是连通格式塔心理学和柏拉图的 mimesis 传统的重要代表作。虽然他在书中对格式塔理论也有尖锐的批评，比如认为其过于僵化[②]，但在第一版序言之中所列出的诸多关键的理论背景之中，格式塔理论又显然占据大半。[③]而更值得关注的是，"艺术与错觉"这个标题在很大意义上正是对于《理想国》中的模仿论的一个积极回应。贡布里希明确指出，"错觉"并不能简单等同于"错误"，正相反，艺术与图像所"虚构"出来的种种错觉，反而是揭示、呈现真实的有力方式和有效途径。"在虚像和现实之间、在真实和虚伪之间没有固定的分野"[④]，在"什么"（真相）和

---

① ［德］库尔特·考夫卡：《格式塔心理学原理》（上册），黎炜译，浙江教育出版社 1997 年版，第 222 页。
② 参见［英］E.H. 贡布里希《艺术与错觉：图画再现的心理学研究》，杨成凯、李本正、范景中译，广西美术出版社 2012 年版，第 232 页。
③ 参见［英］E.H. 贡布里希《艺术与错觉：图画再现的心理学研究》，杨成凯、李本正、范景中译，广西美术出版社 2012 年版，"序言"第 V 页。
④ ［英］E.H. 贡布里希：《艺术与错觉：图画再现的心理学研究》，杨成凯、李本正、范景中译，广西美术出版社 2012 年版，第 85 页。

"怎样"（虚构）之间也充其量只存在着程度之差别。[1] 我们看到，这与其说是对柏拉图的批判，还不如说是重释，因为虚假和虚构，乃至虚构和真实之间彼此交织互渗的关系，实际上无非是 eikastikē 与 phantastikē 这 mimesis 的一体两面的鲜明体现和有力证明。而贡布里希在书中所提出的另外两个基本原理亦皆是如此。一方面，"观看"（seeing）即"知道"（knowing），任何"眼见"的真实都已经同时包含着心灵的主动介入与创造。另一方面，图像即符号，因为没有一种图像可以单纯复制现实而不同时包含心灵的主动的符号性解释。显然，即便贡布里希暂时搁置了生机论前提，但整部《艺术与错觉：图画再现的心理学研究》都堪称是对考夫卡式的"心物场"理论在图像学和艺术心理学领域的明确贯彻和引申。当我们欣赏一幅绘画之时，图像与感知、感知与判断，乃至图像本身的形式与内容等，所有这些基本的环节和面向最终都被纳入统一、连续的整合性秩序之中。

与贡布里希相比，阿恩海姆在《艺术与视知觉》（*Art and Visual Perception*）中的理论又体现出三个重要的深化和发展。首先，他汲取借鉴了很多当时前沿的脑神经科学的成果，这显然为考夫卡和贡布里希那里很多单纯的描述乃至臆测提供了扎实的凭据；其次，更为重要的是，阿恩海姆重新引入了"力"和"场"这些格式塔的"生命主义"的基本前提，并尤其在艺术图像的视知觉的过程之中展现出"重力"这个根本维度。

与考夫卡相似，阿恩海姆开篇就将力作为贯穿心理和物理，内在和外在的普遍运动[2]，但在《格式塔心理学原理》之中，考夫卡更多关注的是吸

---

[1] 参见［英］E.H.贡布里希《艺术与错觉：图画再现的心理学研究》，杨成凯、李本正、范景中译，广西美术出版社2012年版，第114页。

[2] 参见［美］鲁道夫·阿恩海姆《艺术与视知觉》，滕守尧译，四川人民出版社2019年版，第9页。

引力及"接近性定律"这个基本法则[①],但阿恩海姆则显然不同,他着力探索的正是图像之"重"及其所激发的心灵之"重"的体验。当然,他也将"重力和方向"视作图像之力场的两个基本面向[②],但细观其论述,图像时空中的种种方向性显然最终还是来自重力的运作。这个选择似乎也不难理解,既然格式塔的前提就是心物同型,那么,重力这个物理空间中的根本法则也注定要在图像空间和心理空间之中同样产生普遍而深入的作用。图像之所以有重量,那正是在我们生活的大地之上,万事万物皆有重量。图像之所以有基底,那正是因为在太阳底下,万事万物的运动生长都需要从根基开始,不断向上。只有重力才能最终建立起万物之间的"平衡"和统一,由此它也成为贯穿心物的"基本的组织规律"[③]。阿恩海姆在《艺术与视知觉》第五章第3节中对图像及其基底的细致生动的阐释也正是这一重力的组织律的典型例证。封闭与开放、小与大、内聚与发散或许只是可见的表象,但"画面下部总是携带着更多的重量"[④]这个基本原理才是组织整个画面的潜在法则。这就正如,在物理世界之中,作为重力之"基底"的也总是那个沉重,静止,无限延展的位于"下部"的大地。

---

① 参见[德]库尔特·考夫卡《格式塔心理学原理》(上册),黎炜译,浙江教育出版社1997年版,第214页。
② 参见[美]鲁道夫·阿恩海姆《艺术与视知觉》,滕守尧译,四川人民出版社2019年版,第18页。
③ [美]鲁道夫·阿恩海姆:《艺术与视知觉》,滕守尧译,四川人民出版社2019年版,第74页。
④ [美]鲁道夫·阿恩海姆:《艺术与视知觉》,滕守尧译,四川人民出版社2019年版,第237页。

三、孩子在画什么：重与轻之间的视觉美育

在《艺术与视知觉》中，阿恩海姆很少谈及现当代艺术，这倒不是出于编排或篇幅的顾虑，而是从根本上对后者持一种怀疑、批判乃至否定的态度。站在艺术史发展的角度看，他的这个做法显然有失公允，但在那些往往简短而又偏激的段落之中，我们却反倒能读出一些更与当下的数字时代相关的要点。我们甚至想说，阿恩海姆的那些尖锐却不失敏锐的批判如果转用于数字图像的时空之中可能会显得更为恰切。

诚如贡布里希在《艺术与错觉：图画再现的心理学研究》之中也每每提到的，阿恩海姆对儿童绘画的研究堪称其理论之中的一大亮点。而细究《艺术与视知觉》的文本，便会发觉，这些闪光点多少都与他对现当代艺术的批判密切结合在一起。首先就涉及他对于儿童绘画的基本定位。儿童画，并非缺乏技艺和眼光的涂鸦，也绝非只是人类绘画的心理发展的原始而稚拙的初期，正相反，"虽然从儿童艺术和成人艺术中会得到同样的启发，但在儿童艺术那些简单的式样中，一眼就会发现那些支配视觉创造的基本原理和趋向"①。换言之，儿童画绝非初期，而更是本源，在其中已然包含着绘画艺术在随后的成熟发展期有待展开的各种潜能。所以，研究儿童画，绝非为了衬托出成人的优势，而反倒是想经由此种返归童真的方式来再度唤醒、解放成人头脑中的日益僵化的想象力。②若将此种心理

---

① ［美］鲁道夫·阿恩海姆：《艺术与视知觉》，滕守尧译，四川人民出版社2019年版，第166页。
② "当儿童发展到成年时，只有少数人能把这种潜在想象力保持下来。"（《艺术与视知觉》，第146页）或许也是因此，阿恩海姆屡次提到，"儿童却不容易被骗"（《艺术与视知觉》，第80页）。

的成长过程投射到艺术发展史的历程之中,似乎可以得出同样的结论:未必越晚近的艺术就越高级,或许正相反,看似现当代艺术之中不断释放出那些自由洒脱的可能性,但它们是否只是像昏庸保守的成人一样逐渐忘却了自己的童真之源呢?[①] 不妨以阿恩海姆提到的三个方面来展开一点对比。

第一个方面当然涉及重力这个根本要点。当孩子初次拿起画笔和颜料,在画布和白纸上开始涂抹的时候,他们到底在探寻什么,学习什么? 按照阿恩海姆的格式塔理论,当然是学习重力原理。既然如此,那为什么孩子的画面总是显得杂乱无章,缺乏平衡呢? 因为他们在一点点试错,直到探寻到正确的规律。这就正像孩子对语言和行走的学习,也总是一步步往前推进的。或许不妨说,孩子在物理空间里学习重力,在语言符号空间里学习意义,同样,他们也在视觉空间里面学习"图与底"的秩序和规则。那么,那些以无序和混沌的画面空间著称的现当代绘画是否也在进行同样的探索呢? 阿恩海姆对此充满质疑:"当现代画家和雕塑家创造出那些可以正立也可以颠倒的作品时,他们为这种自由付出的代价是,他们必须满足于一个相对无差别的或同一的世界。"[②] 现代艺术的图像空间看似自由无羁,但那种自由却并非返归到童真而蓬勃的想象力,而反倒是陷入

[①] 正是在这个意义上,阿恩海姆并不认同(比如格林伯格所提出的)艺术的进化论视角,也无意在不同的艺术风格和时期之间人为划定优劣高低。对于他来说,不同的艺术无非都是从一个"共同的核心"(a common core)之中所衍生出来的各有千秋的方向而已。(Scott Higgins, ed., *Arnheim for Film and Media Studies*, New York and London: Routledge, 2011, pp.42-43)或借用 Ian Verstegen 的说法,阿恩海姆更关注的是艺术的发生心理学(genetic problems),而并非艺术的演进和分期。(*Arnheim, Gestalt and Art: A Psychological Theory*, New York: Springer-Verlag Wien, 2005, p.97)

[②] [美]鲁道夫·阿恩海姆:《艺术与视知觉》,滕守尧译,四川人民出版社 2019 年版,第 103 页。

一种更深的作茧自缚的僵化之中。儿童画是从混沌到有序[①]，一步步探索重力空间，进而导向各种不同的方向和秩序。现代绘画则正相反，它丧失了重力这个基底、本源和参照，却（借用考夫卡的那个"数量—秩序—意义"的三元区分）日渐陷入无秩序、无意义、无方向、无目的的纯粹"数量"的空间之中。这也是为何所有的抽象画看起来都大同小异的一个原因吧。[②]

第二个方面则进一步涉及绘画创作的活动或"姿势"。当孩子在学画的时候，可说是从眼到手、从身到心的全面运动："如果说眼睛是艺术活动的父亲，手就是艺术活动的母亲……儿童一开始所做的那些乱涂乱画活动并不是想到要再现什么东西，而是儿童赖以活动四肢的愉悦的运动形式。"[③] 孩子一开始的学习，就是在一个真实的物理空间中找到平衡，探寻重力法则的奥妙。这一点也同样体现于他们的绘画活动之中。绘画，并非仅仅是为了活动身体，而同样是一种贯通心物两极的整体性的学习过程，学习世界的法则，学习体验自身[④]，进而学习与他人的沟通交流。反观现代绘画则又正相反，在那些令人目眩甚至目盲的无序空间之中，视力或许并未得到增强，而反倒是被不断削弱，因而目光在这样一个"数量

[①] 这里我们明显借用了阿恩海姆另外一部名作的标题，即《熵与艺术：论无序与有序》（*Entropy and Art: An Essay on Disorder and Order*）。

[②] 当然，阿恩海姆与现代主义之间关系颇为复杂。虽然在《艺术与视知觉》之中，他对现代主义绘画颇有微词，但很多学者都认为他的电影理论则鲜明地带有现代主义倾向。(Scott Higgins, ed., *Arnheim for Film and Media Studies*, New York and London: Routledge, 2011, p.32)

[③] ［美］鲁道夫·阿恩海姆：《艺术与视知觉》，滕守尧译，四川人民出版社 2019 年版，第 177 页。

[④] 诚如阿恩海姆在《中心的力量》一书中所言，观察者本身就是视觉场域组织中的重要一环。(Rudolf Arnheim, *The Power of the Centre: A Study of Composition in the Visual Arts*, Berkeley: University of California Press, 1982, pp.12-13)

性"的空间之中往往会感觉到自己的无力、无助乃至迷失。进而，在这个颠覆、瓦解甚至吞噬视觉的空间之中，儿童画之中的那些身心协动也几乎丧失殆尽，视力的麻痹所带来的或许也同样是身体的怠惰。面对目眩神迷的画面空间，绝大多数人都只能呆若木鸡地定在原地，而全然没有随着图像翩然起舞的孩子般的冲动吧？

第三个方面既涉及图像空间的本源，也涉及儿童的人格成长的起点。阿恩海姆提到一个值得关注的现象，即孩子从混沌到有序的学习创造过程之中所明确把握到的第一个形象往往就是圆。这倒不是说画圆是一件如此轻而易举的事情（或许恰恰相反），而更是因为"对于这些儿童来说，圆圈并不代表圆形性，而是代表事物的更为普遍的性质——事物性"[1]。圆，不仅是最为平衡的形状，也同样给孩子们洞察体悟万事万物的平衡秩序提供了一个完美的起点和入口。但现代绘画的起点则不是圆，而更是点，这是康定斯基在《点·线·面》之中所给出的明确界定。而诚如他在该书的开篇就指出的，点在获致一个具体的物质形态之前，其实更多是一个非物质性的观念性的单位，它更接近一个语言和符号般的存在。[2] 这样的点，自然不可能会为画家或观众提供任何稳定的物质性基底或平衡性秩序，它穿行于不同的场域之间，不断转换着自身的功能和形态。无数这样的点汇聚在一起，所形成的也断然不会是一个重力空间，而更接近一个无限熵增的布朗运动的空间。在这样的空间里，当然也不会再有任何的

---

[1] [美]鲁道夫·阿恩海姆：《艺术与视知觉》，滕守尧译，四川人民出版社2019年版，第182页。

[2] Kenneth C. Lindsay and Peter Vergo, eds., Kandinsky, *Complete Writings on Art*, Cambridge, Massachusetts: Da Capo Press, 1994, p.538.

事物性，而只有"没有形状的情绪"[1]在不断瓦解着空间之秩序，也不断破坏着孩子们的人格之完整。

面对阿恩海姆这一番对现代绘画的口诛笔伐，有心的读者肯定会觉得有些夸大其词了。现当代艺术自然存在着种种问题，但要是将它们就当成祸害儿童的洪水猛兽，这显然缺乏根据。现代绘画或许确实丧失了重力空间，但它却并未全然丧失自身的基底，而或许更是在巴塔耶的意义上找到了另外一种截然有别于古典艺术的"无定形"的基底。在这个方面，它显然更体现出与南希对"图像之基底"的论述的切近之处。比如，在伊夫-阿兰·博瓦（Yve-Alain Bois）为《无定形：使用指南》一书所作的导言之中，他就对巴塔耶的简短论述进行拓展，进而概括出了现代主义的四种无定形特征："水平性、卑俗唯物主义、脉动和熵。"[2] 抛开其中的具体细节，我们发现这四个要点其实都颇为接近阿恩海姆所构想的儿童画的本源状态。水平性并非是一个无序而混沌的空间，而反倒是强调绘画与重力之间的更为密切的关系。直立的姿势、垂直的画布，这些无疑是源自对重力的抵抗。但如杰克逊·波洛克的滴画创作，则正可以说是以肉身之力更亲密地拥抱大地，回归重力的怀抱，由此也展现出身体、空间、物质等维度在绘画创作之中的更为开放而多元的"使用价值"。进而，如"卑俗唯物主义"和"脉动"这样的说法，无非都是突出揭示那些在以往的以架上绘画为核心的创作方式之中所遗忘、遮蔽的种种身体性和物质性特征，让重力在图像和视觉的空间之中并非仅成为基础、参照和依托，而

---

[1] ［美］鲁道夫·阿恩海姆：《艺术与视知觉》，滕守尧译，四川人民出版社2019年版，第213页。

[2] ［法］伊夫-阿兰·博瓦、［美］罗莎琳·克劳斯：《无定形：使用指南》，何卫华等译，花城出版社2021年版，第32页。

更成为一种未知莫测的激发性力量。"熵"这最后一个关键词当然对应于巴塔耶的"耗费"理论[①]，但落实于在孩子身上反倒有着更为生动的体现。孩子之所以要创作，本没有什么功利的想法，也并没有明确的目的和意义的追求。他们只是觉得好玩有趣，就开动自己的身心开始涂抹颜色和线条。因此，在孩子的纯粹的"耗费"一般的创作姿态之中，其实体现出的正是那种本源性的游戏精神。"熵"在这里并非仅意味着无序和混乱，而更像是南希所谓的那种死亡面具式的回撤运动，返归生命的"基底"，重启新生的起点。

四、结语：数字时代，美育何为

因而，现代主义或许在南希的意义上展现了图像的另一种"重"，进而为阿恩海姆所孜孜以求的视觉美育提供了另一种不同的基底。在《艺术与视知觉》的开篇，他就指出，真正的美育的"目的绝不是去取代直觉，而是支持它，使之更加敏锐，使其中的各种要素相互变得更为明晰和融通"[②]。就此看来，现代主义绘画也完全可以成为一个良好而有效的美育途径，甚至在某种意义上要比传统绘画更能够激发孩子们身上的那种本源性的想象力。因为重力在这里已不再只是一个需要被学习和遵循的原理，而本身就变成了一个极为开放的空间，颇为自由的游戏场地。

虽然阿恩海姆对现代主义的批判或许最终选错了目标，不过，他的这

[①] 参见［法］伊夫-阿兰·博瓦、［美］罗莎琳·克劳斯《无定形：使用指南》，何卫华等译，花城出版社 2021 年版，第 43 页。

[②] ［美］鲁道夫·阿恩海姆：《艺术与视知觉》"导言"，滕守尧译，四川人民出版社 2019 年版，第 8 页。

一番激烈的言辞若置于当今的数字空间之中，反倒是顿然间就显现出明确而令人焦虑的相关性。重力的丧失、身体的无力，以及人格的紊乱，可说是赛博空间的三个典型的症结。首先，还是从"数量—秩序—意义"这个考夫卡的经典三分法来看，作为一个纯粹的数字和信息空间的互联网确实从根本上来说缺乏任何固有的秩序和意义，而近乎一个彻底数量化的"数字海洋"[①]。

其次，身体在赛博空间之中也变得越来越丧失了行动性、创造性潜能。我们说的倒不是人类越来越"宅"的生活方式，而是涉及数字与肉身之间的根本关系。戴维·迈尔斯（David Myers）就从"与自身游戏"（locomotor play）、"与对象游戏"（object play）和"与他人游戏"（social play）这三个维度细致分析了电子游戏的"美学形式"[②]。虽然电子游戏无疑在后两个方面体现出了明显增强和提升，它极大拓展了"可玩的"对象和"一起玩"的他人的范围，但恰恰在第一个维度上，它却暴露出难以弥补的缺陷。在阿恩海姆所着力阐释的儿童画的创作之中，"身体之用"显然是一个重要基础，由此才拓展出对重力空间和人际交往的学习。但在数字游戏的空间之中，一旦这个本源的身体维度被削弱、遮蔽甚至被否定，那么，对象和他人这两个向度也就相应地发生衰变。进而，作为玩家的孩子就逐渐从主动运用身体的小画家蜕变成为数字模拟所困的"被动参与者"[③]。

失去了重力和身体这两个基底，也就让数字空间越来越沦为一个（借

---

① 关于"数字海洋"这个重要说法，可参见维多利亚·维斯娜（Victoria Vesna）为文集 *Database Aesthetics: Art in the Age of Information Overflow* 所作的导言。

② Bernard Perron and Mark J.P.Wolf, eds., *The Video Game Theory Reader 2*, New York and London: Routledge, 2009, p.46.

③ Bernard Perron and Mark J.P.Wolf, eds., *The Video Game Theory Reader 2*, New York and London: Routledge, 2009, p.54.

用威廉·吉布森的经典概括)"共感的大幻觉"（consensual hallucination）："它既不是真的场所，也不是真的空间。它只是观念性空间（notional space）。"[1] 失去了重力的基底（无论是垂直还是水平的重力），丧失了身体的游戏潜能，数字空间确乎就只能成为一个集体做梦，甚至集体发泄情绪的无形的、纯数量化的数字海洋。那么，在这样一个人格紊乱的失重空间之中，在如今这样一个电子游戏日益取代艺术创作成为美育的主导手段的时代之中，我们究竟还能做出怎样的回应呢？

关键或许还是在于"意义"这个南希的核心关键词。阿恩海姆曾将美育的本质概括为："在艺术中，学生们遇到的任何视觉表象都象征了一种有意味的力的式样。"[2] 但根据"心物场"这个格式塔的基本原理，意义绝非仅是主观的赋予，而更是来自主观的心灵世界和客观的物质世界之间的彼此交互，而力正是基本的纽带。但关键在于，这样一种交互的前提可以是 mimesis 传统中的同一，但或许更可以且理应是南希所着力阐释的分离。在一个作为数字玩家的孩子们日益"参与"到统一而整合的数字空间中的时代，或许在南希的意义上重新探索"暴露"之可能性不失为另一条解救之途。暴露，绝非心安理得甚至随波逐流式的"归属"，而更是首先体验到我们与图像之间的"内在差异"，由此，在图像向自身的"事物性"的基底/无基底进行回撤的同时，也让我们不断地返归自身、自我聆听和触摸。数字时代的美育，它的起点或许已经不再是阿恩海姆所谓的"学习"，而是源自孩子们在数字空间中的创伤体验，以及艺术所能带来的本质性的疗治力量。亦或许，这也是一种学习，但不再是学习知识、技法和原理，而更是

---

[1] 转引自 Herlander Elias, *First Person Shooter: The Subjective Cyberspace*, Covilhã: LabCom 2009, p.59.

[2] ［美］鲁道夫·阿恩海姆：《视觉思维》，滕守尧译，四川人民出版社 2019 年版，第 373 页。

如南希所说的"见证真实"[1]。在一片无限延展的无秩序、无意义、无目的的数字海洋之中,在一个深度造假的信息末世(infocalypse)[2]的年代,如何以艺术之力唤醒孩子们的审美之眼,洞见真实,体悟自身,这仍然是摆在艺术的教育者和实践者面前的一个严肃而严峻的课题。

作者简介　姜宇辉,华东师范大学政治与国际关系学院教授。

---

[1] Jean-Luc Nancy, *The Evidence of Film: Abbas Kiarostami*, translated by Christine Irizarry and Verena Andermatt Conley, Bruxelles: Yves Gevaert Publisher, 2001, p.18.
[2] [美] 妮娜·叙克:《深度造假》,林晓钦译,台湾拾青文化2020年版,第14—17页。

从"游戏的人"到"审美的人"

——数字媒介时代审美研究的新视域与新发展

董树宝

摘 要

科学技术的更新迭代必然催生新的艺术门类和新的审美形态，促使审美范式发生变革。从康德的"自由游戏"、席勒的"审美游戏"，到赫伊津哈的"游戏的人"，再到麦克卢汉的"人的延伸"理论，西方自古希腊以来游戏与审美之间一直存在一种内在关系，"游戏的人"也由此向"审美的人"逐步演变。数字技术与资本扩展促使审美主体发生根本性变化——从自然人的审美主体向人机合一的赛博格主体转变。作为新型的艺术门类和审美形态，电子游戏具有鲜明的审美特征——实时操作反馈的互动性、虚实交融的跨界性与沉浸式审美体验，这给数字媒介时代的审美研究与美育工作提供了新视域和新机遇。

关键词

游戏的人　审美的人　赛博格　互动性　虚实交融　沉浸式审美

当前，数字技术、人工智能、生物技术与媒介融合的迅猛发展正改变世界格局和社会形态，数字化生存已成为我们生活的基本样态。在后人类背景下，人人都成为赛博格，开启了从自然人的审美主体向人机合一的赛博格主体转变的数字媒介时代。数字技术的发展不仅改变人类的交流和沟通方式,而且对人类的感知方式、认识方式乃至审美方式产生深远影响。以电子游戏为代表的新型艺术形态加速了游戏的生活化和生活的游戏化,使得游戏精神弥漫在日常生活之中,无处不在、无时不在,而这也改变着我们的生活图景与文化内涵,并对审美研究和美育工作产生重要影响。在数字媒介时代,我们该如何认识游戏与审美的内在关系?审美主体发生哪些改变?作为"第九艺术"的电子游戏体现了数字媒介时代哪些审美特点,对审美研究和美育工作又带来了怎样的机遇与挑战?

一、游戏的人

随着电子游戏的蓬勃发展,玩游戏已经成为人们日常生活和娱乐的基本活动之一。无论人们是通过桌游进行社交,还是通过电游进行电竞比赛,也无论是通过棋类游戏涵养心性和休闲娱乐,还是通过网游学习历史或建构历史,这些都进一步佐证了荷兰文化史家约翰·赫伊津哈(Johan Huizinga)的基本观点:游戏是人类和动物共有的天性,我们都是"游戏的人"。赫伊津哈的游戏理论并非无本之木,长期以来"游戏说"都是解释人类艺术起源的重要理论之一,有着漫长的理论演变史,对于我们理解和把握游戏与审美的内在关系具有重要的理论启示和借鉴意义。

(一)审美游戏:游戏与审美的内在一致性

游戏是一个非常广泛、极其复杂的概念,因文化的差异而有所不同,因此很难给游戏下一个能为人们所普遍接受的定义。心理学、生物学和生理学等学科对动物游戏、儿童游戏和成年人游戏都进行过观察、描述和解释,各种各样的理论也曾对游戏性质、功能和意义做过精彩阐释:一些理论认为游戏的起源和本质是过剩生命力的宣泄，而另一些理论则认为是某种"模仿本能"的满足，还有理论则认为是对日常消遣的"需求"；一些理论认为游戏相当于对年幼生命体的训练，以使其适应日后的严肃工作，而另一些理论则把游戏当作演习，是对个体进行必要的约束和训练；一些理论认为游戏呈现着某种才能的先天冲动或支配欲、争斗欲，另一些理论则认为游戏是有害冲动的宣泄；一些理论认为游戏是个人对所耗费精力的必要恢复或"愿望满足"，另一些理论则认为游戏是虚拟的动作，只不过是维持个体价值感的幌子。[1]"游戏为何"一直是西方哲学的重要论题，赫拉克利特将世界界定为"天神宙斯的游戏""火的自我游戏"，柏拉图从理念论将游戏视作人的模拟活动，这些观念都体现了"世界的游戏"的特性；到了中世纪，经院哲学家们的头脑中铭刻的是上帝的全能全知，在他们看来，带有大量随机因素的游戏就如同上帝创世一样充满了偶然性，毫无目的和根据，因此彼时对游戏的认知由"世界的游戏"转向"上帝的游戏"[2]。

中世纪末期，人文主义逐渐兴起，此后的康德和席勒在建构游戏与审美的内在关系探索上都做出了重要贡献，他们将审美活动视作无利害的、无目的的、自由的游戏活动，并阐述了游戏与审美的内在一致性，游戏便从"上帝的游戏"开始向着"人的游戏"转向。从康德开始，关于审美与游戏二者关系的分析和研究逐步深入，康德从质、量、关系和模态四个方面来分析审美无利害、非概念的普遍性、无目的的合目的性和共同感，并借用游戏活动的自由特点来分析审美判断的心意状态和诸种认识

---

[1] 参见［荷］赫伊津哈《游戏的人：文化的游戏要素研究》，傅存良译，北京大学出版社2014年版，第2页。
[2] 彭富春：《说游戏说》，《哲学研究》2003年第2期。

能力的和谐统一，由此指出审美活动是主体与对象、感性与理性、想象力与理解力的自由结合，是"想象力和知性的自由游戏"[①]。他认为审美活动缘起于审美表象，只与主体有关，而与客体的存在无关，亦不受制于对象的实存，即审美主体在鉴赏判断中体验到的是自由游戏的状态，是不带任何利害的自由愉悦，由此进入不带任何偏见的主观普遍性。"由这表象所激发起来的诸认识能力在这里是处于自由的游戏中，因为没有任何确定的概念把它们限制于特殊的认识规则上面。所以内心状态在这一表象中必定是诸表象力在一个给予的表象上朝向一般认识而自由游戏的情感状态。"[②]康德区分了"自由美"与"依附美"，指出只有"自由美"才合乎无目的的合目的性，才能抵达自由游戏的审美状态。总的来说，康德力图弥合经验论与唯理论的人为分割，力图将感性、知性与理性融入审美判断的理论体系，通过将各种认识能力并入和谐一致的"自由游戏"，构建游戏与审美的内在一致性。

受康德美学的启示与影响，席勒继承并发展了康德的"游戏说"，他将审美与游戏融为一体，提出了"审美游戏说"。席勒在《审美教育书简》中针对时代弊病提出了"游戏冲动"论，力图通过审美游戏来克服其时代的科学技术与国家等级制度造成的人性分裂。在人与世界的关系中，人受制于两种力的驱使，具有两种冲动：一是感性冲动，它受欲望支配，是被动的，它要感受、享受生活，使我们身内的必然转化为现实，使人沦为欲望的奴隶，处在这种状态中的人是自然人；二是理性冲动，它受思想和意志支配，是主动的，它要创造它的形象，使我们身外的现实服从必然的规律，致使人僵化呆板、毫无生机，处于这种状态的人是理性人。只有在

---

① ［德］康德：《判断力批判》，邓晓芒译，人民出版社2002年版，第53页。
② ［德］康德：《判断力批判》，邓晓芒译，人民出版社2002年版，第52页。

游戏冲动的促进下,感性冲动与理性冲动才能自由结合;只有利用审美教育才能使从自然人转变为理性人,才会使感性与理性、物质与形式、偶然与必然、受动与自由实现统一,才会使人性的概念得以完满实现。游戏冲动既不具有强迫性,也不具有约束性,它的对象是"活的形象","活的"是感性的,"形象"是理性的,两者只有在游戏中才能实现感性冲动与理性冲动的和谐统一。美不仅是感性冲动与理性冲动的对象,也是游戏冲动的对象。"美的事物不应该是纯粹的生活,不应该是纯粹的形象,而应是活的形象……人同美只应是游戏,人只应同美游戏……只有当人是完全意义上的人,他才游戏;只有当人游戏时,他才完全是人。"正是游戏且只有游戏才能使人实现感性冲动与理性冲动的自由协调,才能使人成为完全的人,也正是审美游戏才使人成为审美的人。"等到想象力试用一种自由形式的时候,物质性的游戏就最终飞跃到审美游戏了。"① 虽然游戏是人类与动物的天性,但审美游戏是对动物性游戏的扬弃与升华,在本质上是康德意义上的"想象力与知性的自由游戏",促使游戏与审美走向统一。

（二）游戏的人：游戏的审美要素考察

"游戏说"试图从心理学、生物学和生理学视角解释艺术与审美发生的奥秘,有助于探讨审美本质与艺术创造的基本动因,但是把艺术起源和审美活动归因于游戏冲动,并不能解释艺术起源和审美活动的根本原因。赫伊津哈不完全认同席勒的游戏本能说,"用天生'游戏本能'来解释造型艺术起源,这种理论席勒早就提出过……如果说全部艺术都来自假定的'游戏本能',我们就不得不对建筑和绘画也这么解释。例如,把阿尔

---

① ［德］席勒：《审美教育书简》,冯至、范大灿译,人民文学出版社2022年版,第132、233页。

塔米拉洞窟壁画看成是纯粹的涂鸦似乎很荒唐,而把它们看成是'游戏本能',就等于看成是纯粹的涂鸦了。用在建筑上,这个假设也是绝对荒唐的,因为建筑中审美冲动并不占主导地位"[1]。

赫伊津哈从游戏与文化的关系入手深入探讨了游戏的本质和功能,他指出游戏是一种重要的文化现象,贯穿着文明的始终,渗透到文明的各个角落,"真正、纯粹的游戏是文明的重要基石之一"[2]。尽管赫伊津哈认为游戏的概念难以界定,但他仍通过一系列特征来界定游戏,这有助于我们更好地认识和把握游戏的基本内涵,直接影响了后世研究者对游戏的定义,甚至对于当今电子游戏的界定也具有借鉴与启示意义。赫伊津哈提出:第一,游戏是自由的,是真正自主的。儿童和动物之所以游戏,是因为他们喜欢游戏,喜欢自由、自主的游戏。第二,游戏不是"平常的"或"真实的"生活,而是走出"真实的"生活,进入一个完全由其支配的活动领域。孩子们都心知肚明"只是在假装"或只是"好玩而已",但这并不会使游戏变得严肃卑下。"游戏转为严肃,严肃变成游戏。游戏可以升华至美和崇高的高度,从而把严肃远远甩在下面。"第三,游戏受封闭、受限制。游戏受制于时间,它从某个时刻开始,然后在特定时刻"玩完"(played out),它和其他文化现象一样具有固定形态,并形成传统;游戏亦受制于空间,竞技场、牌桌、魔力圈、庙宇、舞台、屏幕、网球场、法庭等在形式和功能上都是游戏场所,其禁止参与者以外的人进入的特点也都印证了赫伊津哈关于游戏与"仪式场"具有相似性的论断。第四,游戏创

---

[1] [荷]赫伊津哈:《游戏的人:文化的游戏要素研究》,傅存良译,北京大学出版社2014年版,第234—235页。

[2] 参见[荷]赫伊津哈《游戏的人:文化的游戏要素研究》,傅存良译,北京大学出版社2014年版,第6页。

造秩序，游戏就是秩序。规则是游戏非常重要的因素，具有至高无上的约束力，游戏正是通过规则及其所创造的秩序才能确保自身正常进行。游戏者触犯规则、无视规则就成了"搅局者"，破坏了游戏世界本身，必被驱逐出局。综上所述，"游戏似乎在很大程度上属于美学领域；也许原因就在于游戏和秩序之间关系密切。游戏趋向美。这种审美因素或许和创造有序形式的冲动就是一回事，有序形式令游戏方方面面充满活力。我们用紧张、相持、平衡、冲突、突变、化解、解决之类的词语表达游戏要素，这些词语绝大多数都属于描述美感的美学术语。游戏向我们下了符咒，它'迷人''诱人'。游戏具有我们在事物中所能察觉到的最高品质：节奏与和谐"①。

尽管赫伊津哈批评了席勒的游戏说，但他意识到游戏在很大程度上属于审美领域，"游戏趋向美"，人们运用审美领域的词汇描述游戏要素，游戏令人痴迷，充斥着偶然、风险、不确定性，因而游戏扣人心弦，令人神魂颠倒。在一定意义上，游戏与审美在文化中存在着内在统一性，赫伊津哈继承并发展了席勒的审美游戏说。"我们再来列举一下我们所认为的游戏固有特征。游戏是在一定时空范围内进行的活动，有明显秩序，遵循自愿接受的规则，在生活必需或物质功利范围之外，游戏心态是欢天喜地、兴高采烈的，根据不同场合，或庄严或欢庆。伴随游戏活动的是兴奋感和紧张感，继而是开心和放松。"赫伊津哈虽然分析了许多种类游戏的特征，但对它们的描述都大同小异，总的来看，游戏是在一定时空范围内按照既定规则进行的审美活动，玩游戏充满着兴奋感和紧张感，游戏者自愿参与、全神贯注，"秩序、紧张、运动、变化、庄重、节奏、痴迷"，伴随

---

① ［荷］赫伊津哈：《游戏的人：文化的游戏要素研究》，傅存良译，北京大学出版社2014年版，第6、9—10、11—12页。

着强烈的审美体验以及由此产生的审美愉悦感。①赫伊津哈还指出游戏活动与任何物质利益无关，这种"无利可图"说也沿袭了康德所阐述的"审美无利害"原则。

（三）作为媒介的游戏：人的延伸

麦克卢汉继承了赫伊津哈的游戏文化分析，一方面，他基于各种媒介的考察与分析，将游戏视作"大众艺术"："游戏是大众艺术，是集体和社会对任何一种文化的主要趋势和运转机制做出的反应……游戏是对日常压力的大众反应的延伸，因而成为忠实反映文化的模式。"另一方面，麦克卢汉对游戏审美效果的分析和研究显然受启于亚里士多德的悲剧理论，"游戏是我们心灵生活的戏剧性模式，给各种紧张情绪提供发泄的机会。它们是集体的通俗艺术形式，具有严格的程式"。这一界定既回应了赫伊津哈有关游戏"紧张"要素的分析，又回应了亚里士多德的悲剧效果分析——借引起怜悯与恐惧来使情感得到陶冶或宣泄。无论是古老的奥林匹克运动会一类的竞赛性游戏，还是棒球、足球、篮球、冰球等现代运动类的游戏，都可被视作内心心理生活的集体戏剧化模式，这些作为大众艺术的游戏给一切人提供了充分参与社会生活的手段。"嬉耍和游戏要受人欢迎，就必须传达日常生活的回声"，补足日常生活的意义。②

游戏具有一套既定的规则，游戏者要甘愿接受和遵守。"游戏是一架机器。只有游戏的人一致同意当一阵傀儡，这架机器才能运转。对个体本位的西方人而言，他为了适应社会而做的'调整'，具有个人投降集体

---

① ［荷］赫伊津哈：《游戏的人：文化的游戏要素研究》，傅存良译，北京大学出版社2014年版，第178、179页。

② ［加］马歇尔·麦克卢汉：《理解媒介：论人的延伸》，何道宽译，译林出版社2019年版，第288、290、319页。

要求的性质。游戏既给我们传授这种调适，又给我们提供一种解脱。竞赛结果的不确定性，为我们在游戏规则和游戏程序中的死板严格性，提供了合理的借口。"① 其实，麦克卢汉关于游戏理论最重要的创见是他基于媒介延伸论对游戏做出的重新定义，这对当前我们认识和把握作为跨媒介艺术的电子游戏具有重要意义。"正如任何信息媒介一样，任何游戏都是个人或群体的延伸。它对群体或个人的影响，是使群体或个人尚未如此延伸的部分实现重构……游戏是人为设计和控制的情景，是群体知觉的延伸，它容许人从惯常的模式中得到休整。"② 游戏作为大众可清楚理解的艺术形式，可以促使人类群体形成新的关系和姿态，容许更多人同时参与他们群体生活中具有某种意义的游戏模式。

二、审美的人：赛博格化的审美主体

当前数字技术的迅猛发展，不断改变着人们的感知方式与认识方式，也促使人类不断借助技术来辅助自身，以求实现自身潜能的最大化。与此同时，机器也伴随着人工智能的发展加速了自身演化的进程，尤其是近一段时间以来 ChatGPT 的出现引发普遍焦虑和恐慌，人类担心越来越多的工作将会被人工智能取代。但是，如果我们摆脱人与机器的二元对立思维方式（人被机器异化或机器被人控制），采取人与机器共存、共生的生成论观点审视这一发展趋势，将会看到一种别样的人文景观：人与机器

---

① ［加］马歇尔·麦克卢汉：《理解媒介：论人的延伸》，何道宽译，译林出版社 2019 年版，第 292 页。
② ［加］马歇尔·麦克卢汉：《理解媒介：论人的延伸》，何道宽译，译林出版社 2019 年版，第 296—297 页。

在欲望、资本、生物技术、人工智能、媒介技术等要素构成的当前生存境域中进行着深度的双向演化，人不断地向各种机器借用力量，呈现出人的机器化倾向；同时机器亦借助人工智能不断地实现"人化"。人与机器持续共存、共生，与艺术过程的创造性相连接，同时融合技术、社会、生物、信息与审美等诸方面，不断演化出一个庞大的机器语群系统。

（一）基于人机融合的赛博格主体

法国当代思想家菲利克斯·加塔利（Félix Guattari）在20世纪80年代就指出，技术机器突破了结构性的束缚，具有异质性、生产性、再生性、去中心化、自创生性，能够连续不断地规定着自身的组织与界限，而且彼此之间形成共存共生的网络。在非物质性宇宙的背景下，技术机器始终是一个由生存之域构成的发生源，而且机器的异质发生促使生存之域全面内爆，通过横贯性运作增加自创生的、融贯性的发生源，促使指涉世界异质化、歧异化。数字技术的深度融合促使"新的指涉世界的创造、创新"，促使赛博格主体往返于虚拟世界与现实世界之间，促使过程性的审美范式与科学范式、伦理范式一起发挥作用，激发出无限的创造潜能。"信息技术、计算机通信与视听传播设备的联合可能会允许跨出决定性的一步，走向后媒介时代之入口的交互性……人机对话才能被建立，不仅与技术机器对话，而且与思想、感觉、商讨等机器对话。"[①]

人机对话和融合促使新一轮的技术迭代与更新，亦引发了科学技术与人文社科领域的深度变革，其中后人类思潮的出现回应了这一历史发展趋势，赛博格正是人机融合的人类主体性新形态。"Cyborg"（赛博格）一词是"控制论的"（cybernetic）与"有机生物体"（organism）的缩写拼

---

① ［法］菲利克斯·加塔利：《混沌互渗》，董树宝译，南京大学出版社2020年版，第107页。

合，意思是"自动调整的人类机器系统"。最早是由美国科学家曼弗雷德·克莱恩斯（Manfred E. Clynes）和内森·克莱恩（Nathan S. Kline）在20世纪五六十年代进行太空飞行实验时首次提出这个概念，旨在思考机械零件与人体如何融合来帮助人类适应环境。唐娜·哈拉维（Donna Haraway）在1985年发表的《赛博格宣言》（*A Cyborg Manifesto*）中将"Cyborg"定义为无机物的机器与生物体的结合体，如将假牙、假肢、心脏起搏器等器件置入身体，这种分类摒弃了人与动物、人与机器的严格界限，塑造出人与机器融合为一体的赛博格主体。

随着数字技术的迭代更新与人工智能的迅猛发展，人类不需要内植入任何芯片或人造物品就引发身体朝向人机一体的赛博格方向演化，人机共存与共生，不仅促使机器延伸人的器官，而且还对人的情感、意志、认知与体验等层面产生直接影响。赛博格的提出其实与德勒兹和加塔利的机器性主体、麦克卢汉的媒介延伸论不谋而合，机器性主体突出了人与机器之间的耦合，从而突出了主体的生产性、创造性，同时也呈现出赛博格的机器性元素；媒介延伸论则强调人类通过媒介延伸人体器官，将媒介技术视作人体器官和神经中枢在社会或心理上的外延，由此促使人类拓展社交关系与创造能力。"书籍使人的声音跨越时空。货币是延伸和储备劳动的方式。运输系统现在做的是过去用腿脚和腰背完成的事情。实际上，一切人造的东西都可以当作是过去用身体或身体的一部分所行使的功能的延伸。"[1] 在电子游戏中，现实世界的自然人可以借助VR眼镜、VR头盔、腕带式AR传感器、Reality Labs触觉手套等"电子器官"进入虚拟世界，将自身媒介化和进行深度延伸，实现与数字化身的合一，由此实现

---

[1] ［加］埃里克·麦克卢汉、弗兰克·秦格龙：《麦克卢汉精粹》，何道宽译，南京大学出版社2000年版，第153页。

数字媒介时代力求达到的交互性、想象性和沉浸感，从而为参与者提供逼真的形象、身临其境的在场感，改变人的感知比率和感知模式，并对人的审美感知与审美体验产生深刻影响。"技术的影响不是发生在意见和观念的层面上，而是坚定不移、不可抗拒地改变人的感官比率和感知模式。只有能泰然自若地对待技术的人，才是严肃的艺术家，因为他在觉察感知的变化方面够得上被称为专家。"[1]

（二）赛博格化的审美主体

面对数字时代的到来，经由数字革命而进入数字化生存时代的人类，已然成为一种"赛博格主体"，延伸到审美领域便促使赛博格化的审美主体的出现。此时，人不再是机器的主宰，机器也不应该简单地被定性为对人的异化，数字技术的发展促使个体逐渐演化为审美机器。在当下的生存境域中，资本与技术的无缝隙链接使得人类审美环境发生根本性的变化，审美主体不再是基于自然人的审美主体，而是基于人机合一的赛博格主体。"身体是身体+机器，其中身体与各种工具共同演化。所有'自然的'和'正常的'身体一直是身体+工具。这意味着我们需要将身体看作网络化的混合物或聚合体，其中个体主体性是通过网络或她/他与机器和工具所具有的联系才得以被建构。"[2]随着赛博格时代的来临，审美主体概念已然被改写，人体感官和神经中枢借助各种技术机器不断实现延伸，审美过程不再是人单纯地进行感知、感触、感觉、体验等活动的自然过程，而是借助手机、电脑等机器来实现人机合一的审美过程，其在审美感知

---

[1] ［加］马歇尔·麦克卢汉：《理解媒介：论人的延伸》，何道宽译，译林出版社2019年版，第30—31页。

[2] Pramod K. Nayar, *Posthumanism*, Cambridge: Polity Press, 2013, p.145.

和审美体验等方面与自然人有着明显的差异，促使思维与感觉在审美过程中亦发生根本性变化。"信息和通讯的技术机器运行于人类主体性的中心，不仅运行于人类的记忆、智能的深处，而且也运行于人类的感性、感受与无意识幻想的深处。"[①]被技术机器改造、赋予力量的人变成了赛博格化的存在，人与机器相互纠缠、相互生成，共生为动态性、过程性、生成性、创造性的赛博格化的审美主体。

加塔利在《混沌互渗》中运用装配理论和元模型化理论分析与研究大众传媒、信息技术、计算机通信技术与机器人技术对主体性生产的影响。他以"看电视的人"为例，指出"我"在看电视时"我"处于一个电视画面、电视节目和周围环境相互交叉的白日梦世界，"我的身份变成了说话者，是电视里说话的人物"[②]。"我"被固定在屏幕前的复杂迭奏之中，"我"的认同感被这一复杂迭奏拉向不同的方向，被众多异质成分构成的生存之域抓住不放的这一复杂迭奏捕获，处于虚拟世界与现实世界交织共生的状态。这一复杂的迭奏或曰横贯性迭奏具有催化功能，为"看电视的人"创造了一种融合生存之域、非物体性宇宙、机器语群、流为一体的四函子装配，呈现出技术、主体性与媒介融合的发展趋向。加塔利关于"看电视的人"分析与阐述对我们分析与研究数字时代的审美主体具有启示意义，赛博格主体不就像"看电视的人"一样处于一种复杂的迭奏之中吗？不就是处于虚拟世界与现实世界融合共生的元宇宙之中吗？

---

① ［法］菲利克斯·加塔利：《混沌互渗》，董树宝译，南京大学出版社2020年版，第4页。
② ［法］菲利克斯·加塔利：《混沌互渗》，董树宝译，南京大学出版社2020年版，第20页。

三、审美的新形态

从人类文化史看，科学技术的更新迭代必然催生新的艺术门类和新的审美形态。印刷术与小说的相遇引发了现代出版的蓬勃发展，开启了以《堂·吉诃德》为开端的、群星璀璨的小说盛世，尤其使小说等艺术门类获得了长足发展；摄影术的发明促使摄影艺术的诞生，并使电影、电视等艺术门类的出现成为可能；计算机技术诞生之初便有"游戏"如影相随，借助游戏的形式不断展现每一次重大的技术变革，计算机数字技术、艺术与产业的结合促使电子游戏的蓬勃发展，使电子游戏成为绘画、雕塑、戏剧、音乐、舞蹈、电影等艺术门类之后的"第九艺术"，并借助产业力量促使电子游戏快速发展，从无到有、从小众走向大众，成为麦克卢汉意义上的"大众艺术"，并渗透到社会生活的各个方面。作为新型的艺术门类和审美形态，电子游戏相较于其他艺术门类具有鲜明的审美特征：实时操作反馈的交互性、虚实交融的跨界性与沉浸式审美体验。

（一）实时操作反馈的交互性

交互性或互动性是新媒体艺术的最大特征，也是电子游戏不同于其他艺术门类的突出特点之一。数字技术的迅速发展便于审美主体在人机交互环境下实现与审美对象、其他审美主体之间的互动与交流。电子游戏首先实现的是人机交互，即游戏玩家与电子设备之间的交互。电子设备是游戏玩家参与游戏活动的前提条件，它在麦克卢汉的媒介延伸论的意义上是人的器官和神经中枢的延伸，游戏玩家与电子设备构成了人机合一的赛博格主体。海勒认为，当今的主体形成了"表现的身体"与"再现的身体","表现的身体以血肉之躯出现在电脑屏幕的一侧,再现的身体则通过语言和符号学的标记在电子环境中产生"①。赛博人的身体成为交流系统与信息网络之间的一个节点,可以打破虚拟世界与现实世界之间的原有界限,可以随时随地穿梭于二者之间,实现审美主体的重组与融合。当然,媒介不仅仅是人之器官和神经中枢的延伸,每种媒介也是对人的身体的分割与重组,使每种器官从整体的身体中剥离开来,由此再加以延伸。"大众媒介就是基于对人体感官的分离与肢解,创造出不同的媒介形态,突出了意识主体,遮蔽了表现的身体的感官知觉,消解了身体的整全性。赛博人的出现,是要将被大众媒介分隔的器官再组装起来,这是一个器官通过技术重新融合的过程。"②

审美主体也通过电子设备实现人与审美对象的交互,促使人与审美对象和其他审美主体进行深度互动,最终实现审美主体与审美对象和其他审美主体之间的互动和交流。例如,审美主体可以通过续写和续拍、改编和翻拍、点评和留言等方式参与文艺作品的生产与传播,并且通过留言板、粉丝群、弹幕等交互空间实现深度互动,彼此之间即时传递审美感受和审美体验,突破了传统媒介的时空限制。技术与媒介的深度融合促使人与人之间的交流通过人机交互实现审美主体与审美对象、审美主体与创作主体之间的直接交互,界面之外别无他物。其中,赛博格式的审美主体无处不在、无时不在,可以通过数字化身实现永续在场、随时随地交流,赛博格式的审美主体已然融入人类日常的互动实践,促使数字媒介成为人类的存在方式。赛博格化的审美主体成为交互界面,成为过程性的、

---

① [美]凯瑟琳·海勒:《我们何以成为后人类:文学、信息科学和控制论中的虚拟身体》,刘宇清译,北京大学出版社2017年版,第6页。
② 孙玮:《赛博人:后人类时代的媒介融合》,《新闻记者》2018年第6期。

自创生的数字媒介主体，最终促使虚拟世界与现实世界交织共生，试图实现人类永续存生的终极梦想。以电子游戏为例，电子游戏可以与电影一样运用图像和声音等元素来设定曲折生动、引人入胜的故事情节，也可以与电影一样具有绚丽的画面、优美的音乐、精彩的动画和悬念丛生的情节，可以表达思想和传递情感。但观看电影是一个被动的审美过程，观众无权修改文本和影像，只能单向、被动地接收信息，也无法与导演、演员、观众进行即时互动。而电子游戏以信息双向传播反馈为导向，游戏玩家为了实现共同的游戏目标而进行沟通与协作，深度参与和实时动态交互是电子游戏的根本特点之一。

（二）虚实交融的跨界性

人类对虚拟世界的探索由来已久，最初通过文字媒介探索想象的、虚构的可能世界，后者是虚拟世界最原始的雏形；此后科幻作品丰富并完善了虚拟世界，而电子游戏则进一步促进了虚拟世界与现实世界的互动和交融。其中 VR、AR、MR 等扩展现实技术实现了审美主体的沉浸式体验，营造了逼真生动、丰富多彩的虚拟世界，彻底改变了人类对虚拟与虚拟世界的认识与体验。虚拟或虚拟世界不再是"复制幻想破灭的（欺骗）、未受影响的（无动于衷）、再度激活的（热情）实在的不充分确定的复本或替代品"[1]，多种数字技术彻底改变虚拟与现实的关系，构成了可自主运行的、可自行指涉的虚拟世界，这恰恰印证了德勒兹对虚拟与现实关系

---

[1] Jacques Daignault, "Pedagogy and Deleuze's Concept of the Virtual", in *Nomadic Education: Variations on a Theme by Deleuze and Guattari*, Sense Publishers, 2008, p.44.

的新构想与新阐释。虚拟(the virtual)[①]一般被视作现实(the real)的对立面,但德勒兹对这种意见持反对态度,他主张虚拟并不与现实对立而只是与实现(the actual)对立。正因为虚拟是虚拟的,所以虚拟才具有一种完满的现实性,他引用了普鲁斯特的观点予以证明,即虚拟是"现实的,但不是当下的;是理念的,但不是抽象的"[②]。虚拟被界定为现实对象不可或缺的组成部分,具有可被实现的某种潜能的生成本质。尽管虚拟在物理意义上不会被视作物质的,但它作为语境性媒介仍然是现实的。德勒兹的这一主张显然受到亨利·柏格森(Henri Bergson)绵延哲学的影响:正是虚拟在其被实现、在其正被实现的范围内才与其现实化的运动密不可分。[③] 在皮埃尔·莱维(Pierre Lévy)看来,"人类与信息系统的交互作用从属于虚拟与实现的辩证法"[④],虚拟现实在交互信息模拟的数字技术支持下变得愈加容易实现,数字媒介促成了个体行为的非物质化趋向,促使虚拟与现实的关系发生根本性改变。

人们通常认为虚拟世界受制于现实世界,虚拟世界是现实世界的反映或镜像,而作为新型艺术形态的电子游戏改变了虚拟世界与现实世界的关系。电子游戏的虚拟世界是一个与现实世界并行不悖的平行世界,

---

① The virtual(法文 le virtuel)来自拉文 virtus,经常与 potantial 混用,德勒兹显然是用 the virtual 来指以潜能状态存在的东西,指出 virtual 是现实的一部分,而且现实的当下也不过是 virtual 的化身而已。在哲学领域,the virtual 通常被译作"潜在",而受互联网发展的影响,也被译作"虚拟",但切勿望文生义,the virtual 在德勒兹的哲学中并无中文"虚"与"拟"的内涵。参见杨凯麟《虚拟与文学——德勒兹的文学论》,载[法]德勒兹《德勒兹论福柯》,杨凯麟译,江苏教育出版社 2006 年版,第 169 页。
② Gilles Deleuze, *Défférence et répétition*, Paris: Presses Universitaires de France, 1968, p.269.
③ 参见 Gilles Deleuze, *Le bergsonisme*, Paris: Presses Universitaires de France, 1966, p.36.
④ Maria Maïlat, "Le virtuel, le réel et l'actuel", accessed Jaunary 28,2024, https://www.cairn.info/revue-informations-sociales-2008-3-page-90.htm.

与现实世界不再是依附关系或再现关系，可以形成一套自指涉的运行系统，此间的虚拟形象、虚拟人等要素都可脱离现实而独立存在，因此也无法用传统的"再现说"对其进行解读。昔日被视作虚假或虚构的虚拟世界现在变成自创生、自融贯性的世界，它可以摆脱现实世界的束缚与压制而自主运行，变成与现实世界共存共生的平行世界，而且与现实世界持续发生着交互作用，对现实世界产生直接或间接影响。"虚拟与现实的这种持续的交换界定了晶体。正是在内在性平面上出现了种种晶体。现实与虚拟共存，并进入一种不断地把我们由此及彼地带回来的狭窄环线。这不再是一种奇异化，而是一种作为过程（现实与它的虚拟）的个体化。这不再是一种现实化，而是一种晶体化。纯粹的虚拟性不必使自身现实化，既然它与现实是紧密相关的，它与现实形成了最短的圆圈。不再有现实与虚拟的不可指定性，而是在两个互换的项之间有不可辨识性。"[1]虚拟世界与现实世界围绕着不可辨识性的点而不停地相互追逐、彼此追赶且又相互指涉，但二者之间始终存在差异，不可辨识，二者彼此交换且相辅相成。尽管虚拟世界借助多种数字技术获得了独立性，但虚拟世界仍会积极介入、改变现实世界，将现实世界影像化。而且现实世界也会与虚拟世界互动共生，可将虚拟世界进行再影像化，进一步丰富和完善我们的日常生活。

（三）沉浸式审美体验

数字技术不仅促使我们感知和认识世界的方式发生根本性变化，而

---

[1] Gilles Deleuze, Claire Parnet, *Dialogues*, Paris: Flammarion, 1977, pp.184-185. 中译本参见［法］吉尔·德勒兹、克莱尔·帕尔奈《对话》，董树宝译，河南大学出版社 2019 年版，第 221 页。

且使我们的审美感知、审美体验和审美情感也发生转变,并深刻影响审美形态与艺术风格的演变与革新。从麦克卢汉的媒介观来看,人类文明经历了"部落化"—"解部落化"—"再部落化"的演进过程,史前部落人虽以口语为主导,但通过听觉、视觉、嗅觉、触觉和味觉实现信息交流效率的最大化,感官处于和谐平衡的状态;文字的发明与使用使人类进入以文字为主导媒介的解部落化时代,即"耳眼独尊"的视听霸权美学时代,感官彻底失去平衡;电子时代促使人类重返部落化时代,最终通过恢复人的感官平衡来"再部落化",而数字技术进一步强化了这一发展趋势,充分调动所有感官来认识和把握世界,促使人的感官和神经中枢得以全面延伸,实现通感通觉,并在感知层面引发了多重感官的沉浸式审美体验。"我们正在迅速逼近人类延伸的最后一个阶段——从技术上模拟意识的阶段。在这个阶段,创造性的认识过程将会在群体中和在总体上得到延伸,并进入人类社会的一切领域,正像我们的感觉器官和神经系统凭借各种媒介而得以延伸一样。"目前VR眼镜是眼睛的延伸,耳机是耳朵的延伸,VR手套是手的延伸,体感制服是皮肤的延伸,机器人、人工智能、脑机接口等技术是人脑的延伸……"一切技术都是肉体和神经系统增加力量和速度的延伸。"[1]数字技术促进媒介的深度融合,力图最大化地提升眼、耳、鼻、舌、身、意的感知能力和审美体验,实现麦克卢汉意义上的人的感官延伸与神经系统延伸,这将在互联网的演化中加速人类重返部落化和深度媒介化的进程。随着数字孪生、扩展现实、脑机接口、人工智能等技术的迭代升级,视觉、听觉、触觉、味觉、嗅觉将获得全面发展,实现眼、耳、舌、鼻、身、意之间的和谐平衡,最终促使审美主体获得全感官化

---

[1] [加]马歇尔·麦克卢汉:《理解媒介:论人的延伸》,何道宽译,译林出版社2019年版,第4、118页。

的沉浸感和愉悦感。

这种沉浸式审美体验已成为当前审美领域探讨与实践的重要主题之一，无论是文旅、影视、演出、展厅、电游，还是商场、剧场、主题餐厅……都将沉浸式审美作为商业营销与商业实践的基本要素，将其作为吸引人流与引发关注的基本考量。虚拟技术和数字仿真技术促使虚拟世界与现实世界互动，创造场景式的、体验式的、超真实的虚实交融空间，给审美主体创造"身临其境"的沉浸感，最终使沉浸式审美成为可能和现实。就沉浸式审美而言，"第一，专指人在数字文学艺术和其他数字技术装置中被引发出来的审美经验类型；第二，属于具有相当深度和广度性的'沉浸'形式；第三，它必然伴随着读者/用户与文本（直接）、作者（间接）之间的强势交互行为及其交互性感知、体验；第四，其主体介入状态可能是人视、听、嗅、味、肤全部身心感官共同参与的身体临场。而这一切都是数字媒介生产的结果"①。以电子游戏为例，玩家能够能驾驭和创造游戏，可根据个人的志趣和需要选择队友，基于不同视角对游戏作品进行解读和创造。游戏玩家将身心倾注于游戏角色，完全沉浸其中，乐此不疲，进而达到"物我两忘""主客融合"的审美境界，实现"游戏的人"向"审美的人"的最终转向，实现了审美主体与审美对象浑然一体的沉浸式审美。

结　语

随着科学技术的发展和进步，人类工业革命经历了从手工业向机器制造、从机械化向自动化、从自动化向数字化、从数字化向智能化的转变

---

① 单小曦：《静观·震惊·融入——新媒介生产论视野中审美经验的范式变革》，《中国人民大学学报》2013年第5期。

过程，数字技术、人工智能、生物技术等领域的迅猛发展正改变着世界格局和社会形态，改变着我们的生活图景和文化内涵。科学与艺术、技术与美学深度交汇与有机融合，加速了审美范式变革的历史进程，不仅深刻地改变了人类的思维方式、交流方式和沟通方式，而且对人类的感知方式、认识方式和审美方式也产生深远影响，还改变了人类的审美观念、审美趣味和审美理想。数字技术与资本扩展导致审美主体发生根本性变化，从自然人的审美主体向人机合一的赛博格主体转变，以电子游戏为代表的新型艺术具有鲜明的审美特征：实时操作反馈的互动性、虚实交融的跨界性与沉浸式审美体验。当前，尤其是从 ChatGPT 风靡全球到 Sora 的出现，人工智能技术的发展迅速进入"狂飙时代"，促使数字技术与艺术、审美深度融合，对艺术创作和审美实践的巨大推动力和冲击力引发广泛关注，由此引发了一系列审美研究的新问题：人工智能会产生审美意识吗？AI 艺术作品是否具有灵韵？深度沉浸式审美何以可能？生成式 AI 背景下如何进行审美与自我塑造？这些新问题都促使我们进一步思考技术与审美的内在关系，对审美主体、审美对象、交互性、沉浸式审美、艺术定义等问题进行重新审视与诠释，这一切都给数字媒介时代的审美研究与美育工作提供了新视域和新机遇。

作者简介　董树宝，北方工业大学文法学院教授，主要研究方向为西方文论、法国当代理论与翻译、美学与美育。

高校美育

人文艺术何为？
——基于大学美育理论意蕴与实践向度的考察

王　鑫

摘　要

　　人文艺术为大学美育提供理论基础、精神意蕴和实践向度。本文通过分析何为人文艺术、人文艺术何为，以及如何学习人文艺术等相关问题，挖掘人文艺术的生命感、历史感、宇宙感、世间感，借由人文艺术审视人与自己、他人、世界的关系，在美育实践中以阅读、行路、习得、"转益多师"等方式提高人文涵养，进一步提升大学生的审美感知能力、激发创新创造活力、培育完善人格，实现"美育全人"的宗旨。

关键词

　　人文　人文艺术　大学美育　审美　生命经验

　　人文艺术为大学美育提供理论基础、精神意蕴和实践向度，这关涉三个层面的问题：第一，作为问题的提出，其旨在回答什么是人文艺术？它有怎样的特征？也即"何为人文艺术"的问题；第二，作为追问，其旨在回答为何要学习人文艺术？它有怎样的意义和作用？也即"人文艺术何为"的问题；第三，作为自问，其旨在回答通过怎样的实践方式去学习人文

艺术，从而提升自己的人文修养和人生境界，也即"如何学习人文艺术"的问题。王一川教授从现代美学和美育体制与中国古典"文心"传统相交融的角度，认为大学美育的实质在于"文心涵濡"①。中央美术学院黄永玉教授曾在中央电视台《文化访谈录》中谈及，科学可以进步，但是艺术不存在进步，艺术的状态只能是繁荣，或者丰富。因为，人文艺术解决的是一些人生在世的根本问题，这些问题存在过去、当下和未来的人的生活中，并不会因为社会的发展、进步，技术的变迁，生活方式的改变而消失或被解决。因此，"人文艺术何为"问题既关涉理论知识，也凝聚个人的生命体验与生命智慧。本文将从美育的角度从上述三个层面出发，通过探究人文艺术是什么、包含哪些方面、具有哪些特征、其意义何在，以及如何学习人文艺术等相关问题，进一步挖掘大学美育的理论意蕴、问题指向及实践向度。

一、何为人文艺术：大学美育的内在意蕴

关于"人文"的说法，刘勰讲过："人文之元，肇自太极，幽赞神明，易象惟先。"②这里"文"是道的规律的外显，是自然的呈现，也是人与道沟通的路径，是文字和文章，也是文明的显现，所谓"察人文以成化"。而在西方，英文单词 culture 与 cultivate（培育、种植）同源，是培育植物的意思，后来引申为培育人，也就是文化。因此，"人文"，既是人之"文"，人类所创造的文字、文章、文明和文化；反过来，也是对人的"教化"和"点亮"，这是一个双向的过程。因此，无论技术如何发展、科学如何进步，有

---

① 王一川：《文心涵濡：大学美育新方案》，《美育学刊》2022 年第 13 卷第 6 期。
② 刘勰著，周振甫注：《文心雕龙注释》，人民文学出版社 1981 年版，第 1 页。

关人类所创造的文明、文化，以及关乎自身塑造、濡养、培育的人文之学，始终会伴随着人类本身。

雅斯贝尔斯（Karl Theodor Jaspers）提出了人类轴心文明的概念。在轴心文明时期，人类历史上存在很多的智慧者，大抵是百科全书式的人物。中国古代的智者，特别是先秦时期的诸子，更多的是探究天人之间的关系、人与人之间的关系及人与群体的关系。中国古人的智慧偏重于人文与社会，即使涉及天文、历法等这些与自然科学有关的内容，也服务于人情和世事。中国古代的六艺，礼、乐、射、御、书、数，现在看来也是当时对通识人才的培养。与中国不同，西方的文明中从发轫之始是去解决一些本质的问题，因而观察和认知世界不是讲对应性和交融性，而是讲分析和综合。比如，古希腊的柏拉图（Plato）、亚里士多德（Aristotle），中世纪的奥古斯丁（Augustine）、托马斯·阿奎那（Tommaso d'Aquino），文艺复兴时期的列奥纳多·达·芬奇（Leonardo da Vinci）等。尽管中西方的路径不同，但是对于自然和社会的认知并没有像现在这样如此细致地区分，因此对于君子和人的培育，也偏重于"百科全书"式的人才。后来人类的知识越来越细分，人文艺术就与自然科学及社会科学区分开来，也难以培育通识的人才，更多的是单一领域的精英。人文被划分成以文、史、哲为主的学科，是与工科和理科并列的学科。虽然人文领域的知识或者智慧，并不像理工科那样能够直接性地解决生产力的问题，但是，有人的地方，就离不开人文。同样，艺术也是如此，以门类划分的艺术，如建筑、音乐、舞蹈、雕塑、绘画、戏剧、文学、影视，都是人类审美情趣和现实生活离不开的，不仅能陶冶情操，也成为人类历史长河中经典的组成部分。

如果按照大学建制的规则及现代科学的划分，可以分为自然科学、社会科学和人文科学三个大类，所以也会有"人文""社科"的一些习惯性称谓。人文学科包括文学、历史、哲学（美学、伦理学、逻辑学、宗教学）

等。一般来讲,"自然科学强调的是'是什么'的客观陈述,而人文学科则注重'应当是什么'的价值内涵"[1]。因此,本文在讨论"人文艺术何为"时,将人文艺术包含的内容设定为文学、史学、哲学还有艺术几个方面。其实,随着个体生命经验的丰富及对人类文明成果更多的理解和感悟,不难发现,尽管基于现代学科划分而被分门别类加以学习和研究的文学、史学和哲学,但在根本上,它们是共通的。因为人文科学最终要回答的是人为什么存在、如何存在、以什么样的方式存在,人如何才能过上理想和可能的生活,如何在外部时空中安放自己的位置,如何在精神世界中实现圆满和自洽,从而才能从所在的悲欢离合的世事艰难之中得到救赎。因此,文学、历史和哲学又会在这些问题上不期而遇,因为,"只有这样的学科才能使我们真正地懂得什么是真正的自由、什么是生活的智慧。也只有这样的学科才能引导我们思考人生的目的、意义、价值,从而设立一种思想的人格、目标,并愿意为之奋斗终生。人文学科的教育目标是发展人性、完善人格,提供正确的价值观或意义理论,为社会确立正确的人文价值观导向"[2]。

如果要为文学、历史、哲学、艺术划定一个坐标系的话,历史应该是坐标纵轴,文学的历史、哲学的历史和艺术的历史及社会的历史、人类的历史都将安放在这样的一个坐标纵轴之上。哲学从人类诞生的那一刻开始就伴随着人类发展,因为人要认识这个世界、解释这个世界,除了问世界是什么、什么才是世界的本质,也要问人是什么、人如何为人、人要用什么方法去认识这个世界。文学从一开始就再现了人的感情和精神世界,比如肇始于古希腊的模仿说。中国的诗教传统包含了"兴于诗,立于礼,

---

[1] 许智宏:《总序》,载周宪《美学是什么》,北京大学出版社2002年版,第4—5页。
[2] 许智宏:《总序》,载周宪《美学是什么》,北京大学出版社2002年版,第5页。

成于乐",从人的启蒙和培育、社会的礼制规约及成为一个君子,都离不开文学艺术建立起来的人文传统。即便文学并不能让人物质富足甚至对于大多数人来讲也难以谋生,但是文学就像夜空中的星星,是人们喜欢仰望的,尽管有时候它看起来很远,实际上它就在近旁;虽然有时人们会忘记了它的存在,但是它一直都在。细数中国历史上那些伟大的诗人,诗词歌赋和他们的文治武功并不是截然分开的,每一个饱满的生命都因为文学而成为一个丰饶的灵魂。

回到何为人文艺术的提问,或许可以做出这样的回答:人文艺术是个体生命中最富有灵性的部分,也是一个人能够在艰难的外部世界中保存自己内心自由的去处。同时,它也是一个民族最坚韧的部分,是一个民族的精神内核、生活和存在的方式,是一个国家不能被侵占的内核。与此相应,人文艺术典籍和作品也体现出社会中人们具体的性情、趣味、审美、追求、信仰和观念,它们保存了一个时代的个人、民族和国家的经验,"艺术是对人与世界关系的保存,这里面贯穿着人的理性认知、审美感受、伦理承担,记录人的宗教和信仰。艺术以具象和个体的方式保存了抽象和普遍的内容"[1]。

二、人文艺术的特征:大学美育的情感理路

人文艺术的特征也体现出大学美育的精神意蕴。本文认为,与社会科学及自然科学相比,其特征主要体现在以下几个方面。

---

[1] 王鑫:《艺术是人与世界关系的保存——新媒体时代艺术的"变"与"守"》,《艺术广角》2015年第5期。

(一) 生命感

文学、史学、哲学和艺术,其中都有人的思考和反思,也有人的情感和故事,更有人类历史中被书写的个人,以及无数个体的生命叙事。只有关心人的思考和情感,以及人在世间如何生存的意义,才能彰显人文艺术的价值。"在艺术文化中,核心是人的生命,如果艺术世界里失去了对人生命的昭示,将意味着艺术的死亡。"[①]正是生命感,才让人文学科充满了悲天悯人的气质,让人文艺术成为人多样化生存的空间和生命的保留地,"艺术在充分的成为自身的那一刻,恰是人的生命的'一个经验'的完成,这个经验是完满的、连续的,并且具有情感意义。艺术只有与日常生活完成一种连续性的缔结,艺术才不是苍白无力的;艺术对日常生活经验的观照,使其具有了人的生命感的浸入和渗透"[②]。大学美育,包括哲学、文学、历史、艺术等,如果抽离了生命感和生命向度,很可能沦为单一的理性判断和固化的知识。正是生命感,才能让这个学科饱满起来,让知识变成智慧,让人的思考有对现实照见的可能。人文学科可能并不提供任何生产力,但是它为改变和革新生产力的人提供生命的旨趣和关怀。"因而,有多少觉醒的生命,有多少活生生的、有感受的生命群体,便有多少个不同的世界。"[③]

(二) 历史感

历史强调的是时间性,所有的事情都发生在时间中,人文艺术也在时

[①] 张伟:《生命·文化·艺术——艺术文化学导论》,人民教育出版社1999年版,第20页。
[②] 王鑫:《艺术的生命之维——从经验说起》,《艺术广角》2012年第2期。
[③] [德]施本格勒:《历史 文化 艺术》,载刘小枫主编《人类困境中的审美精神——哲人、诗人论美文选》,魏育青等译,知识出版社1994年版,第401页。

间中铺展开来,并在不同的时间点显现出相同或者不同的变化。故事、民族、个人都是借由历史而展现其在当下的存在图景,"对于每个人来说,由于他属于一个阶级、一个时代、一个民族及一种文化,都有一幅应当按照与他自己的关系而出现的典型的历史图景"①,每个人的历史图景都映衬着时代的光影,嵌入生命经验里的部分是个体历史感的记录,也是心灵在历史中的表达。正如在《发明个体:人在古典时代与中世纪的地位》一书扉页上福斯泰尔·德·库朗热(Fustel de Coulanges)的一段话:"历史学不只是研究各种史料性的事实和制度;它真正的研究对象是人类的心灵:它理应渴望知道,在人类生活的不同时代,这颗心灵相信过什么、思考过什么、感受过什么。"②也正是因为历史感可以超越时间与历史上不同时代的心灵共感和共通。人文艺术教育是基于历史、面向未来的,信手拈来的个案,无不从历史中走来。哲学的历史是人类群星闪耀时的思想群像,无论是中国哲学史还是外国哲学史,都是人类思想延展的脉络和进程,人类的思想肖像,无不是被历史的锋刀雕刻过;文学的历史是无数脍炙人口的诗篇、小说所构成的人类光芒四射的成就,这些成就与这些作者的生命历程构成互文,共同撰写了文学史的文本。而史学的历史,无论是真实还是被建构,抑或"一切历史都是当代史"(克罗齐),都构成过去与未来的对话。其实,怀有历史感的人,才能谦卑地对待当下和未来,任何身处的时代也只是历史时序中的一个片段和章节,所面对的世间经验和故事,其精神主旨上也不过是历史某个片段的再现。在人生路径上的每个

---

① [德]奥斯瓦尔德·斯宾格勒:《西方的没落》,张兰平译,万卷出版公司 2015 年版,第 21 页。
② [英]拉里·西登托普:《发明个体:人在古典时代与中世纪的地位》,贺晴川译,广西师范大学出版社 2021 年版。

人走过的每一天，都成为历史的一页。人文艺术培养的历史感，让我们知道时间的特性和局限，不能超越自身过自以为是的人生，正如赖特·米尔斯（Charles Wright Mills）在《社会学的想象力》中认为的那样，"即个人只有通过置身于所处的时代之中，才能理解他自己的经历并把握自身的命运"①。人文艺术培育的历史感，会让人在静观中，具有反思当下的力量。

（三）宇宙感

在《说文解字》中，"宇"为空间，"宙"为时间，正所谓"四方上下为宇，古往今来为宙"。这里的宇宙，是时空的合一，而不是单一的物质空间。宇宙感会放大人对时空的理解，可以超越有限的现在，进入更高远、更辽阔、更浩瀚的时空中。人会意识到自身的局限，不会"胆大妄为"，也不会"自以为是"，生活在纷繁复杂之中而不蝇营狗苟，遇到危难处也能守住做人的尊严。宇宙感，使人具备超越性、自由性和非功利性，而不局限于周而复始的日常"平均状态"中。在浩瀚的历史长河中，人总是会走入尽头；在宇宙天地中，人又渺小如蝼蚁。人的生命坐标系因宇宙感而豁达和旷远，而不执着生活中微细和琐碎之事，纠结于一城一池的得失。王羲之在《兰亭集序》中写道："仰观宇宙之大，俯察品类之盛，所以游目骋怀，足以极视听之娱，信可乐也。"在天地时间、万物中放置人的目光和心怀，可以为乐。这是人的宇宙感的体现。这和维克多-马里·雨果（Victor-Marie Hugo）的诗，"世界上最广阔的是海洋，比海洋更广阔的是天空，比天空更广阔的是人的心灵"异曲同工。"观古今于须臾，抚四海于一瞬"（陆机《文赋》），或者"寂然凝虑，思接千载"（刘勰《文心雕龙》）

---

① ［美］米尔斯：《社会学的想象力》，陈强、张永强译，生活·读书·新知三联书店2016年版，第6页。

之时，实际上已经超越于眼前的世界，而进入宇宙的视角之下。宗白华说，"中国人于有限中见到无限，又于无限中回归有限"①，淌入历史的河流，从远古顺流而下，看人类千帆竞过、起落沉浮，人的内心则因为虚空而容纳更多，亦会摆脱羁绊走向更大的自由。在人类历史的岩层中，无数被时间碾压而成的标本，记述了大大小小的故事。而哲学一直追问宇宙、世界和人之间的问题，虽然没有终极答案，但是艺术保存了人类的经验、社会的变迁、历史的场景及情感的永恒，这些超越时空而保存的人文构成，也是宇宙感的显现。

（四）世间感

无论在人类历史的长廊中游历多久，都必须生活在当下。"夕阳中要有归鸦体现了远近往复，中国哲人和中国诗人对宇宙俯仰观照的审美方式体现了上下往复。"② 夕阳是远，归鸦是近，一上一下一往一复，中国人的宇宙感和世间感就获得了相互映衬。生命感让人理解个人经验塑造的生命可能，历史感给人过去并面向未来的视角，宇宙感给人心灵最开阔的自由和可能，但所有的一切都浸润在人世间的生活里，也必须面对眼前的，无论是诗意还是苟且的生活。每个人身上都带有世间烟火的气息，不同地方、不同风俗、不同方言的人，用自己的双手做喜欢的菜、酿好喝的酒、跳喜欢的舞、唱好听的歌，在烟火人间中快意恣意地生活，就是对世间最好的感受。"人生在世"与"向死而生"都是人的存在状态。海德格尔将人视作"此在"来研究人的生存，不过作为"此在"的人"不是一般意义上的人，而是此时此地生存着的有血有肉的活生生的人，此在的特点就在

---

① 凌继尧：《美学十五讲》，北京大学出版社2003年版，第131页。
② 凌继尧：《美学十五讲》，北京大学出版社2003年版，第131页。

于它的此";而"此在"的"筹划""畏"和"向死而生"也正是海德格尔所谓"此在"本真生存的独特特质。[①] 人在世间，会愤怒、会呐喊，也会无语凝噎，但是仍旧在世间找到安放自身的俗世理想，特别是中国人，并不渴望彼岸的神的光芒，而是在现世中成就个人的幸福，要热爱烟火人间，并且要努力让它更加充满活力，生机盎然。"在这些经验中，渗透着生命的本真旨趣，表达着生命的最直接的诉求，也彰显着生命原本的情态，艺术的意义就是'在拥有所经验到的对象时直接呈现自身'。"[②] 电视剧《人世间》的中那些人物，在时代的裹挟之下，活得粗粝、生动，又疼痛又美好，这可能就是世间的可爱之处。人们从历史、哲学、文学和艺术的经典文本中寻找支撑的力量，但在所有经典背后的人才是要找寻的，他们的人格、操守、信念、胸怀和性情，是艰难人世间熠熠生辉的部分。因为人生在世，每个人都不是给定的，而是生成的。在不断成为自己的过程中，就会发现，人文艺术最大的魅力可能就是其具有的世间感。它们也许是我们此在的世间，也可能是被历史湮没的世间，但是所有的人文艺术都在保存和再现千姿百态摇曳多姿的世间之美。

三、人文艺术何为：大学美育的问题指向

北京大学前校长许智宏曾说："人文科学就是关于人的科学，她告诉我们，人是什么，人具有什么样的本质。"[③] 人文艺术的功能及意义主要是

---

① 汪世锦：《海德格尔人的本真生存思想探析——以马克思主义为分析视角》，《江汉论坛》2020 年第 5 期。
② 王鑫：《艺术的生命之维——从经验说起》，《艺术广角》2012 年第 2 期。
③ 许智宏：《总序》，载周宪《美学是什么》，北京大学出版社 2002 年版，第 4 页。

解决人的问题。那么，它所要解决的是人哪些方面的问题呢？主要包含以下三个方面。

（一）人如何面对自己

西格蒙德·弗洛伊德（Sigmund Freud）曾经有一个比喻，他认为，人的潜意识就像是一座冰山隐藏在海平面下的那一部分，那个硕大无比的部分比露出海面的部分大得太多。"认识你自己"，是从古希腊时期就已有的母题，但是在今天仍旧是一个难题。大学的学科分类涉及多个方面，对于人的研究，有自然科学的视角、社会科学的视角，也有人文的视角。人，既是理性的，也是感性的；人有神性的面向，也有动物的本性；人有反思的能力，也依靠本能行事；人是自然的人，也是工具的人、是经济的人、法律的人，还是道德的人、社会的人。卡尔·马克思（Karl Marx）认为，"人的本质不是单个人所固有的抽象物，在其现实性上，它是一切社会关系的总和"①。无论从理论家那里探寻多少种对人的界定，还是从不同学科中对人的研究，都会发现，对人这种独特生物的探究不可穷尽。

科学可以解决诸多神经系统复杂运行的难题，但是却难以回答"舍生取义"和"为自己信仰放弃生命"的果敢；人有趋利避害的本能，但也有心目中崇高的道德法则。每个人都有自己的弱点和"缺口"，这也是不断战胜和超越自己的可能。人文艺术，不仅是对人与自我关系的解决，更是一种保存。凡·高（Vincent van Gogh）的画作，无论是迷乱的星空，还是各式明艳炫目的向日葵或是乡间的干草垛，都是他与自我的对话，也是其自我的表征。文学艺术既是人面对自我的方式，也保存了人与自我的

---

① 中共中央马克思恩格斯列宁斯大林著作编译局编译：《马克思恩格斯文集》第一卷，人民出版社2009年版，第505页。

关系。

人如何面对自己,并无唯一的答案。但可以从人文艺术中找到自己相信的内容和部分,并把它作为自己与自己、与他人、与世界和解的出口,以此抵御世间的无常和凶险,于顺意处自持、于慌乱处平和,形成内心的自洽和圆满,从而不惧外部的变化。人文艺术会给出很多的路径和出口,以帮助内心困窘的人。有些时候,人们遇到的知音可能不是近旁的朋友和家人,甚至也不是同时代的人。与那些历史中的人物对话,可能会发现,自己遇到的问题,他们都曾遇到过;自己认为的难处,他们也在苦心孤诣之后找到答案。人文艺术的经典就是可以重返的现场,它能帮助人更好地认识自己,遇到困境的时候不迷失。

(二)人如何面对他人

人是社会关系的总和。人总是要和不同的人沟通、交流、合作,为别人服务也接受别人对自己的服务。对待他人的方式,是我们的世界观和价值观的体现。歌德的"你若要喜爱你自己的价值,你就得给世界创造价值",是在启蒙主义视角之下将个人价值融于世界和他人之中,这就是一种面对他人的方式;"我不同意你的意见,但是我捍卫你说话的权利"(霍尔),这是法律捍卫自由的一种方式,也可表明在法律关系的前提下,人与他人之间的关系;"仁者,爱人"(孔子),这是中国传统的人文思想和伦理道德,奠基了中国儒家思想的核心的部分;"天地与我并生,万物与我齐一"(庄子),人与他人是齐一的,甚至人与万物齐一。这是在天人关系中,确立人与人的关系;"先天下之忧而忧,后天下之乐而乐"(范仲淹),这是中国传统士大夫的家国天下情怀,也表明了人与他人之间的关系,并建立了中国知识分子"铁肩担道义,妙手著文章"(李大钊)的传统。

实际上,一个人的世界观、人生观和价值观决定了如何安放自己和他人的关系。其中有工具的关系，彼此利用，以利益为先，有道德的关系，超越具体、个体的利益，寻求更抽象和面向群体的价值，也有审美的关系，这是一种非功利的自由的关系。但是几种关系并非不可以转化，比如庄子所言的"相濡以沫"，可以类比个体与他人之间的工具关系，但是进入"相忘于江湖"，一种旷远豁达的自由状态，就是审美关系了。人能够意识到自己的局限，才能谦卑；因为尊重别人的生活，才能开阔；为了别人更好，才能担当。一个人的成长，有先天的禀赋，也有后天的习得。人文艺术何为，就在于给予人生一种选择和一种生活方式。

（三）人如何面对世界

如何面对世界意味着选择何种可能的生活。哲学家几千年来一直追问这个问题。苏格拉底（Socrates）所说的"未经审视的生活是不值得过的生活"，是人面对世界的观念和态度。海德格尔非常喜欢弗里德里希·荷尔德林（Friedrich Hölderlin）的"人，诗意的栖居"，面对人生的"平均状态"及"烦、畏、死"的存在基本状态，审美和艺术成为救赎人的方式之一。

中国著名美学家朱光潜在《我们对于一棵古松的三种态度》中认为，面对同一棵古树，木商所知觉到的只是一棵木料；植物学家只关心它的科目属种；画家什么事都不管，只管审美，他所知觉到的只是一棵苍翠劲拔的古树。可见，专业会塑造人、经验会影响人，但是说到底，决定如何面对世界的，是一个人的根性，这是被道德塑造的、被伦理规约的、被习俗限定的、被法律允许的，自然也会遵循自己的规律决定人可以做什么不能做什么。人也有自身的局限性，向死而生是每个人的命定的路程。那么，人是否可以保持内心的和谐与自由，活出自己的生命境界？冯友兰讲过人生的四个境界——自然境界、功利境界、道德境界和天地境界。自然境界，受制于本能；功利境界，受制于利益；道德境界，受制于声望；而唯有天地境界，能够超越有限的目的性，而进入自由的状态，向上可抵宇宙感、往下可有世间感，一上一下的往复中，人活出的自己的天地和世界。道不远人，美亦不远人。不过，想抵达这种超越的、自由的状态，还需要人文滋养、需要艺术浸润，在人文艺术的哺育下，在对自然天地的化育中，才有活泼的生动的灵感和创造，才能保持人与自然、社会和天地的自由与和谐。因为所有的人文艺术素养，都让人活得更有生机、更有力量、更有尊严，也更自由。

除了上述人文艺术的独特功能外，人文艺术也有着独特的意义与价值。

在人类群星闪耀的时刻，那些与生命、生活、生存有关的故事、作品、人物、思想、创见都像一幅长长的画卷铺展开来，给人们无数种活出自己的可能。每一次遇到艰辛困苦，可能会想到苏轼的"一蓑烟雨任平生"；回到故乡，可能会深切地感受到陶渊明的"结庐在人境，而无车马喧"；路过岳阳楼，会想起范仲淹的"先天下之忧而忧，后天下之乐而乐"；走近黄鹤楼，会吟诵崔颢的"黄鹤一去不复返，白云千载空悠悠"。与这些人文艺术大家的相遇是一件很值得庆幸的事情，庆幸我们在人类文明传承的过程中，作为其中的一个部分。更加幸运的是，在遭遇日常生活彷徨与忧伤的时候，在与他们不期而遇的时候，就像和很久之前的朋友见面和聊天，告诉他们自己的忧伤和快乐、踌躇和彷徨及"悲欣交集"。

除却古诗词，人文艺术者的可爱、愁苦、恣意盎然、百转千回，也可以给予后来人力量和支持，让人变得心境开阔，变得悲悯和体恤，也会变得柔软和深情，即使有时现实生活让人们沮丧甚至无助，但还是会有信念，会相信"山重水复疑无路，柳暗花明又一村"。这些被不断反刍的诗句和人生，就是人文艺术的力量。实际上，它们已经变成很多人生命的一部分，滋养人的心灵，哺育人的精神。知识和智慧不同，知识是固化的、刻板的，但是智慧是生命和知识交融之后活化而成的。因此，对于人文艺术何为的思考既关涉理论知识，也需要带着个人的生命体验与生命智慧。

四、如何学习人文艺术：大学美育的实践向度

关于如何学习人文艺术的问题，即如何才能在读书、行路和其他日常生活经验中，不断累积对人生在世的思考，解决与自己的问题、与他人的问题、与社会的问题及与自然的问题呢？本文从四个路径出发，探讨人文艺术学习的可能性与启发性，也为大学美育提供可参照的实践向度。

第一，关于阅读，其中包含三个区别。首先是读书与读屏的区别。随着"读屏时代"的到来，当下的各种"屏"带来了阅读的多样性与丰富性。但是，读书的质感与读屏不同，特别是在读屏的时候，屏上的其他App（应用程序）会分散和干扰阅读的专注度和深入程度。此外，读书和读屏调动的身心参与度不同，读屏对视觉有强烈的黏性，借助于手指的划动，虽然在一定程度提升了阅读的速度，但是却降低了阅读的效果，尤其是对一些经典书籍的阅读，需要时间和耐性，这是读屏很难做到的。其次是长阅读与短阅读的区别。如果做一个比喻，"长阅读"就像是向湖中投入一颗石子，石子克服水的力量慢慢下落，这个过程中可能会遇到水草、小鱼，感受不同深度的水的力量，最后落入的地方，可能沙石堆积，可能水草丛生，还可能是柔软的淤泥。总之，会包含着不同的可能性；而"短阅读"或者"浅阅读"，就像是湖面掠过的一阵风，或者漂过的浮

萍，可能也很好看，但是转瞬即逝，并不会留有太多的痕迹。最后，要区分兴趣阅读和专业阅读，兴趣阅读是增进人生中某种无目的的部分，专业阅读是提升自己的专业能力，有的时候，做一些无目的的事情，反而是美好的。

第二，行路。所谓"读万卷书，行万里路"。行路的过程，是增强生命感和世间感的过程，遇到不同的人生，看到不同的世界，人对远方的期待也是对人生某种可能性的向往。在这个过程中，人们会对世界产生惊异，审美的产生需要惊异，哲学的思考也同样如此。美学不仅作为一门知识、一门学问，也作为一种生命智慧和生活方式贯穿在人们过去、现在及未来的人生中。尤其是将所学的知识和亲身体验相互激活的时候，这种跨时空的距离感会产生独特的审美效果。笔者在法国卢浮宫见到的米洛斯的断臂的维纳斯，潸然泪下，"不远万里来见你／我看你看我／那一刻／我竟哭了"，因为"你看我看你／你说／这是早就知晓的等候"。这不只是单一的主体移情，也是与对象之间的情感的交流和对话，是一种中国式审美中的"物我合一"，也是刘勰所言的"情往似赠，兴来如答"（《文心雕龙·物色》），也真正理解了什么是古希腊雕塑艺术中彰显的"高贵的单纯和静穆的伟大"（温克尔曼）。笔者在英国国家美术馆的一次凡·高画展中，目睹了《农鞋》的真迹。这幅作品因为海德格尔的解读而有了更为深刻的哲学艺术之思，笔者在对作品的凝视中，试图在其中感受"劳动步履的艰辛""永远单调的田垄上的步履的坚韧和滞缓""回响着大地无声的召唤""这器具浸透着对面包的稳靠性无怨无艾的焦虑，以及那战胜了贫困的无言喜悦，隐含着分娩阵痛时的哆嗦，死亡逼近时的战栗"。[1] 这就是

---

[1] ［德］海德格尔著，孙周兴选编：《海德格尔选集》（上册），上海三联书店1996年版，第253—254页。

行路对以往阅读和学习的激活,不仅是各种艺术展,其实在行路中人们看到的世界,才会让个体生命更容易理解和懂得,人会因此更有包容性也更能够产生共通感。"古希腊最伟大的百科全书式的哲学家亚里士多德(Aristotle)说过:'由于惊异,人们才开始哲学思考(惊异又译为好奇心)。'惊异是从无知到知的'中间状态'。"① 此外,带着"心"去阅读和行路尤为重要。因为心,是那一点"灵明的东西",将对世界的惊异、体验,变成自我生命的部分。"心"是连接,也是点亮。在行路的过程中,带着"心"去旅行,才能将行路中遇到的一切变成自己的生命经验和智慧累积之质变的方式。

第三,习得一门艺术(技艺)。"art"的原初之意指向"技艺",与今日美学中的"艺术"或"美的艺术"意思不同。但是,任何艺术都以技艺为基础、以技术为支撑。无论是文学、绘画、书法、音乐、舞蹈等,技艺都是表达情感的可能。朱光潜也强调:我们学习美学和讲授美学的,要懂得一两门艺术。修学技艺的过程也是修整心灵的过程。美国哲学家约翰·杜威(John Dewey)说:"审美的敌人既不是实践,也不是理智。它们是单调;目的不明而导致的懈怠;屈从于实践和理智行为中的惯例。"② 学习一门技艺,无论是经典的艺术门类还是传统的工艺,可以在心手并用中,感受人与物之间、人与人之间及人与天地之间的关系,也可填补人生中的无聊和空洞的部分。

第四,在"转益多师"中获得更多的思维和视角。学习有很多种方式,但是人文艺术的学习,听老师讲课是非常重要的一部分。因为对于人文学科的知识,生命阅历是理解其非常关键的条件,有些书在某个年龄的

---

① 张世英:《哲学导论》"导言",北京大学出版社2006年版,第2页。
② [美]约翰·杜威:《艺术即经验》,高建平译,商务印书馆2010年版,第47页。

确难以读懂；对有些哲学思想和历史勾连，也难以建立系统的理解。因此，讲课的过程，是知识讲解，也是讲述者将生命经验和阅历与知识融会贯通并转化为智慧的过程，这尤其重要。比如，同济大学《大学美育》课程体系设置中尤其注重"转益多师"，组建院士、教授、艺术家等近30名教师团队，包括"人文艺术美学、艺术鉴赏提升、工程科技美学、美学全人培育"四大板块。其中工程科技美学板块，都是由从事数学、机械、生命科学和建筑学教学的老师们担任，从专业的视角讲授工程科技美学，给学生耳目一新的感受。特别是从事深海研究的汪品先院士、细胞生物学家裴钢院士、结构工程专家李杰院士讲述专业之美和人文素养对于科学研究的意义，将科学、人文、艺术、审美和人生有机融合，给学习者一个全新的人文艺术学习的思维和经验。其实，在"转益多师"的过程中，能够体会到人与历史的相遇、与文明的相遇、与科学的相遇、与自然的相遇、与人的相遇，超越时间和空间。

人文艺术的很多内容，不只是知识，也是每一个人生命经验中的一部分，带着个体化的生命印记。遇到不同的老师，学习不同的课程，感受不同的人文艺术的魅力。在每一间"气象万千"的教室里认真聆听，感受天地、万物、时空和内心的细微变化。因此，无论是从事自然科学还是社会科学的相关工作，都不开人文艺术，它就像一座桥梁，连接自然和社会、感性和理性、自我和世界，最主要的是，让人找到在世间栖息的家园。

结　语

习近平总书记关于美育"引领学生树立正确的审美观念、陶冶高尚的道德情操、塑造美好心灵，弘扬中华美育精神，以美育人、以美化人、以美培元，提高学生审美和人文素养"的重要论述，提示我们需要进一步探究大学美育的人文意蕴，需要回答"人文艺术何为"的问题。人文艺术是什么、包含哪些方面、具有哪些特征、意义何在，以及如何学习人文艺术等这些问题，事实上，每个从事人文艺术的研究者或大学美育的践行者，都会基于个人的经验、思考、学术和专业对上述提问做出不同的回答。或者说，每个人都有对上述问题的个体经验，可以用学理的或者通俗的语言做出描述和回答。正如美的历程是指向未来的，关于人文艺术何为的提问，也是指向未来的，因为它不仅提示每个人在丰富的生活经验里可能会遇到的问题，也给出一些启示和可供选择的答案。引导学生共同思考人文艺术何为的问题并从这些答案中找到契合自己的部分，使问题得到解决，有助于大学生生命经验的沉淀与审美素养的提升。

作者简介 王鑫，同济大学艺术与传媒学院传播系主任、长聘教授、博士生导师，主要从事媒介文化、跨文化传播、美育实践等研究。

西山永定河文化在首都高校美育教育中的传承与创新

——以北方工业大学的美育实践为例

于 隽

摘 要

习近平总书记在党的二十大报告中提出"推进文化自信自强，铸就社会主义文化新辉煌"。美育教育要扎根时代生活，推动中华优秀文化的传播、传承。西山永定河文化是北京三大文化带之一。西山永定河文化带的核心和灵魂，是北京文化的重要组成，其精神内涵丰沛、历史品格厚重、时代特色鲜明、审美价值丰富。北方工业大学立足学校所在京西的地缘优势，将西山永定河文化引入美育，作为课程探索和创新的一个重要维度，带领学生结合美育知识发现、感受京西之美、北京之美。西山永定河文化的美育传承与创新不仅丰富了美育的资源，开阔了学生的审美胸襟，也激发了师生的创新创造活力，为服务首都"四个中心"建设、讲述北京故事、中国故事贡献力量，实现了美育服务社会，参与城市塑造的社会担当。

关键词

西山永定河文化 美育 自然美 崇高美

习近平总书记在党的二十大报告中提出"推进文化自信

自强，铸就社会主义文化新辉煌"。文化是一个国家、一个民族的灵魂。没有高度的文化自信自强，没有文化的繁荣兴盛，就没有中华民族伟大复兴。习近平总书记2017年2月23日至24日在北京考察工作时发表讲话指出："北京历史文化是中华文明源远流长的伟大见证，要更加精心保护好，凸显北京历史文化的整体价值，强化'首都风范、古都风韵、时代风貌'的城市特色。"

美育需要优质的文化进行滋养、提升，美育教育要扎根时代生活，推动中华优秀文化的传播、传承。作为首都的高校，北方工业大学将北京文化植入美育，不仅有助于充实首都高校美育的内容体系，更有助于增强首都大学生的文化自觉和文化自信，以美的途径引领新时代的大学生树立正确的人生观、价值观。北方工业大学的美育教育立足其所在京西的地缘优势，以西山永定河文化带的文化资源为载体，引导学生发现、感受身边的美。同时引领学生将京西之美，尤其是京西传统文化资源、红色文化资源进行提炼、总结，以调研报告、诗文、艺术演出、文化行动等形态面向校园及社会进行传播，既拓展了美育课程的资源，增强了美育教育的时代特色，又能起到推动区域经济文化发展、讲述新时代中国故事等社会功效，体现了高校的社会责任和文化担当。

一、西山永定河文化的美育价值

《北京城市总体规划（2016年—2035年）》"历史文化名城保护"一章中提出，要建设"长城文化带""运河文化带"和"西山永定河文化带"[1]。西

---

[1] 中共北京市委宣传部、北京市发展和改革委员会：《北京市"十三五"时期加强全国文化中心建设规划》，2016年6月。

山永定河文化带是一个具有多重生态文化和历史文化属性的带状空间单元，被誉为"北京的文明之源、历史之根"[①]，西山永定河文化是西山永定河文化带的核心和灵魂，具有重要的文化研究价值和美育价值。

其一，西山永定河文化具有丰厚的历史承载和鲜明的时代特征，有助于拓宽美育视野，提升美育的思想境界。

绵延温厚的大西山和流淌了300多万年的永定河共同孕育出北京湾这片沃土，护佑并滋养着这座千年古城。西山永定河文化带自古就是北京城沟通南北、联通东西文化的前沿地带，也是连接丝路国家经贸、文化、军事的走廊。以北京市文物局、各区文旅局等单位为主导，对西山永定河文化遗产资源进行梳理的结果表明，这里"既有世界文化遗产，也有国家级、市级与区级等各级文保单位400余处；在文化种类上，总结出了皇家文化、寺庙文化、考古文化、传统民俗文化、陵墓文化、教育文化、红色文化、名人文化、山水生态文化等不同类型，可谓是形态多元、交织共存"[②]。秀美多姿的自然山水、可歌可泣的红色革命篇章、华丽转身的百年工业遗产、精彩纷呈激情充沛的冬奥赛场……西山永定河文化可谓既有传统的历史经典，又有新时代的动人故事，既有颇具鲜明地域特色的区域风情，又有北京城市复兴新地标的领先风景。西山永定河文化带的文化构成与北京全国文化中心建设聚焦"古都文化、红色文化、京味文化、创新文化"的基本定位高度契合，拥有极高的审美价值，将其纳入美育教育的视野，足以带给学生情感的陶冶、精神的鼓励和心灵的升华。

[①] 《蔡奇主持会议研究长城和西山永定河文化带保护发展规划等事项》，2018年12月13日，中国共产党新闻网（http://cpc.people.com.cn/n1/2018/1213/c64094-30463330.html）。

[②] 王新迎：《山水城人和谐共生：北京西山永定河文化带建设新图景》，《新视野》2022年第2期。

其二，西山永定河文化兼具开放性、体验性和成长性，有助于促进学生提升审美参与感，树立文化主体意识，增进审美创造能力。

2022年9月，北京市文化和旅游局发布10条"美好京西 山河永定"主题游线路，引领市民和游客品读京西文化，感受京西魅力。西山永定河文化带就是北京的"山水会客厅"，它不是收藏在书本纸张里的文化，而是具有开放性、体验性的生动文化。无论是作为首都城市复兴新地标的"首钢园"，还是风水宝地"三山五园"，抑或是历史文化创意街区"模式口"，都是城市生活的重要组成部分。绿水青山邀人走进、参与、打卡、体验，自然、历史与人互相映照，和谐共生，并激发出文化产业、新型城市文化空间、"智能+"、绿色生态等无限创意。

此外，西山永定河文化带所包含的中关村自主创新示范区、国家文化和科技融合示范基地等，也占据着数字和科创资源高地，亘古通今的成长性更是审美创造的一片蓝海。

作为北方工业大学的国家级精品课，大学美育课程在教学实践中一直不断探索，推陈出新。对于西山永定河文化进行解读与传播，既缘于地理上的得天独厚，也是希望能从学生们熟悉的周边环境中萃取文化基因，让美育在优质文化的滋养下更加生动、立体，富有特色。当前，全国的许多院校在美育创新方面都善于利用本地的优质文化资源。比如，嘉兴学院利用"红船精神"，构建红色文化育人的特色新模式；延安大学坚持将延安精神推进课堂，学校在人文社科专业开设了十八门有关延安精神的专业方向课。亲近的文化资源会因其"独一无二的原真性"和"此时此地的在地性"，令审美欣赏者获得"亲临独一无二、原真艺术品所体验到的敬畏感与崇拜感",也就是文化艺术的"膜拜价值"。[①] 西山永定河文化是北京文化重要且精彩的构成,以美育的方式开展文化教育,以文化教育的方式开展美育,会有效地增强学生的文化认同感、历史责任感,实现美育"培根铸魂、启智润心"的育人功能。

二、西山永定河文化带的美育篇章

在现今高校使用的"美育"类教材中,"审美范畴""审美领域"是被列入其中的重要章节。内涵丰富、样貌百态的西山永定河文化,有助于诠释多种审美风格,更涉及了诸多审美领域,既有能够接受时间洗礼和沉淀的经典案例,也有新时代创造中国梦的动人故事,将其纳入美育课程的章节可谓为美育增添了精彩、绚丽的篇章。

(一)西山永定河文化与自然之美

蔡元培先生提出"美育者,应用美学之理论于教育,以陶冶感情为目的者也",西山永定河文化中的山水文化最宜陶养人的性情。西山永定河文化带总体规划面积占北京总体面积的1/3,天然的群山相依、水系穿行、地貌多样、物种丰富,是北京最重要的生态屏障之一。在遍布钢筋水泥的都市文明中,亲近自然,将心拉向远方,人与自然和谐共生,既是现代都市人的心灵需求,也寄托着北京人民深厚的家国情、故乡情,更是人类社会持续发展的绿色根基。

在美育课的"自然美"章节,设置专题讲述西山永定河历史文化内涵,通过带领学生观赏"百年风华·山河永定"文艺演出,实地走访驼铃

[①] 向勇:《文化产业导论》,北京大学出版社2015年版,第29页。

古道等方式，学生们可以感受西山永定河密集的文化资源及山水人文之美，激发学生热爱京西、热爱北京的情感。西山永定河的山水文化不仅拥有秀美的自然风光，更有与物相"乘"的浓厚精神内涵，山水中蕴藏着贾岛的诗、马致远的曲、三袁的性灵小品、纳兰的词……值得人"慢慢走，欣赏啊"[①]！

此外，西山永定河的美还充满了生态文明的印记，通过生态护岸手段从农业灌溉和工业供水功能变身为城市景观的"永引渠"，通过城市织补手段从工业遗迹变身为国际活力秀场的首钢园区等都体现了生态恢复、环境更新与文化重建的风貌。

（二）西山永定河文化与崇高之美

"崇高"是一个与优美相对的美学范畴。人类在社会实践的过程中，在进步与落后、正义与邪恶之间激烈复杂、艰难曲折的斗争中，主体征服客体时所显示的强大力量、伟大精神和高尚的品格，一切人类共同尊崇的人格美德、高尚情操、神圣理想都可视作崇高美的表现。作为"中国共产党领导中国人民在实现中华民族复兴伟业进程中锻造出的一种特有文化形态"[②]，红色文化是最能诠释崇高之美的一种文化。大学生处于人生的"拔节孕穗期"（习近平总书记语），他们的审美情趣、精神追求，关系着国家的发展，决定着民族的未来。红色文化具有高度的历史价值和审美价值，值得当代青年人不断地学习、继承和书写。红色文化是西山永定河文化构成中的重要内容之一，西山永定河文化带里曾孕育"救国和振兴民族

---

① 朱光潜：《谈美》，北京大学出版社 2008 年版，第 163 页。
② 杨凤城、刘倩：《红色文化研究的源起、进程与前瞻》，《郑州大学学报（哲学社会科学版）》2024 年第 5 期。

发展的奋斗精神",开创了"深入劳工阶级的先河""形成伟大的二七革命精神""凝聚了伟大的爱国主义精神""体现了伟大的抗战精神"[①]……北京第一个农村党支部在京西诞生,中国共产党最初做职工运动的起点也在京西。从建筑设施来看,这里有长辛店、香山双清别墅等革命史迹、八宝山革命公墓、李大钊烈士陵园、香山革命纪念馆等。引领年轻人聆听和感受发生在京西的红色故事,深度解读故事中饱含的理想追求、青春激情、爱国情怀,是生动阐释什么是"伟大心灵的回声"(朗吉弩斯语),诠释"崇高美""人生美"的典型案例。

(三)西山永定河文化与人文美

人文精神,"是构成一个民族、一个地区文化个性的核心内容;是衡量一个民族、一个地区文明程度的重要尺度"[②]。在人类文明的进程中,人文精神是实践的产物,是优秀文化的积淀、凝聚、孕育,是人类精神力量的整合。美育教育不仅是一种关于美的感性教育,更是一种指向人生完善的生命教育、人生教育。汲取人文精神,也是美育的应有之义。

西山永定河文化精神始终与时代发展同频共振。以首钢为代表的"京西八大厂"书写了波澜壮阔的现代工业史诗,从中华人民共和国成立初期的"一天打八仗、三天不卸甲",到改革开放初期的"敢为天下先",到新时期转型的"凤凰涅槃、再创辉煌",代表了北京工业文明的足迹,是首都发展的缩影。双奥之区的石景山,借助两次奥运契机激活区域文化资源,主动促进北京文化与奥运精神、冬奥冰雪文化的互动互融,将奥运文化要素直接注入区域的文化发展,进一步促进北京文化的多元共生、共

---

① 舒钰涵:《西山永定河文化带红色文化内涵与特色》,《产业与科技论坛》2022年第16期。
② 陈旭光:《艺术的意蕴》,中国人民大学出版社2000年版,第73页。

存共荣。被冬奥名将们誉为"京西福地"的新首钢园，更是记录了运动之美、拼搏之美、奉献之美、梦想之美。

西山永定河文化的人文之美具有闪亮的思想光芒、厚重的历史品格，有利于引领学生树立正确的审美观念、陶冶高尚的道德情操、培育深厚的民族情感。

三、西山永定河文化的美育举措

除了将西山永定河文化列入课堂教学的篇章，并在讲授美学理论、命题的同时有意识地使用京西文化艺术作为分析案例之外，北方工业大学的美育实施还尤其强调创新思维，采取多元手段，加强学生的实践能力，实现以美育人、以文化人的功能。具体措施如下。

（一）实施多样态综合教学，实现知行合一

北方工业大学建立了名家讲座、实地调研、知识竞赛、读书会等多种形式相结合的审美文化实践体系。学校为学生举办西山永定河文化主题的人文素质名家系列讲座，让学生开阔视野，把握最前沿的知识和理论方向；指导学生对在地文化、红色文化进行实地调查，成果进行交流展示，使学生更好地为北京"四个中心"的建设服务；在校内举办人文知识竞赛，并参加北京市人文知识竞赛；带领学生建立经典读书会，并建有公众号，研读、体验活动持续开展。2022年，北方工业大学在北京美学会的指导下主办了"大美青春，不负韶华"第一届大学生中华美育短视频大赛，邀请全国大学生以短视频的方式发现与记录校园之美与生活之美、自然之美与人文之美、成长之美与专业之美，展示和记录新时代青年崭新风貌。大赛围绕我爱祖国、乡村振兴、抗击疫情、青春筑梦、校园风采、科

研之光等主题，历经 3 个月，共收到全国 40 多所高校、共计 177 部参赛短视频作品。许多在京高校的学生用影像记录与讴歌了西山永定河文化带的新时代风貌与动人情境。

（二）引领学生走向社会舞台，表达美的创意

北方工业大学美育教学团队带领学生通过丰富多彩的文化活动，以视频制作、诗文书写、舞台剧创作、与地方政府联合主办或参与地方大型文艺演出等方式在社会舞台上表现美的创意、创造，让社会看到学生对京西之美、北京之美的传达与表现。红色舞台剧是近年来高校校园文化活动的一种重要形式，如北京大学的音乐剧《大钊先生》、中国人民大学的话剧《陕北公学》等，都是通过戏剧再现历史，讴歌历史与当代的英雄，深刻反映中国共产党的百年奋斗历程及其伟大精神。同时，校园红色舞台剧也是高校以美育人，创新大学生思想政治教育的重要艺术实践。北方工业大学的原创话剧《初心》，以北方工业大学优秀共产党员李卫朝同志的感人事迹为蓝本，讲述了他在京西门头沟区雁翅镇田庄村挂职第一书记敢于担当、为民解忧的感人故事。李卫朝同志挂职田庄村也是他生命的最后 66 天，留下了 82 页笔记和 13 条微信朋友圈信息，清晰记录着他的未了心愿——"让田庄村家家户户的钱包都鼓起来"。原创话剧《初心》力求通过艺术再现的形式还原一名共产党员的成长轨迹，展现一名共产党员不忘初心、为民服务的本色。学生们的精彩表演获得了校内外的广泛好评。

（三）以党建引领美育，"美育 + 思政"协同育人

以党建为契机，以"思政"为美育课增添核心力量和灵魂，北方工业大学专门设计"文旅相融"的思政路线，由教师带领学生走访重要的红色遗迹和代表性建筑，使课堂上讲的案例和真实的历史遗迹联系起来。例

如，带领学生于每年的清明节参加八宝山革命公墓的祭扫活动，以绘画、演奏等艺术表演方式向社会传达信仰、崇高之美的含义，同时激发学生的爱国情怀，也让同学们切身地领会什么叫目标、使命和责任。

四、西山永定河文化的美育成效

北方工业大学的美育课程以立德树人为宗旨，将弘扬中华美育精神与时代发展需求相结合，扎根时代生活，发挥、调动学生的主体能动性，循美而行。教学团队在引入西山永定河文化资源进入教学后，不仅丰富了育人的视野，激发了学生的创新创造活力，也实现了美育服务社会，参与城市塑造的社会担当。教学团队带领学生立足高校，面向社会，以多种途径传播京西文化、北京文化，为服务首都"四个中心"建设、讲述北京故事、中国故事贡献了力量。

其一，带领学生开展丰富多彩的服务社会的文化艺术活动，助力北京文化建设与发展。

北方工业大学的美育团队秉持"美育的社会服务使命"，力图实现美育对于城市风貌的审美再造功能。以美育、文化课堂为中心点，通过引导师生走进电视台、公共图书馆、社区、中小学、企业等，服务社会，辐射面广，开拓了优秀传统文化教育多渠道、立体化的传播模式。近年来，团队教师在人民网、中央电视台、国家图书馆、首都图书馆、北京市的社区、中小学等举办文化经典讲座60多场，学生也进入社区、小学为市民和小学生传播传统审美、文化，使得课堂审美文化教育的成果迅速辐射到社会和社区，产生了很好的社会效果。

从2016年至今，北方工业大学与石景山区委宣传部、石景山区文旅局等共同主办"诗聚石景山"百姓诵读活动，美育教师团队为活动遴选学生参加,并担任朗诵辅导教师。从 2018 年至今,美育教师为海淀区作家协会举办的"海纳百川、书香海淀"活动提供策划意见和主持人。不仅如此,北方工业大学还有 200 多名同学作为冬奥志愿者进首钢园区服务冬奥,美育教师通过仪态美、行为美等方式助力冬奥志愿者的形象塑造。

其二,注重理论创新与积累,将论文写在京华大地上。

对于理论的积累和创新是高校教师的职责,对于西山永定河文化的研究促进了美育科研新领域的开辟,也促使教学科研工作将论文写在大地上,回馈社会。

以西山永定河文化的美育传承与创新为视角,教学团队先后取得了 4 项省部级科研项目:北京市教委科研经费面上项目"西山永定河文化语境下的京西文化研究",北京市社科基金项目"文化产业视角下北京工业人文内涵研究",北京市社科基金项目"王阳明北京时期诗文、交游与思想发展研究"和教育部人文社科基金项目"北京现代文学遗迹研究",并发表、出版学术论文、专著十余部(篇)。其中,论文《寻访李大钊在北京的足迹》原载于《光明日报》,后被《新华文摘》2021 年第 13 期中的以文章名《李大钊在北京的足迹》转载,并被学习强国平台、人民网、北京电视台科教频道、《北京日报》《北京晚报》《中国教育报》等媒体广泛报道。

美育教师带领学生开展的审美文化调研,也发挥了文化建设"智库"的作用,如,在《石景山报》中开设相关"文史专栏",撰写《舌尖上的石景山》《回"首","钢"刚好》等文章,发现与传播京西的风土人情、时代风尚之美。师生也为北京市石景山区文旅局、北京市石景山区委区政府研究室、北京市科学技术研究院中国创意产业研究中心等部门提供了数篇专业的研究报告,如,《"乡愁"在历史文化街区品牌塑造中的价值及策略——以模式口大街为例》等。

结　语

　　北方工业大学的美育课程，从20世纪80年代至今，历时30余年从未中断。北方工业大学曾积极推动中国高教学会美育研究会（即中国高等教育学会美育专业委员会）的创立，《关于加强全国普通高等学校艺术教育的意见》等国家相关政策的出台，主持编写了在全国具有广泛影响力的《大学美育》教材等，一直走在全国高校美育课程建设的前列。从20世纪80年代"培养具有艺术家气质"的工程师，到现在强调培养中华美育精神、增强为首都服务的意识，提高美育的责任感、使命感、担当感等，课程理念一直与时俱进。2023年5月，北方工业大学的《大学美育》课程获批第二批国家一流本科课程。2023年8月，在全国高校美育优秀案例交流展示活动中，由机械与材料工程学院报送的《美育在行动：向美而行帆正举，擘画美育新蓝图——北方工业大学机械与材料工程学院美育服务社会实录》美育案例入选"全国高校美育优秀案例"，并在央视频进行展播。西山永定河文化的美育传承与创新是北方工业大学美育资源拓展及社会服务功能的双重探索，也是促进美育与多学科交叉，推进美育创新、搭建内容多元、体验丰富、功能立体化"大美育"课程体系的实践方向之一。

　　"美丽中国"为高校美育的开展提供了广阔天地，从美出发，循美而行，探索与创新美育途径，使"拔节孕穗期"的青年学子，体认"国之大者"的理想之美、信仰之美、精神之美，实现人格境界的追求、道德格调的完善和人生意义的探索，应是美育教育者坚守不忘的"初心"！

作者简介　　于隽，北方工业大学中文系副教授。研究方向为艺术学、文化创意产业。

重大事件视域下京西地区高校美育的模式构建与资源更新*

李昕皓

摘 要

"重大事件"（mega-event）是高校美育模式改进的新动力，受其影响，高校美育近年来日益凸显出新的视域维度和发展趋势。本文借鉴"重大事件""城市触媒""场所理论"等理论，就2022年北京冬奥会和"京西地区转型发展行动计划（2022—2025年）"两个"重大事件"对当前京西地区城市文化及美育资源变化做调研案例分析，为新时代高校美育模式构建提出有价值的方案，提出注重高校美育的顶层设计工作、在传承传统且彰显特色的基础上注重文化重构、新型高校美育基地平台搭建、相关母题的高校美育课程创新等新型策略建议。

关键词

高校美育模式　重大事件　京西　冬奥会

---

* 本文为北方工业大学本科教育教学改革重点项目、北方工业大学科研启动项目、北京市高等教育学会面上课题阶段性成果。

一、"重大事件"是高校美育模式改进的新动力

"模式"指的是"某种事物的标准形式或使人可以照着做的标准样式",高校美育模式,即寻找可以作为标准示范一种美育教育的样式。但是高校美育模式并非一成不变,随着城市、社会、技术、资源的变化,对高校美育模式的构建与探索一直是美育工作的重要组成部分,同时也是近20年来我国高校在美育工作方面最为关注的问题之一。

国际上的高校美育模式研究开始较早。在国外高校美育模式的建立过程中,由于时代和国情的特殊历史文化背景,国外在艺术建设基础上尤为注重人文素养,再加之帕卡德(A. S. Packard)较早地提出通识教育观念[1],美育通识课程体系逐步建立,并尤为注重高校学生的综合素质。此后,"自主学习"的美育理念和模式目标逐步建立,以及将美育的概念利用"浸入式教学"进入生活,这使得学生在正常的教学活动中完成相当程度的审美活动与接受相当的审美教育。

虽然国外研究起步早、模式相对成熟,但因文化、教育、民族、社会等多重因素的叠加,导致相似的观念和理论研究虽有引介与阐发,但具体至美育、人文素质、审美教育理念无法于本土进行教学实践,故系统化、本土化的研究成果并未成形。值得注意的是,国际高校美育模式的探究与实践的确为我国提供了部分研究视域。

我国学界对于高校美育模式的自我探求在20世纪即逐步展开。从范

---

[1] "通识教育"(General Education)的概念是美国学者帕卡德(A.S. Packard)为了呼应耶鲁大学发表的《1828年耶鲁报告》所提倡的博雅教育而于1829年提出的。尽管他排斥现代语文,轻视社会科学和自然科学课程,与今天所说的通识教育本质上相去一段距离,但其目的是要强调古典文雅科目教育的重要性,指出这种教育应是"通识"性的,即共同的和必备的。

蔚（1999）探究具体的美学教学模式的方法论开始[1]，之后多为某一项课程、某一类高校或当时为某一美学发展分支而进行的美育模式的初步实践探讨，多呈零星散点分布情况。但方兴未艾，尤其是对职业院校的美育模式，在2019年掀起了研究高潮，而在这个方向的探究至今都是学界热点。但部分学者能够提升理论思路，整体性、发展性地考虑美育模式的构建问题，如史红（2007）强调现代教育技术对美育模式的革命性改革和提升[2]，赵卫华（2009）强调审美教育的新体系探索的重要性[3]，尤以易建芳（2010）首次从艺术美育和设计美育的比较分析个案中考虑到美育的时代性需求[4]，是值得肯定的。

从2015年9月国务院办公厅颁布了《国务院办公厅关于全面加强和改进学校美育工作的意见》起，国内对于高校美育模式的研究开始逐步重视，至2019年教育部印发的《关于切实加强新时代高等学校美育工作的意见》提出高校美育工作的指导思想，以及2020年中共中央办公厅、国务院办公厅联合印发的《关于全面加强和改进新时代学校美育工作的意见》具体加强和改进新时代的高校美育工作后，国内的高校美育模式研究进入了井喷状态，开始在多个维度开展尝试：如打破之前学科美育模式构建"各自为战"的状态，进行跨学科交叉融合解决美育模式研讨，如王

---

[1] 参见范蔚《美育教学模式的现代教学方法论基础》，《西南师范大学学报（人文社会科学版）》1999年第4期。
[2] 参见史红《美育革命性的改革与提升：现代教育技术》，《黑龙江高教研究》2007年第3期。
[3] 参见赵卫华《对构建高校审美教育新体系的思考与探索》，《教育探索》2009年第11期。
[4] 参见易建芳《论美育的时代性——对艺术美育与设计美育的比较分析》，《装饰》2010年第5期。

勇（2016）以社会学视角看体育美育教学[①]、沙家强（2022）在新文科背景下探索各学科美育交叉融合[②]；如在美育资源的使用上，汲取中华传统文化和中国特色民族文化、地域文化内容，并注重现代性的转换，如罗祖文（2018）聚焦中国古代自然美育[③]，黄清林、陈娟（2020）注重民族体育舞蹈美育模式[④]；如在美育模式场景上向外投射，如岳晓英（2021）具体到艺术博物馆[⑤]、雷茜（2021）则投射到公益性文化事业单位，向社会寻求更多美育空间。[⑥]

因此，当前国内的高校美育模式研究的特点有三：一是在官方和政府的引导下研究发展迅速，高校主体在美育模式的理念思想、体系构建、总体规划、实践归纳、保障机制等方面已经有了较为细致的纲领；二是虽然在较短时期内发现所引介的国外高校模式不适配，开始着力注重发掘中国传统及本土美育资源特征，但尚未找到有效路径实现高校美育模式的中国特色系统化乃至创新；三是当前国内已经意识到美育需要学科、课程、教学、社会、资源的广泛融合，需要建立课内外一体化的教学模式，需要形成多专业、多交叉、多综合、多元化的评价体系，但在进行具体美

[①] 参见王勇《普通高校体育舞蹈课美育教法新探——社会学视角下体育舞蹈教学的美育实践》，《北京体育大学学报》2016年第7期。

[②] 参见沙家强《新文科背景下学科美育交叉融合的内在理路与实践探索》，《教育理论与实践》2022年第3期。

[③] 参见罗祖文《中国古代自然美育的道德意蕴及其现代启示》，《湖北大学学报（哲学社会科学版）》2018年第2期。

[④] 参见黄清林、陈娟《新时代民族体育舞蹈美育模式构建研究》，《四川戏剧》2020年第5期。

[⑤] 参见岳晓英《个性化美育空间的实现机制研究——西方艺术博物馆的美育实践及其启示》，《艺术设计研究》2021年第4期。

[⑥] 参见雷茜《公益性文化事业单位综合美育实践与模式创新研究》，《艺术管理（中英文）》2021年第3期。

育实践时囿于师资队伍、教学条件、公共事件等因素，依旧存有相当程度的学科惯性和惰性，因此需要所在地区的文化产业结构和社会美育发展水平对地区高校美育模式的支持。故改进新时代高校美育模式，也离不开地区各级文管部门和企业机构的力量。因此，"重大事件"为高校美育模式在地区提供了新的动力，也为新时代改进高校美育模式找到了新的切入点。

"重大事件"最初被定义为举办周期短且可重复举办的事件，事件的举办可以提高举办地知名度，增强城市吸引力，带来持续的经济效益。[①]但实际上随着这一理论的深入延展，广义的"重大事件"实际包括一切可以对城市形成长远、全局性影响的关键事件，也包括被动性的，如森林火灾、洪水、流行病等；狭义的"重大事件"可以指为由政府主办或授权，在中型及中型以上城市举办的大型活动，需要一定政府资源作为支撑，并产生广泛影响，对城市发展目标产生积极作用的事件。因此，"重大事件"可以是政治性活动，如政治会议、出台方针政策；可以是经济性活动，如展览会、博览会；可以是文化性活动，如节日庆典；可以是大型体育赛事，如奥运会、世界杯等。

一方面，"重大事件"的政府主导特质与我国当前高校美育模式建立的倡导者自洽，能维持事件前、事件中、事件后影响的一致性，这有助于高校美育模式的改进与保障。另一方面，"重大事件"对城市的影响不仅仅是海量的人群、经济的投资、完善的基础设施，更多的是对新城市形象的塑造、居民素质的新面貌、城市文化的重构是具有广泛而持久的影响力的，而这类新效应产生，恰恰可直接为坐落于该城市的高校提供持续有力

---

① J.R. Brent Ritchie, "Assessing the Impact of Hallmark Events: Conceptual and Research Issues", *Journal of Travel Research*, Vol. 23, No.1, 1984, pp. 2-11.

的新的美育资源。

经过20年高校美育模式的探究，当前我们已认识到单靠校园内、课内外的模式已无法适应当前美育工作的要求和实践教育的需要。从所处场所、所处地域、所在城市进行美育资源的深入挖掘已经成为高校美育模式的必修课。而北京作为首善之都、高校聚集的特大型城市，既拥有强有力的倡导力，又必然面临美育资源的过度消费、长久消耗的可能性，以至于审美疲劳，因此新时代"重大事件"背景为构建具有新的北京特点的学校美育课程体系，充分开掘和发挥北京美育资源优势至关重要。

二、京西地区"重大事件"与美育资源更新

京西地区主要以石景山区和门头沟区为代表，近年来可为高校美育模式利用的资源大型事件主要有2022年北京冬奥会和"京西地区转型发展行动"。

（一）2022年北京冬奥会

2022年北京冬奥属于"重大事件"重大型体育赛事的范畴，它对北京文化的审美重构产生了深刻的影响，同时也为美育资源的更新提供了契机，其中尤以石景山首钢地区最为显著。

北京的城市文化审美在传统视域中一直以古都文化、红色文化、京味文化、创新文化四个维度进行延展，而且城市文化作为一个综合或集成概念，包括器物文化、制度文化、行为文化和观念文化，这一观念文化主要是指城市的意识形态、集体人格、市民精神、审美旨趣等，牵涉城市的人文价值观念。石景山首钢地区在过去一直以工业文化和红色文化成为北京文化的重要组成部分，而冬奥会对京西石景山地区，尤其是以首钢园为

中心的场馆建设和配套设施、京张一线等工业遗存的有效激活，为这一地区增加了绿色、运动感、国际化、时尚感、青春化等核心维度与特质，对京西文化的审美重构起到了更为关键的作用。这些气质是同高校美育模式的氛围构建是天然契合的，故为所在地区高校的美育资源进行重组和整合提供契机。

为了解冬奥元素是如何介入所在地高校的美育资源，获得新资源在美育模式中的融合效果，评测新美育资源利用策略的实施有效性，我们选择北方工业大学等京西高校作为高校美育模式观测点，对学校相关报道资料进行收集，同相关负责人开展访谈，对学生开展多种形式的调查，以获得冬奥元素介入高校美育模式的策略提案。

冬奥元素介入高校美育模式的方式主要分冬奥这一"重大事件"的前、中、后三个阶段。

事前主要包括设施建设、科研助力、景观提升等。冬奥的设施建设包含周围民生工程建设和体育文化场馆设施建设，虽部分位于校园之外，京西地区高校可充分利用新修工程和奥运场馆进行校园人文环境和文化建设，便利活动开展，如与冬奥社区开展党支部"1+1"活动、在首钢园开展课程思政实地活动等；奥运会的场馆建设也为高校美育活动相关场所如体育馆、剧院、美术馆等场地的建构提供更新契机。

科研助力主要是指高校科研力量对冬奥的赋能，如北京林业大学参与延期赛区的生态修复；清华大学建筑学院主导首钢滑雪大跳台的建设，使用"人因技术"兼顾多功能空间与观景体验；北京服装学院打造冬奥战衣；北京航空航天大学交通团队研发"测冰神器"将飞行力学运用于冰雪项目，等等。科研业务因奥运的介入而具有学科交叉性和实践性，京西高校研究生多因地缘因素参与至相关团队奥运科研项目中，将科研热情与美育路径完美融合，对当前高校研究生这一美育"洼地"的美育路径的促进和拓展开辟了新通道。

景观提升是指配合冬奥会烘托冰雪氛围，如设置冬奥吉祥物"冰雪门户"，在校园重要空间节点，如校园综合文化中心的场馆设计中体现冬奥元素等，京西高校均设立了相关点位，并为"重大事件"中和"重大事件"后的相关活动提供标志。

其中包括媒体培育、活动开展。媒体培育主要是开拓高校美育的实践载体。以冬奥为契机开展了传统媒体与新媒体的时代性拓展，兼顾传统媒体的权威性与新型媒体的及时性、广泛性、趣味性，纸媒与高校网站开设相关专栏，两微一端、B站、抖音等开设相关账号，美育艺术论坛APP的构建，充分发挥美育模式中的实践环节，在网络虚拟群体的学生组织中加强美育有效引导。

活动开展主要是开拓高校美育的路径。高校通过团学组织开展了滑雪、冰壶等冰上体育运动体验活动，并发动师生和艺术团队开展冬奥主题艺术作品制作、冬奥社区主题曲创作、冬奥志愿者培训、冬奥知识普及等多种活动，精心设计和组织开展冬奥元素相关校园文化活动，调查记录京西高校以冬奥开展的体育、文化、艺术和服务志愿活动多达300余次，活动基本覆盖了全部被调查成员。

事后包括遗产利用、冬奥美育科研等。奥运遗产包括精神遗产与物质遗产。北京冬奥精神是最大的冬奥遗产，也是高校美育育人的宝贵精神资源，北京冬奥精神向世界展示了可信可爱可敬的中国形象，彰显了中华民族踔厉奋发、笃行不息的昂扬精气神，是当前创造性转化、创新性发展传递中华民族深厚文化底蕴的经典例证，体现了中国精神、反映了中国品质、弘扬了中国风格。京西高校在人才培养方案中突出北京冬奥精神，激发学生积极参与体育运动锻炼热情，通过视频播放、论坛宣讲、专业工作坊交流展现北京冬奥精神，通过"五育并举"将奥运精神化为普遍价值信仰与行为习惯,以此成为大学生成长的精神动力。另有,如运动赛事、竞技水平、场地设施、人才队伍等,皆为最直接的冬奥遗产。石景山区晋元桥会徽雕塑、延庆区"海陀塔"和京礼高速护坡会徽标志三处标志性景观申请成为奥运遗产。

冬奥美育科研体现对冬奥在高等教育尤其是美育中的复盘和利用。如高校人文学科以冬奥为主题进行美学研究,如文艺理论学科提炼评价冬奥会构筑中国传统表达的新符号,马克思主义学科关注对勇于体现"大音希声""大道至简"的中华传统美学诗意精神背后的文化自信,新闻传媒学科探讨融媒体立体式信息网络交互下娱乐性、高感性、人情味的奥运信息的衍生等一批新的学术生长点与科研项目,从中都可为美育提供新的理论依据与路径启迪,拓展高校美育模式的宽度和深度。

根据调研结果可知在景观提升和活动开展两项介入方式指数居于高位(图1),同时有效性评价亦较高。科研助力、设施建设与媒体培育虽然介入指数底但有效性评价好,遗产利用和科研复盘还有较多的成长空间。美育方式的介入有效性在事件前和事件中效果良好,但事件后需要有强有力的引导做支持以增进美育效果,推动事件相关的美育高质量发展。

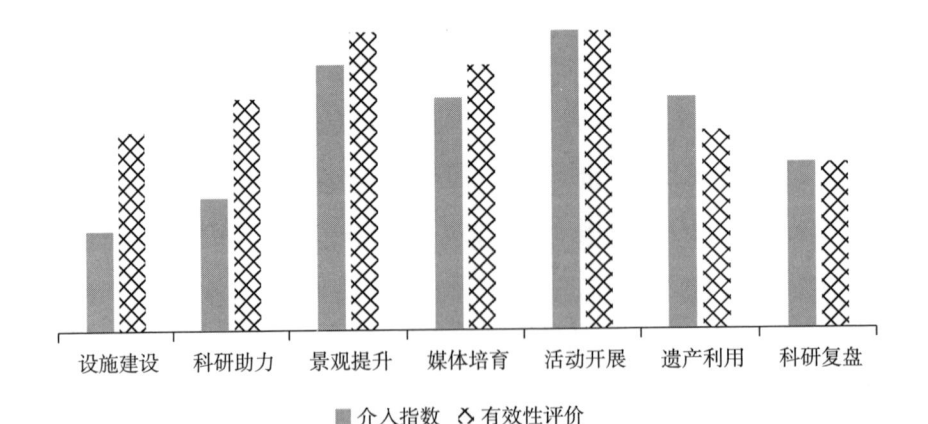

图1 冬奥元素介入高校美育模式的方式的介入指数与有效性评价

（二）京西转型行动计划

2022年3月30日，北京市发布《深入打造新时代首都城市复兴新地标 加快推动京西地区转型发展行动计划（2022—2025年）》，在分别具有百年钢铁史和千年采煤史的以石景山区和门头沟区为代表的京西地区开展城市复兴新地标的建设和产业转型升级。这是一个精准针对京西地区发展的有政府主导性质的政治性和政策性活动，属于"重大事件"的范畴。在这一行动计划中提及的京西发展成效与未来发展任务，能够看到京西高校在当前和未来美育实践中的新资源与新路径。

从审美客体的分布对转型行动这一介入高校美育模式的内容进行分析，基本有自然美与生态美、生活美与休闲美、艺术美与创意美、产业美与服务美四个方面。

自然美与生态美。门头沟区聚焦生态涵养，实现永定河碧水长流，从北京能源建材基地转型为国家"绿水青山就是金山银山"实践创新基地。转型行动将京西生态优势更加充分转化为发展优势，树立永定河综合治理与生态修复为首都生态环境建设一号工程，保护好永定河和清水河岸线，促进地下水回补，探索生态产品价值实现路径，发展林业碳汇，加大矿山生态修复力度，促进生态产品价值增值，筑牢首都西部生态屏障。

生活美与休闲美。滑雪大跳台被称为"最美水晶鞋、工业迪士尼、京西新地标"，昔日的炼钢高炉等"工业锈带"加速蝶变为亮丽的"生活秀带"。转型行动将冬奥会、服贸会、新地标三张"金名片"，提升京西地区国际文化交流、体育赛事活动等国际交往功能，市、区、企将继续通力协作，联动服贸会首钢园区各类活动，做好冬奥场馆赛后利用，加快新首钢地区发展建设；创新城市更新路径，开展小微公共空间改造，完成模式口西里中区、三家店粮库职工宿舍楼等200个老旧小区综合整治；建设国际人才社区，统筹石景山区和门头沟新城地区职住平衡，优先满足京西产业集聚区就业人口需求，实现人口、居住、产业等功能更加均衡发展；京西矿区"一线四矿"文旅康养休闲区转型，京煤工业遗存文化旅游与户外运动等业态。

艺术美与创意美。此前"京西八大厂"创建了一批国家级、市级和区级文创园，转型行动将转化人文资源优势，推动京西文旅特色化精品化发展：充分发挥京西工业遗存、古道古村、门头沟小院等资源和品牌优势，打造满足市民文化旅游休闲消费的高品质空间；保留民族工业发展的缩影、首钢文创园工业遗存资源和重要历史文物；持续完善冬季奥林匹克公园、工业遗址公园、高线公园等特色景观带和公共空间，提升社会和经济效益。

产业美与服务美。转型行动计划京西地区城市治理统筹，跨区交通共建、公共服务共享、交界地区共管，吸引社会资本和发展要素；重点关注新首钢地区、京西示范区重点区域的科幻、AR/VR等特色产业，促进中关村科技园石景山园建设。

根据对北方工业大学各学院的师生抽样调研，对理、工、文、经、管、法、艺七大学科门类的师生对转型行动中涉及上述四方面审美客体资源关注情况和拟参与相关美育模式构建的积极程度进行量化分析，其中外圈为资源关注情况，内圈为参与相关美育模式构建积极程度，结果见图2。

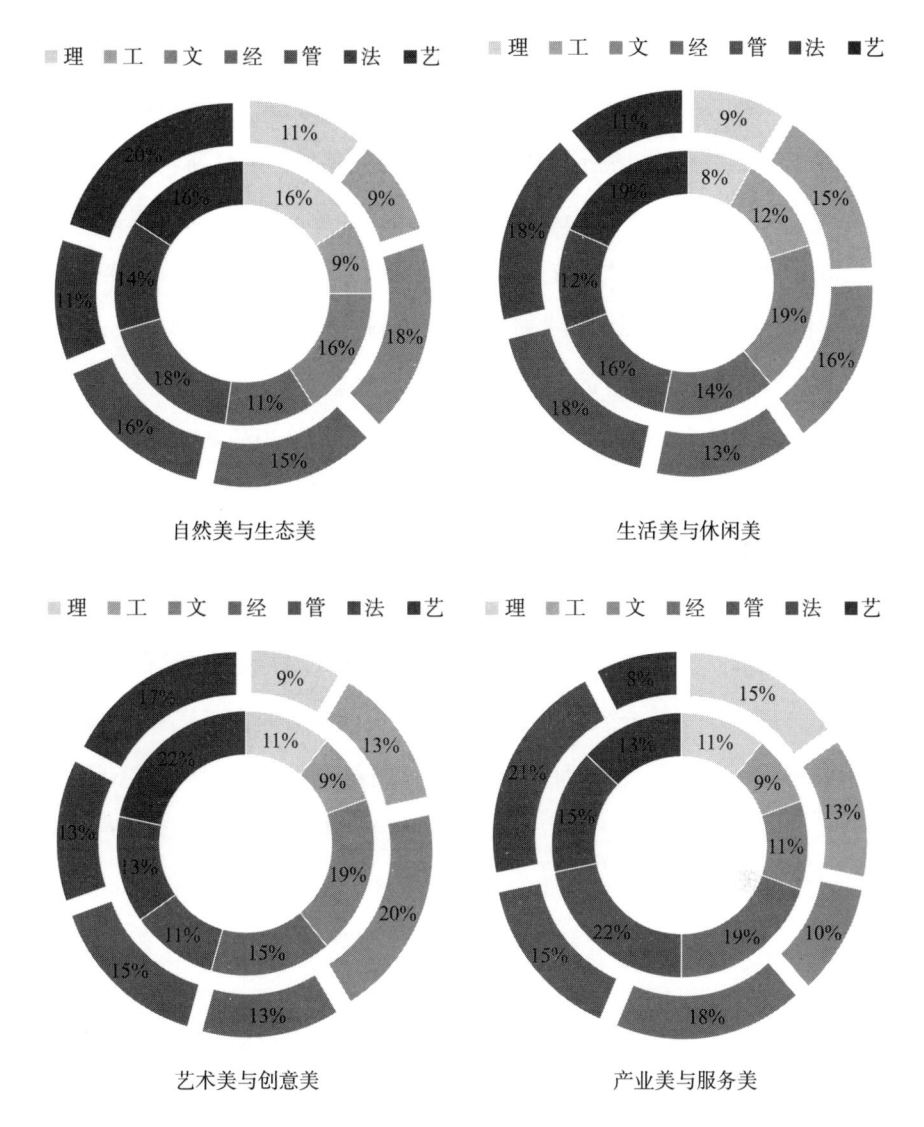

图2 北方工业大学不同学科主体对审美客体的关注与美育参与度

三、新时代"重大事件"背景下高校美育新模式的有效路径

高校需加强美育的宣传，充分利用"重大事件"背景下提供的各种新

资源，通过多种多样的形式和丰富多彩的手段，循序渐进、不断深入，使广大教师和学生认识接受美育、欢迎美育、重视美育。同时坚持五育并举。高校美育是德育、智育、体育综合媒介。美育是孕育高尚道德情操的基础，是孕育想象力和创造力的源泉，是体育亲密伙伴，是增强文化自信、传承和创新中华优秀传统文化的重要载体。因此，要端正高校美育的定位，探讨新时代"重大事件"背景下如何改进高校美育新模式。

首先，注重高校美育的顶层设计工作。树立"大美育"的理念，即美育的社会化和社会的美育化相结合。自然的博大、知识的精深、科技的进步，美存在于高校青年生活的各个领域，渗透在高校青年学习生活的全过程。将美育与各学科、各课程相融合，将美育与学校、家庭、社会的协同育人相融合，把课程教育、理论研究、艺术实践、校园美育活动融于一体，各类美育资源交融熏陶，有效丰富高校美育资源，从"大美育"的教育理念入手，"重大事件"介入学校和城市的景观设计对应自然美和生态美，介入校园整体规划和设计对应生活美与休闲美，介入城市文化重构和场所修筑对应艺术美和创意美、产业美和服务美，为美育平台搭建和美育课程建设提供新思路。

其次，传承传统，彰显特色，注重重构。美育资源的挖掘，要弘扬中华美育精神，发掘丰富的地域文化资源，本土特色品牌，同时要注重"重大事件"对本土文化的重构和更新，紧跟变换，突破符号，及时更新，以提高高校整体人文艺术修养和审美鉴赏水平，这是新时代"重大事件"影响下更为关照的美育模式新的增长点。

再次，完善新型高校美育基地平台搭建。高校美育基地平台可以分为校内平台与校外基地。校内美育平台包括课程平台、实践平台等内部美育资源平台，校外美育基地包括家庭社区基地、职场产业基地、城市文化基地等社会资源基地。"重大事件"的介入使得校内外两类基地平台都可以有更广阔的美育视野进行联动，提供更为有效的高校美育实践场域，因此基地平台的权威性、有效性都是需要高校美育模式构建中需要关注的问题。"重大事件"有强烈的政府主导意志，可以选择更权威、更高端的基地平台合作，在完成"重大事件"本身任务的同时互惠互利，拉升了高校美育工作的整体效果，也为"重大事件"本身的建设增添了新鲜活力。

最后，推动相关母题的高校美育课程创新。美育课程的改革创新是高校美育工作的基础性工作。每一次"重大事件"背后都蕴含着一个或一系列母题，而母题相关的课程创新是需要跟进革新的。主要包括以下几个方面：

一是开展母题相关的美育课程资源的重构。根据不同"重大事件"内容的需要，开发相关母题的音乐欣赏、绘画艺术、影视鉴赏、服饰文化及相关美育理论课程，使师生全面提高审美的能力和水平。

二是在保留一定比例的传统授课形式外，增加网络课程占比。针对现实，解决走进三馆一院（博物馆、美术馆、体育馆、大剧院）和三地（中小学、社区、企业）的痛点，有效解决了跨地域文化资源共享问题，提供充足的课程资源，保证高效美育成效。

三是改革母题相关的美育教学模式。从美育课程体系的设计、教学计划的安排、基础理论课程与文化艺术课程的有效配比着手，进行启发式、引导式、实践式等不同教学方式的尝试，整体提升高校美育水平和效果。在互联网、大数据和智能化等技术发展的今天，充分运用新媒体、富媒体、融媒体等创新模式，创新美育浸入式课程体验，使美育最终"落地"。

四是建立母题相关美育教学团队建设。建立拥有艺术专业教师、专业教师和具有艺术特长教师的美育教师团队，引进和聘请美育及母题相关学科领域方面的专家学者开展大型讲座、指导艺术活动，真正提升美育教学的质量。

　　五是开展理论教学与相关母题实践体验的同构。高校美育除了保留原有的理论教学外，还应多途径引导学生关注和体验审美实践活动，在相关融媒体构筑的美育教育网络中适时为学生推送母题相关热点话题，让学生在领略传统文化和时尚文化魅力的同时，进行思辨性的创新与继承；创造相关竞赛、实验室等场域，使得母题相关美育理论成果、实践影像资料、设计作品可展示和评比。注重不同专业、不同高校的联动，开展校际美育课程和素质学分的互认，在不同范畴、不同层次的美育资源，通过"重大事件"母题的勾连而产生高校间的互动互通，形成高校资源的集聚与共享，构筑新时期高校美育发展的新模式。

　　高校美育的模式建立处在新时代，会出现新问题，也会积累新经验。因此，在"重大事件"美育机遇形成之时，需要看到新时代大美育的新视域与新趋势，对中国美育传统、美育的国际视野、美育与艺术教育有所阐发，同时要注重综合类、理工类、师范类、艺术类院校美育学科的融合性与独特性。在"重大事件"背景下进行美育创新实践，将美育与乡村振兴、文化遗产、科技、美术馆或博物馆等场馆建设、数字艺术交叉结合，让大美育赋能美好生活。

作者简介　　李昕皓，北方工业大学中文系讲师，研究方向为文字学、域外辞书、汉字美学与美育等。

美学研究

乐韵悠扬
——中国古代音乐的审美与文化之维

李 颖

摘 要

中国古代音乐不仅是一种艺术形式，更是一种文化形式，它承载着华夏文明的历史，也蕴含着中国传统文化与审美的内在精神。有关音乐诞生的上古传说和神话故事，最终都离不开人类生命活动与情感表达的需要，故音乐起源的"表情说"与"模仿说"成为中国古代产生最早、最具包容力的观点。中国古代音乐在源远流长的发展过程中，形成了延续性、包容性、艺术性的文化特性，不仅呈现出音乐艺术自身的审美品格，更内在地彰显出中国传统文化独特的生命精神。

关键词

中国古代音乐 历史 审美 文化

在姿彩万千的艺术天地中，音乐是一条永无止息的河，它源自人类的心灵，经过历史的沉淀，激荡出文明的华章。穿过几千年的音乐长河，缓缓流淌而又绵延不绝的，是民族文化的历史、社会文明的进程、人类情感的闪光……音乐带给人的不仅是心灵的震撼和感动，还有对历史、文化的理解与思考。

中国古代音乐不仅是一种艺术形式，更是一种文化形式。

它以自身源远流长的历史、深刻的情感蕴涵和妙不可言的形式美，在华夏文明的天空中散发着无穷的魅力。将中国古代音乐比作一条川流不息、波澜壮阔的长河，的确是一个美妙而又智慧的比喻。这是一条时间的河、声音的河，它联结着中国历史的过去、现在和未来，凝结着人们的回忆、现实和希望。透过那轰响的乐声，我们仿佛看到了祖先跋涉的身影，听到了文明迈进的脚步声，触摸到了历史深处的那些战火硝烟金戈铁马、太平盛世歌舞管弦……这条音乐长河中所呈现出的景观，绝不仅仅是流淌的乐音和飞溅的节奏，更是漫长时代里一个民族历史的回响和精神的记忆。

中国古代音乐文化承载着华夏文明的历史，蕴含着中国传统文化与审美的内在精神。了解并探讨中国古代音乐艺术的历史脉络和文化内涵，就如同沿着这条音乐的长河去进行一次审美的发现之旅，在异彩纷呈的旅途中感受中国古代音乐的亘古魅力，并透过那悠远博大的美妙乐声，去探寻和领略中国传统艺术的独特神韵。

一、长河探源：音乐诞生的奥秘

音乐起源于何时？是谁创造了音乐？就像人类文明史上的许多问题一样，关于音乐的起源问题，古今中外无数的学者、音乐学家薪火接力，从未停止过研究和考证，却从来也没有人做出过准确的回答。然而，可以肯定的是，自从生命诞生之时起，音乐就一直是同生命的目的、生命的奥秘联系在一起的。

在茹毛饮血的远古时代，人类的存在和大自然相比，是那样孱弱有限。可以想象，当时的原始先民们，每当遇到雷电暴雨、洪水地震的困扰，或遭到凶禽猛兽、强大外敌的侵袭时，他们往往束手无策、惊慌恐惧。为了能够与强大的现实相"抗衡"，我们远古的祖先们对某种强大精神的力量产生迫切的需求,他们祈求超自然的力量给自己以护佑,帮助自己顺利地战胜外界的重重威胁。这种对征服自然的神秘力量的渴望,就逐渐演变成巫术和宗教。我国战国时代的文献《吕氏春秋·仲夏纪·古乐篇》中记载了两则带有神话传说色彩的故事,其中一个故事描绘了乐器的神奇作用:

昔古朱襄氏之治天下也,多风而阳气蓄积,万物散解,果实不成,故士达作为五弦瑟,以来阴气,以定群生。①

这个故事说的是,在朱襄氏治理天下的时候,部族的生活环境不好,风很大,天气干旱,植物枯萎。一个叫士达的人于是制造了一把有五根弦的瑟,用它演奏出来的音乐引来阴气,百姓的生活得以安定。

另一个故事则表现了音乐和舞蹈的强大力量:

昔阴康氏之始,阴多滞伏而湛积,阳道壅塞,不行其原,民气郁阏而滞着,筋骨瑟缩不达,故作为舞以宣导之。②

这个故事说的是,阴康氏的部族居住在平原的低洼地带,常常下雨,气候阴冷潮湿,许多人都患上了关节病,行动非常不便。首领阴康氏就创造了一种能舒展关节打通气血的舞蹈,使族民们在载歌载舞的娱乐活动中舒展筋骨,振奋精神,恢复了健康。

这两段华夏上古传说虽然带有一定的神秘色彩,但至少能够说明一

---

① 陆玖译注:《吕氏春秋》,中华书局2011年版,第148页。
② 陆玖译注:《吕氏春秋》,中华书局2011年版,第148页。

个问题，即古代先民在同自然灾难做斗争的过程中需要某种精神力量的支撑。而音乐的微妙音响和舞蹈的情感宣泄，的确可以令人体会精神世界的超凡能力——看不见摸不着的音乐不是空间中存在的实物，但正因如此，它才益发令人感到不可思议。

无独有偶，在地球的另一个角落，古代中东历史上称为美索不达米亚的地方（即今伊拉克地区），也流传着类似的说法。那里一种名为"牧笛"的乐器，其音色象征着雷神的鼻息声，而另一种鼓的声音则象征海龙王伊埃。相传演奏这两种乐器，就可以打消这两位巨人想要给人类带来可怕水灾的意念。可见，原始人为了求得上天的庇佑，最好的手段莫过于音乐。他们通过神秘的鸣响、热情的歌蹈，同自然的神明达成默契的沟通。就这样，作为人类与自然斗争时所必需的重要精神力量，音乐在先民们虔诚的情感寄托中诞生了。

关于音乐的起源，历来有多种看法。其中"表情说"和"模仿说"是产生最早、包容性最强的两种观点。

其一，"表情说"认为，音乐诞生于人类表达情感的需要。虽然远古先民们的足迹已经消逝在久远的历史深处，但可以想见，他们同今天的我们一样，在生活的欢愉和痛苦中有丰富的感情需要表达。他们通过特定的声音传递语言、召唤同伴、报告安危；他们通过有节奏的嗟叹抒发涌动的感情，表达内心的意愿。我国著名的音乐文献《乐记》中说："情动于中，故形于声；声成文，谓之音。"（《乐本篇》）"故歌之为言也，长言之也。说之故言之，言之不足故长言之，长言之不足故嗟叹之，嗟叹之不足故不知手之舞之足之蹈之也。"（《师乙篇》）人类在很早以前就以带有声调的语词表达自己的感情，而歌唱、音乐就是人类语言的延伸。应该说，音乐是人类最古老的一种表达感情的艺术形式。当远古的人类在获得丰盛的猎物之后，常聚会在一起以歌舞庆贺，因而，音乐歌舞也就成为古代人类一种用以宣泄情感的娱乐方式。无论是从考古学的发现中,还是世界上现存的一些保留着原始生活方式的民族中,都可以看到这种迹象。

《吕氏春秋·音初篇》中记载了上古时期民歌起源的传说,其中"北音"的起源是一个充满神话色彩的故事:

> 有娀氏有二佚女,为之九成之台,饮食必以鼓。帝令燕往视之,鸣若谥谥。二女爱而争搏之,覆以玉筐;少顷,发而视之,燕遗二卵,北飞,遂不反。二女作歌,一终日燕燕往飞,实始作为北音。①

在远古殷商一带一个以玄鸟为氏族图腾的部落中,有娀氏有两个美貌的女儿,住在专门为她们建造的九重瑶台上,每日饮食都要奏鼓乐相伴。天帝派遣燕子去看望她们,燕子"谥谥"地叫着,在她们身旁飞来飞去。两个姑娘都非常喜爱这只燕子,争着去扑捉玩耍。她们用一个玉筐将燕子覆盖着,过了一会儿,打开玉筐一看,燕子下了两个蛋,从玉筐里飞出,一直向北方飞去,从此再也没有飞回来。两个姑娘顿感失望,就即兴创作一首歌,并若有所失地唱道:"燕子飞去了,你往哪儿飞……"这首歌实际上就是北方最早的一首民歌。

这个故事生动地告诉我们:音乐的诞生,离不开人们内心情感的真挚表达;正是因为有了表达情感的迫切需要,人类的祖先才创造出音乐这种艺术形式。

其二,音乐起源的"模仿说"认为,音乐来源于人类对大自然的声响和鸟类鸣叫的模仿。艺术起源于人们对自然界和社会的模仿,是西方文

---

① 陆玖译注:《吕氏春秋》,中华书局 2011 年版,第 153 页。

化中一个最古老的理论。如古希腊哲学家德谟克利特认为，人类是"从天鹅和黄莺等会歌唱的鸟学会了唱歌"[①]。我国古代也有类似的说法，认为音乐是模仿动物的声音而来的。我国古代文献《吕氏春秋·古乐篇》中记载了一个这样的传说：

  帝尧立，乃命质为乐，质乃效山林溪谷之音以作歌，乃以麇革置缶而鼓之，乃拊石击石，以象上帝玉磬之音，以致舞百兽。[②]

  这个故事讲的是，尧帝时代的乐官质创造了音乐，他模仿自然山水的各种声音歌唱，用捕获来的兽的皮蒙鼓敲打，用石块叩击伴奏，还让人们装扮成各种各样的动物，和着音乐跳舞。这说明，我们的先人在劳动和生活中，是模仿着大自然的"山林溪谷"之音来唱歌的。他们还用"上帝玉磬之音""天籁之声"来描述大自然中的优美音响。相传为尧、舜时代的"击石拊石，百兽率舞"[③]，实际就是人们在土鼓、石磬之类原始乐器的伴奏下模仿兽类形态的舞蹈，它是原始人类狩猎生活的反映，人们也从它得到鼓舞的力量。不仅是歌唱和舞蹈，人类古老的乐器和音乐中的音程，也是模拟自然界鸟兽鸣叫的声音形成的。如《吕氏春秋·古乐篇》中记载的这一段传说：

  昔黄帝令伶伦作为律，伶伦自大夏之西，乃之阮隃之阴，取竹嶰溪之

[①] 北京大学哲学系外国哲学史教研室编译：《古希腊罗马哲学》，商务印书馆1961年版，第112页。
[②] 陆玖译注：《吕氏春秋》，中华书局2011年版，第150页。
[③] 《十三经注疏》整理委员会整理，李学勤主编：《十三经注疏·尚书正义》，北京大学出版社1999年版，第79页。

谷,以生空窍厚钧者,断两节间,其长三寸九分,而吹之,以为黄钟之宫,吹曰含少。次制十二筒,以之阮隃之下,听凤凰之鸣,以别十二律。①

　　这段故事说的是:黄帝时,乐官伶伦奉命制作乐律。他从大夏的西面、昆仑山嶰溪谷之地取来薄厚均匀的竹子,用中间的一段大约三寸九分长做成竹管来吹。后来,伶伦又来到昆仑山下,听到凤凰鸣叫的美妙声音,受到了启发,于是根据凤凰鸣叫的声音划分出了十二音律,从此奠定了音乐中音程的基础。

　　这段记载折射出古人对音乐起源的认识,即音乐的产生是来自人们对自然界鸟鸣的模仿行为。在大自然中,不少鸟类的鸣叫是有固定音程的,如在杜鹃、百灵的叫声中,常常会听到三度、四度的音程,因此,原始音乐音程和音律的形成,肯定存在着模仿鸟鸣的因素。

　　关于音乐起源的研究,不论是认为人类表达情感和娱乐的需要创造了音乐,还是相信模仿自然界的声音形成了音乐,甚或提出劳动创造了音乐,乃至主张精神力量的需要产生了音乐……这些学说都有自身的合理性,然而这些争论究竟哪一种是正确的,也许永远是一个没有答案的问题。但有一点却是大家都共同认可的,即在这个世界上,没有任何一个时代、任何一个民族不是在歌吟乐舞中奏唱着自己的乐音。音乐的节奏和旋律,始终伴随着人类的生命历程,谱写着人类文明史上的动人乐章。

---

①　陆玖译注:《吕氏春秋》,中华书局2011年版,第148页。

二、华彩乐章：中国古代音乐的文化特性

作为华夏文化传统中的重要艺术形式，音乐始终伴随着中国文明史的成长历程，在沧海桑田的历史演进中担负着不可替代的角色——它不但记录着中华民族多姿多彩的音乐生活和艺术创造，而且承载着中华文化的独特品格与特性，谱写了一曲中国音乐文化的华彩乐章。

第一，延续性——音乐文化源远流长的历史传承。从在河南省舞阳县新石器遗址中发现的骨笛开始，中国音乐的历史就已追溯到8000多年前。在那久远的原始时代，远古先民们在茹毛饮血的生活和劳作中，在原始图腾与宗教的笼罩下，萌发了音乐的原始形态。以诗、乐、舞为一体的远古音乐，成为最初音乐艺术的主题。这种带有神秘色彩的原始"乐舞"，就是早期人们表达情感、愉悦神明及娱乐自身的最直接的方式。同时，随着审美意识的发展和音乐生活的需要，人们在劳动中使用的一些生产工具逐渐演变成各种各样的乐器，如鼓哨、陶埙、陶铃、石磬等，可以想象，这些乐器在远古先民的音乐生活中发挥着极其重要的作用。而对新石器时代骨笛音孔分布的研究则发现，我们的远古先民是世界上最早吹奏六声或七声音阶的民族之一。

夏商以后，诗、乐、舞才逐渐分离成为各自独立的艺术门类。在夏商周长达1000多年漫长而辉煌的"钟鼓之乐"时期，中国音乐以正统的华夏民族音乐为主要内容。这时期关于音乐的记忆，多保留在我国经典历史文献中，如《诗经》《周易》《周礼》《国语》等，这些古籍中涉及了很多当时人们的音乐生活情景和有关音乐思想文化的记载，如场面宏大的宫廷乐舞、清新质朴的民间歌谣、儒家正统的音乐思想与体制完备的礼乐制度，等等。考古中出土的珍贵音乐文物也证实，中国音乐发展在这一历史

阶段达到了第一个繁荣期。如一些形制较完备的乐器笛、埙、鼓等的发现，说明夏代便有了明确的音阶观念，并已经充分运用到了乐器的制作和使用中。

　　而自秦汉至唐代的 1000 余年间，音乐文化日益增添新的内容，中国音乐的进程屡创繁荣景况。汉代的百戏、鼓吹，魏晋文人雅士钟情的琴曲，都回荡着各自的时代独特的乐音。隋唐时代，各民族音乐相互交融，气势宏大的宫廷"燕乐"与纷繁多彩的民间"散乐"，共同谱写出一曲恢宏的"盛唐之音"，使中国音乐的发展达到了一个前所未有的巅峰。隋唐时期，中外文化交流广泛，音乐艺术也呈现出广收博采的局面。琵琶、笛、筚篥、羯鼓、仗鼓等许多新乐器的引入，为盛唐之音注入了一股崭新的生命活力，开创了中国古代音乐发展的全盛时代。

　　宋元时期则开启了中国音乐文化中的另一个新的篇章。宋代音乐完成了中国古代音乐史上的一个重要转型——从繁复奢华的宫廷音乐和阳春白雪的文人雅乐，转向下里巴人的平民俗乐，创造了"瓦舍勾栏"间市民音乐的极度繁盛，也为中国民间音乐的发展树立起一个里程碑。宋元时期盛行于民间的音乐表演形式如"鼓子词""杂剧""南戏"等，成为社会音乐生活的主流。到了明清之际，经济的发展促进了思想和文化的活跃。在民歌体裁不断丰富和传播的基础上，随着城镇商业经济日益繁荣，号子、田歌、山歌、信天游、花儿等民间小调体裁都开始被广泛流传。明清音乐在内容和形式上都更加丰富并贴近现实，呈现出"承上启下"的鲜明特色，并且由于受到西方音乐文化的影响，这一时期的中国音乐，已经于传统的土壤里生长出现代艺术的萌芽。

　　回顾历史，这些久远而清晰的印记，仍然在召唤着我们去探寻那漫长岁月里华夏大地音乐文化的风貌。时至今日，穿越数千年的时空，我们依然能够强烈地感受到中国古乐散发出的旺盛生命活力。更加令人感叹的是，中华数千年文明的进程赋予中国传统音乐沉潜厚重的历史特性——虽然历经起伏更迭，却始终传承不息、绵延不绝。

第二，包容性——中国音乐海纳百川的博大胸襟。自古以来，中国音乐就不是故步自封在自己的领地，而是在保持自己民族特色的同时，始终敞开博大的胸怀，吸收各民族的音乐精髓，以丰富和发展自身。

纵观中外音乐交流的历史，跨越2000年的漫长岁月，中国音乐的足迹几乎遍及所有亚洲国家和地区，最远甚至到达东罗马帝国的疆域及地中海岸凯尔特人和尼德兰人生活的地方。在历史的记事簿上，很早就有关于这方面的记载：西周穆王就曾带领庞大的乐队去西方旅行，并带回一名外国艺人，这是历史上一次空前的中外音乐文化交流。尽管这一历史记载目前有待进一步考证，但这样的迹象告诉我们，远在3000年前，中国音乐文化就已经开始同世界有了交集。三国两晋南北朝时期，外族和外国的音乐在中原地区流行，并与汉民族相互借鉴融合，为后来的隋唐音乐的鼎盛奠定了坚实的基础。隋唐时期更是广泛吸纳各国的音乐、歌舞，与自身的音乐融会贯通，形成了集大成的盛唐之音。因此，当时的中国音乐无论内容还是曲调都非常丰富，风格变幻多姿。如宫廷燕乐庄重华美；西凉乐与清商乐纤柔娴雅；以鼓舞曲为主的龟兹乐则节奏明快，情绪热烈。多样的音乐形态交织融合，共同铸就了中国音乐史上的盛世辉煌。宋元时代，音乐文化的交流主要表现为汉民族音乐和周边少数民族政权西夏、辽、金音乐的相互影响。宋元王朝的中原音乐文化传播到少数民族地区，对其他民族的音乐文化产生了深远的影响；同时这些少数民族的音乐元素也被中原音乐吸收，丰富了汉族音乐文化的内容和形式。明清时期，在前代基础上，中国音乐和世界各国的交流日益频繁，日本、朝鲜等亚洲邻国同中国音乐交往密切，且相互影响甚多。如明清民歌俗曲曾传入日本，被称为"明清乐"，一度在日本十分风行；明清宫廷中则分别有来自朝鲜的"高丽舞"和"朝鲜乐"。明清时期，西方传教士还带来了欧洲的音乐文化和音乐思想，如清代宫廷中已经开始有传教士教授古钢琴和欧洲乐理知识。

纵观整个古代音乐史，在绵延几千年的发展过程中，中国古代音乐文化从未中断同其他民族的联系和交往，中外音乐的广泛交流大大丰富了中国音乐的内容和表现形式，如音乐调式、乐器的种类、演奏技法、音乐理论、音乐美学思想等，不仅扩展了中国音乐的风格和表现空间，也为中国音乐文化注入了新的生命力。同时，在长达数千年的历史进程中，中国音乐文化也源源不断地向其他民族输送和传递能量，极大影响和推动了中原周边少数民族乃至亚洲各国的音乐文化的发展。

几千年来，中国音乐以海纳百川的胸襟与气度，包容并吸纳着自身之外一切可触及的音乐文化的精髓，显示出磅礴的气势和深厚的底蕴。正因如此，中国古代音乐才能穿越历史的时空，直到今天依然保持着鲜活的生命力和无限的艺术魅力。

第三，艺术性——华夏古乐天人合一的生命情怀。作为中华传统文化的一部分，中国古代音乐的文化内涵与艺术特质同我国古人的哲学观念和审美意识有着深刻的内在联系。"天人合一"是中国古典哲学的基本精神，也是中国文化异于西方的最显著特征。在这一核心文化观念的影响下，中国古代哲人并没有把音乐仅仅作为一种娱乐赏玩的对象，而是将其同其他的社会思潮、文化理想结合为一体进行统筹思考。中国古代的各种音乐论著中都不乏此类论述，如"乐者，德之华也"（《乐记·乐象篇》），"大乐与天地同和"（《乐记·乐论篇》），"和乐如一"（《国语·郑语》），"移风易俗，莫善于乐"（《孝经·广要道》）等，都是把音乐的娱乐功能与社会功能结合在一起，从而使音乐文化带有了明确的世俗精神和人文内涵。

与此种文化属性相一致,在音乐的艺术特质方面,中国古代音乐无论是表现形式还是审美风格,乃至思想内涵诸方面,都呈现出一种以"天人合一"精神为旨归的深沉的生命情怀。

先观其形式特征。中国古代音乐在音响形式上强调横向的线性连接关系,在乐音音色的处理和音列的起伏中显出生命的律动和自身的韵味。中国古代音乐的音响形式和结构形式,都是在合乎生命运动规律的线性思维方式中孕育并形成的。在审美和艺术取向上,古代音乐以形式的自由和简洁为尚:在时间上,避免太"直",以"曲"为体,注重乐音的变化、织体的单线延伸和节奏的灵活自由;在空间上,避免太"实",以"虚"为体,追求韵味的深邃、意境的隽永和音响效果的回味悠长。行云流水、清秀简淡的艺术形式寄寓着空灵、幽深、阔远的意境,使人可以从有限中见无限,从音乐意象的自由流动中感受到弥漫充实的生命气息和绵长幽远的余韵余味。这些审美特征体现在具体的音乐形态上,就是在简洁、单纯的乐音结构的流动中蕴涵着一种"空灵"的意境,即"无中见有""虚中见实",在有声的旋律之外还潜藏着、脉动着一股气韵,构成中国古代音乐特有的"声"外之"味"。这种疏阔、空灵的意境能够给人荡涤胸腑、神凝气定的审美感受,自然界中的空灵之境与人内心的空灵感受融为一体,又会产生一种隽永蕴藉、意味深长的美学效果,从而形成了中国音乐独特的神韵。

次究其审美风格。我国古代不同时期的音乐在风格和类型上虽各有侧重,但它们在文化特征和审美特征上都带有尚自然、崇真情的共同特点,从而体现出对生命精神的彰显。如先秦时期以《诗经》中的"风"为代表的庶民音乐,流丽婉转,多繁音促节,鲜活灵动,真挚直率,洋溢着浓郁的生活气息;魏晋六朝时期,士阶层成为社会音乐生活的主体,他们多以琴乐、相和歌、清商乐来寄情山水、借景抒情;隋唐时期的音乐在风格上求新求变，兼容、吸收了中外不同类型的音乐，然而音乐的内容依然是源于生活、关注现实，形式更加丰富多彩、充满朝气；宋元音乐则进一步贴近生活，贴近普通百姓，感情真挚、浑朴自然；明清时的民间俗乐更富于抒情性和戏剧性，活泼多样，真切动人。可以看出，在形态各异的具体表现风格之外，中国古典音乐更多的是强调人与自然的亲近融合，达到物我情感互相感发、物态人情交融一体的审美境界。

再论其思想意识。中国人的音乐意识从产生之初便带有厚重的生命感与和谐感。中国古代音乐美学的经典著作《乐记》中云："大乐与天地同和。"乐之"和"源于天地宇宙之"和"，中国古人直观地发现宇宙的运动是合法则、合规律的和谐运动，认为宇宙本身就如同一首壮伟的乐曲，正是从宇宙生生不息的运动规律中，人们得到了生命的启示而创造出了乐音和音乐。在中国人的心目中，最伟大的音乐是宇宙化的音乐，是能够表现生命"生生不息"之境界的"大乐"。

在中国古典音乐思想发展史上，以产生于先秦时期的儒家"礼乐"观和道家"天乐"观为两大基本思潮，后世的音乐思想无一不是对这两种音乐观念的阐释、补充和发扬。儒家的"礼乐"思想以"仁"为核心，由人及天，由人之道德伦理而及天地万物，由政治社会而及自然宇宙；因而，"乐"的意义便由强调人的内在心性的陶冶塑造，进而上溯到追求与自然宇宙的动态同构。也就是说，乐的意义在于由人的个体生命向天地宇宙宏观生命的不断趋近和升华。与之有别，道家所讲的"乐"的意义，在于将人的感性生命的存在状态融入宇宙天地超感性的节奏律动之中，达到"天地与我并生，而万物与我为一"[①]，即"天人合一"的审美境界。可见，

---

① 《庄子·齐物论》，载《诸子集成》，中华书局1954年版，第885页。

儒家与道家，虽然对音乐意义的建构在出发点上有所不同，但归宿一致，即他们都认为音乐的节律可以再现宇宙天地运行的规律，相信音乐的运动与宇宙的运动是同态的。我国当代美学家宗白华先生深刻地道出了这种同构关系的实质："中国人感到宇宙全体是大生命的流行，其本身就是节奏与和谐。人类社会生活里的礼和乐是反射着天地的节奏与和谐。一切艺术境界都根基于此。"[1] 正是以这"宇宙大生命的节奏与和谐"为起点和根基，中国古人的音乐思想方才深刻地体现出我国古代音乐艺术独特的生命精神。

有研究者认为，音乐是中国传统艺术的众艺之首。就中国古代音乐中所蕴含的"天人合一之生命情怀"而言，它当之无愧。宗白华先生说："就像我们研究西洋哲学必须理解数学、几何学那样，研究中国古代哲学，也要理解中国音乐思想。"[2] 中国独有的传统文化造就了极有特色的中国音乐，反之，由于音乐在整体传统文化中的特殊地位，又给中国传统文化的各方面增加了诸多音乐色彩和音乐精神。故我们可以这样说：理解了中国音乐，才能理解中国的艺术精神；理解了中国音乐与整体中国传统文化的关系，才能真正理解中国文化的精神。

作者简介　　李颖，北方工业大学副教授。研究方向为美学、中国古代文论。

---

[1] 宗白华：《宗白华全集》（第2卷），安徽教育出版社1994年版，第413页。
[2] 宗白华：《美学散步》，上海人民出版社1981年版，第196页。

德勒兹与加塔利的"点—圈—线"音乐美学观

曹家慧

摘　要

德勒兹与加塔利"迭奏曲"这一核心音乐理论概念，在西方音乐的古典、浪漫与现代的历史断代考察中，表现形态可以概括为秩序的环境点、领土圈和逃逸的宇宙线。他们的音乐美学观，呈现出"点—圈—线"特征。在古典主义时期，迭奏曲的目的，在于试图从混沌中寻求秩序；在浪漫主义时期，迭奏曲的功能，是在领土上安置家园；在现代主义时期，迭奏曲的样态，呈现为永恒的逃逸，并在宇宙中不断生成，"生成—音乐"。

关键词

德勒兹与加塔利　"点—圈—线"　迭奏曲　生成—音乐

引　言

关于加塔利音乐问题的思考，早在2013年董树宝就从主体性生产的角度，对加塔利的叠歌进行过讨论。他的方法是借用巴赫金的复调理论，结合加塔利与德勒兹的叠歌，以"生产"为切入点，阐述了主体性的复调性、过程性、创造性和多样性等特征。时隔九年，这一工作仍具引领性价值。他从词源学的角度,对主体性(subject)的内涵和外延进行追溯,发现希腊语中的这一概念具有"归属于"和"控制住"的意思。沿着加塔利对于主体性生产的思考脉络,踏上了"装配"的道路。他认为,这种四象限装配模型,可以分为可能与真实两类。加塔利的生产,包含物质、欲望与主体性的多重维度。这里出现了一个引人注意的概念,也是德勒兹与加塔利在《反俄狄浦斯:资本主义与精神分裂》中再三强调的概念之一——"流"(les Flux)。董树宝认为,叠歌作为一种"界域性"的音乐,它建构了一种新的主体。[①]

关于德勒兹音乐问题的讨论,吴娱玉从音乐、绘画与身体的三重维度,探讨德勒兹的美学强度问题。[②]蔡熙认为德勒兹的音乐主题,是对再现的批判与颠覆。[③]与上述学者的研究视角有所不同,本文探讨的主题不是"主体性生产""强度美学"和"颠覆再现",而是"点—圈—线"的音乐美学观。这一观点将迭奏曲放置在古典、浪漫与现代三个历史时期,分别表现为秩序的点、领土的圈和逃逸的线。全篇分为三个部分:第一部分辨析迭奏曲究竟是副歌还是叠句,以此对迭奏曲进行界定;第二部分将迭奏曲置于古典、浪漫和现代三个音乐历史时期进行考察,得出了三重面向;第三部分集中对"点—圈—线"的音乐美学观进行亚—配置、内—配置和交互—配置的强度美学考察。本文将此音乐美学观同三个历史时期进行一一对应,析出不同时期的音乐类型与形态。

[①] 参见董树宝《主体性生产的叠歌:加塔利的别样思考》,《北方工业大学学报》2013年第4期。
[②] 参见吴娱玉《音乐·绘画·身体——论德勒兹的强度美学》,《文艺争鸣》2021年第9期。
[③] 参见蔡熙《颠覆再现:德勒兹的音乐哲学之考察》,《中央音乐学院学报》2022年第3期。

一、迭奏曲：副歌还是叠句

关于音乐与艺术的关系，德勒兹与加塔利认为，音乐可以被称为一种典范的艺术，它比其他任何一门艺术更加"入人也深，化人也速"。音乐是一种时间的艺术，它在差异中重复，也在流动中生成；音乐是一种非表征的艺术，它使我们的感知与理智直接接触，无须经由概念与表征的中介环节。他们认为，音乐是一种游牧的艺术。游牧的艺术汇集了不同感官，不同感官彼此共振，最终相遇于同一个思想。[①] 音乐，作为诸多思想的构成部件之一，它的内容与迭奏曲，如同硬币的两面。德勒兹与加塔利分别从环境、领土和宇宙三个维度，对迭奏曲进行了论述。

"迭奏曲"（Refrain），亦译为"叠歌""迭歌"等，是《千高原》中的音乐核心概念之一。它在被翻译与使用的过程中存在诸多争议，有待逐步澄清。笔者通过反复阅读《千高原》的第11座高原"迭奏曲"，解读出以下两层内涵：当它作为复数形式使用时，意思与"副歌"相近；当它以单数形式出现时，作用同"叠句"相似。在一首音乐作品中，"副歌"承担的角色，主要是区别于主歌，呈现出对比、重复和概括等特征；"叠句"是"一曲多用"的代名词，即同一句旋律，采用多段不同歌词。相同之处在于，在同一首音乐作品中，二者都扮演着"生成"（Becoming）的作用，通过变化差异的手法，不断推进作品的进行；不同之处在于，前者的地位仅次于主歌，且旋律尚未定型，可能出现在一首歌曲的不同位置；后者的地位则较弱，旋律基本一致，只在歌词上稍做文章，通过多次重复生成新的

[①] Eric Prieto, "Deleuze, Music, and Modernist Mimesis", *Word and Music Studies: Essays on Music and the Spoken Word and on Surveying the Field*, Vol.7, 2005, pp.3-20.

旋律，最终达到歌曲的高潮。迭奏曲，可以分为以下三类[①]：一是"界域化"的迭奏曲，主要用于领土标记，即"界域"后的装配；二是"解域化"的迭奏曲，主要用于装配中执行某种新的功能；三是"界域—解域—再结域"的迭奏曲，主要用于在"界域"装配的基础上，实现功能层面的分配"自主化"。这种"自主化"可以发展为两个面向：当力量聚集时，迭奏曲表现出重组、强化与巩固的特征；当力量分散时，则表现出对抗、分离和舍弃的性质。[②] 三者的关系在于，从最初的萌发，到表现出的标记或装配的属性，再发展到逐步成熟，表现出专业化、功能化甚至职业化的功能属性，最后蜕变为生存抑或毁灭的终极真理。此三种分类最终呈现出两重面向：汇聚，或者舍弃。

在音乐传统中，形式革新的"连续"书写方式，有其不争的历史地位。但是德勒兹同时强调，音乐的风格与主题的历史分期，同样对音乐的生成，产生不容小觑的益处。所谓"风格"，主要是指动物通过标记等方式，构成的具有一种"模糊"或"离散"的集合元素，再通过"加固"等手段使之具有稳定性。德勒兹以苍头燕雀的歌唱为例，指出这类鸟的鸣叫通常由三个乐句组成：第一乐句为4—14个音符，音频既可以增高也可以降低；第二个乐句为2—8个音符，音频通常低于第一个乐句；第三乐句则终止于"装饰音"。[③] 所谓"主题"，德勒兹以"故乡"为例，指出故乡具有"先天性"与"获得性"的双重特质，它是在二者"界域性"配置下呈

[①] 《千高原》中文译本中分为四类，笔者以为第三类与第四类在这里可以合并为一类，只是分别代表两个不同的面向。
[②] 参见［法］德勒兹、加塔利《资本主义与精神分裂（卷2）：千高原》，姜宇辉译，上海书店出版社2010年版，第465—466页。
[③] 参见［法］德勒兹、加塔利《资本主义与精神分裂（卷2）：千高原》，姜宇辉译，上海书店出版社2010年版，第470—471页。

现出的新形象。[①] 也就是说，我们对"故乡"的记忆，既具有儿时亲历的体察，也具有后天听闻的感悟；既具有直接经验，也具有间接经验；既具有真实性与可考证性，也具有虚假性与大脑加工的成分。前者作为"记忆的旋律"，后者作为"模糊的动机"，二者相互影响，从而缔造了我们表达的"故乡"这一主题。而真实的"故乡"到底是什么样子，并未可知，也无从得知。德勒兹将迭奏曲比喻为"棱镜"和"晶体"，认为"迭奏"不仅专属于音乐，它在绘画中也同样存在。"迭奏"的重要贡献，恰恰在于力量的汇聚。

二、迭奏曲在三个历史时期的三重面向

音乐自古典到浪漫的历史划界，一直时间不清、边界不明。如果按照历史书上的定位，贝多芬是"集古典主义之大成，开浪漫主义之先河"的话，那么关于贝多芬到底属于哪个时期，似乎莫衷一是。从传统意义上的历史时期划分来看，古典、浪漫和现代，不仅具有不可撼动的地位，而且也形成了根深蒂固的认知。那么，是否值得追问一句，这种音乐的断代依据，会否同当时的社会背景有着千丝万缕的关联？回答是肯定的。阿塔利（Attali）认为，从音乐与社会关系的角度出发，音乐可以分为四个阶段："前现代社会""象征时代""资本主义社会"与"合成"（composition）时代。[②] 那么，此四个阶段的划分，同德勒兹与加塔

[①] 参见［法］德勒兹、加塔利《资本主义与精神分裂（卷2）：千高原》，姜宇辉译，上海书店出版社2010年版，第474—475页。

[②] J. Attali, *Noise: The Political Economy of Music*, trans. B. Massumi, Minneapolis: University of Minnesota Press, 1985, pp.19-20.

利的音乐观,是否有着某种程度上的关联?霍兰德(Eugene Holland)认为,阿塔利的四阶段划分,同德勒兹与加塔利在《反俄狄浦斯:资本主义与精神分裂》中的阶段划分,或有可比之处。[1] 至于二者在问题的研究背景、思路论证途径及阶段性结论等方面,是否有一致之处,尚待考究。霍兰德进一步指出,可以用四个关键词来囊括四阶段表现出的时代特征,分别是:遗忘—相信—沉默—合成。[2] 至于德勒兹与加塔利关于古典、浪漫与现代的音乐史断代的评价,可以从"尚无更好的名字"[3]这句评语中,得以意会。他们认为,从古典到浪漫再到现代,不是"进化",而是不断"界域"再"配置"的过程。纵观西方音乐史的六个时代,除了中世纪和20世纪具有时间印痕以外,其余四个名称——文艺复兴、巴洛克、古典和浪漫,均"蕴含着基于历史但又超越通常时间概念的文化意蕴"[4]。"断代史"不同于"通史",前者围绕"某个相对自足而界限分明"的历史时期展开,后者则不然。[5] 其实,德勒兹与加塔利的音乐史观,同21世纪英美音乐理论界、中国音乐理论界具有一致之处。正如梅

---

[1] Eugene Holland, Chapter 1 "Studies in Applied Nomadology: Jazz Improvisation and Post-Capitalist Markets", Ian Buchanan and Marcel *Swiboda: Deleuze and Music*, Edinburgh: Edinburgh University Press, 2019, p.34.

[2] Eugene Holland, Chapter 1 "Studies in Applied Nomadology: Jazz Improvisation and Post-Capitalist Markets", Ian Buchanan and Marcel *Swiboda: Deleuze and Music*, Edinburgh: Edinburgh University Press, 2019, pp.28-29.

[3] [法]德勒兹、加塔利:《资本主义与精神分裂(卷2):千高原》,姜宇辉译,上海书店出版社2010年版,第494页。

[4] [美]列昂·普兰廷加:《浪漫音乐——十九世纪欧洲音乐风格史》,刘丹霓译,上海音乐出版社2016年版。

[5] 参见[英]菲利普·唐斯《古典音乐——海顿、莫扎特与贝多芬的时代》,孙国忠等译,上海音乐出版社2012年版。

西安所言，鸟类是地球上最早的音乐家，而且是人类作曲家的最好榜样。[1]德-加正是站在反人类中心主义的视角，综合动物行为学与环境生态学，提出同西方音乐历史三阶段——古典、浪漫与现代相分庭抗礼的新音乐史观：迭奏曲作为"秩序的环境点""领土圈"和"逃逸的宇宙线"。[2]

（一）古典主义时期：迭奏曲作为秩序的环境点（milieu point of order）

在音乐哲学界，引入国内的典型代表之一，当属阿多诺。与德勒兹不同的是，阿多诺是消极辩证法的形象代言人，德勒兹则是"存在"的内在性与单义性的坚定捍卫者。阿多诺对音乐作品的创作热情从未掩饰，德勒兹对哲学概念的创造激情尽人皆知。[3]消极辩证法，是在黑格尔辩证法的基础上，走向侧重于消极、被动和否定的维度。而辩证法本身，扮演的是反对形而上学的角色。德勒兹从本体论的视野扩展至存在论，而且是在"存在"的理论背景下，偏向于内在性与单义性的特征。存在的内在性，如果以德勒兹的"褶皱"概念作为原型，在由外向内的折叠中，朝向实体的内部。存在的单义性，并非纯粹的单一，而是在多中取一。如果以德勒兹的"装配"概念作为参照，在界域—解域—再结域的交替往复中，形成自身融贯的平面。由外而内、从多到一，是德勒兹存在论的基本样态。阿多诺既是音乐家也是音乐哲学家，德勒兹则不同，他除了哲学家的身份以外，更还是一位纯粹的形而上学家。无论是哲学观点还是音乐理

---

[1] Sander van Maas, "Messiaen, Deleuze, and the Birds of Proclamation", in Keith Chapin, Andrew H. Clark, *Speaking of Music: Addressing the Sonorous*, New York: Fordham University Press, 2013, pp.176-185.

[2] Ronald Bogue, *Deleuze on Music*, Painting and the Arts, New York: Routledge, 2013, pp.38-39.

[3] Nick Nesbitt, "Deleuze, Adorno, and Musical Multiplicity", in Ian Buchanan and Marcel Swiboda, eds. *Deleuze and Music*, Edinburgh: Edinburgh University Press, 2019, pp.55-56.

念，二人均存在巨大分歧。二者近乎"不可调和的对立"，甚至彼此冲突的哲学观的对比，能对我们思考音乐哲学问题带来诸多启示，并且引人深思，正是这一比较的理论价值。显然，在那个音乐与哲学并未紧密勾连的年代，二人的讨论弥足珍贵。

正是德勒兹对于音乐存在问题的热衷，引发他对迭奏曲的深度思考。他认为，迭奏曲在古典时期的音乐特征，正是对环境进行编码与分层。从结构的角度来看，编码与分层是不同的。编码，强调一种组装和配置。对于德勒兹而言，哲学的本质是"装配"。"装配"，是一种严格遵照一定手法创作的过程。就其横向性质而言，在音乐创作中主要表现为作曲，即节奏与旋律的生成；就其纵向性质而言，在音乐创作中主要表现为和声写作，即和弦配置或者说织体的编排。这种双向配置的样态，也被德勒兹称为"对角线"。在古典时期，这种"对角线"式的建构尤为明显。奏鸣曲、五重奏、交响曲等体裁，以前所未有的汹涌气势席卷而来，令人惊呼音乐竟有如此纷繁复杂的样态。分层，强调的是一种区别于"一致性的平面"的样态。如果"褶皱"与"装配"，分别作为存在的内在性与单义性的一端，那么前者接近艺术，后者迎合科学。共同之处在于，二者都试图打开形而上学的纯粹之维。

从形而上学回归生命本体，德勒兹与加塔利分别从哲学、科学与艺术的角度，对"生命"概念进行了解读。他认为，哲学是在"表现"生命，凸显的是"差异"，实现的途径是制造"概念"；科学是在"驯服"生命，依赖的介质是"事实"依据，阶段性成果是"规律"；艺术则是在"激活"生命，彰显的是一种"力量"，外显的则是"形象"。[①] 在古典主义时期，艺术

---

① 参见［法］德勒兹、迦塔利《什么是哲学？》，张祖建译，湖南文艺出版社2007年版，第365—433页。

家面对的环境,是一片混乱的局面。形式运用这种混沌、原始和未被驯服的"力量",创造物质与环境的秩序。[1] 古典主义时期著名音乐哲学家约翰·马特松(Johann Mattheson,1681—1764),其代表作在 18 世纪末引起了强烈反响,据说贝多芬深受他哲学观念的影响。贝多芬在音乐创作中严格遵照这部理论著作的"规训"。[2] 由此可见,古典主义时期的音乐,给人以刻板、理性和秩序的印象,并非空穴来风。古典主义音乐的目的,往往不止于追求纯粹的音乐性,或者说艺术性,而是更加关注于提高欣赏者真善美的品质,尤其是荣辱观。这种教化性质的音乐哲学观,被德勒兹称为"秩序的环境点"。

(二)浪漫主义时期:迭奏曲作为领土圈(territorial circle)

"浪漫"一词在 19 世纪初,内容包含"抽象""无限"或"富有想象"。同古代与现代的富于时间性,迥然有别。"浪漫"也与"古典"的均衡、节制和得体,相差甚远。音乐,因其自身材料(如声音)的抽象性与不确定性,令黑格尔等一批哲学家坚信,音乐就是一门浪漫的艺术。[3] 同古典主义的注重"环境"不同,浪漫主义重视"界域化"过程。浪漫主义的"领地",关注的是地球,以及地球上的家园。即便这种家园,仍停留于过去,且经过大脑无数次加工,呈现出模棱两可或含混不清的记忆。或者说,家园始终作为一种精神归宿,从未抵达,只是处于乌托邦的构建状态。但

---

[1] Brent Adkins, Deleuze and Guattari's A. *Thousand Plateaus——A Critical Introduction and Guide*, Edinburgh: Edinburgh University Press, 2015, pp.186-187.

[2] 参见[英]菲利普·唐斯《古典音乐——海顿、莫扎特与贝多芬的时代》,孙国忠等译,上海音乐出版社 2017 年版,第 13—14 页。

[3] 参见[美]列昂·普兰廷加《浪漫音乐——十九世纪欧洲音乐风格史》,刘丹霓译,上海音乐出版社 2016 年版,第 143 页。

是，追求家园的意识与情怀，令艺术家暂时从古典时期的"夺取秩序"的指控中脱离。这在当时可以被视为神圣的指控，实际上也是艺术家们的百般无奈。我们可以理解为，浪漫主义时期的艺术家身上，普遍肩负着某种英雄般的责任。因为即使这种挣扎与反抗的对象是上帝，他们也在所不惜。[1]

丧失家园的人类，开始通过征服土地实现其远大理想。"扩疆拓土"一度作为某些国家实现战略目标的途径，也曾是法国统治者实现政治理想的手段。拿破仑作为贝多芬的《第三交响曲》的原初形象，他称帝的野心击碎贝多芬心目中的完美英雄人设。"他也不过是一个凡夫俗子"，贝多芬气愤得撕碎手稿，将作品改名为"英雄"。[2] 可见，贝多芬对音乐有着极高的纯粹性与艺术性理想。在贝多芬音乐作品中，另外一首易引人联想到"浪漫"气氛的是《第六交响曲》。从乐章的标题，我们即可直观感受到身临其境般的家园情怀："来到乡村唤起舒适愉悦的感觉""溪畔景色""村民愉快的聚会"等，均是"田园"风光。同时期的莫扎特和舒曼等音乐家的作品，同样具有这种"浪漫"情怀。德勒兹在评论浪漫主义时期音乐的特点时，就提出莫扎特的"生成—鸟儿"与舒曼的"生成—儿童"概念。[3]

同贝多芬认真严肃，甚至有些执拗的音乐风格有所不同，莫扎特显得温文尔雅。他音乐世家的出身曾令他备受瞩目，他却也因童年天赋过早地崭露而徒增烦恼。为了捍卫自己那份执着而坚定的音乐理想，他先是

---

[1] Brent Adkins, *Deleuze and Guattari's A Thousand Plateaus——A Critical Introduction and Guide*, Edinburgh: Edinburgh University Press, 2015, pp.186-187.

[2] 参见［美］列昂·普兰廷加《浪漫音乐——十九世纪欧洲音乐风格史》，刘丹霓译，上海音乐出版社2016年版，第179页。

[3] 参见［法］德勒兹、加塔利《资本主义与精神分裂（卷2）：千高原》，姜宇辉译，上海书店出版社2010年版，第500页。

与科罗莱多决裂,而后因不善经营而陷入财务危机,所幸旅途路上,始终有音乐相伴。人生无论到达巅峰还是跌入低谷,"举重若轻"正是莫扎特一生的座右铭。莫扎特的德语歌剧《魔笛》富有魔幻色彩与神话主题,剧中由夜后演唱的著名咏叹调唱段《复仇的火焰在我的心中燃烧》拥有高超的花腔唱功,即可作为德勒兹"生成—鸟儿"的极佳诠释。此外,德勒兹多次提及另一位浪漫主义音乐家——舒曼,关于他的音乐风格的解读,德勒兹认为是"生成—儿童",富有代表性的作品正是著名的《童年即景》。这首作品描述的是舒曼与妻子克拉拉早年的一段两小无猜的经历,对往事的回忆成为夫妻平淡生活中的一抹调味剂。从琐碎的家庭生活中短暂逃离,伴着舒畅的旋律,回到孩童时期那段纯真烂漫的岁月里,未尝不是一种热爱生活的方式。然而,舒曼最终还是精神崩溃,正如他天才般的睿智,无法遏制他内心熊熊燃烧的火焰。德勒兹说:"舒曼的疯狂,宇宙之力变得有害,一个纠缠着你的音符,一个刺透着你的声音。"[1]

(三)现代主义时期:迭奏曲作为逃逸的宇宙线(cosmic line of flight)

现代主义是一个很难界定的概念,现代主义音乐,主要指具象音乐、电子音乐、极简主义音乐、自由爵士和摇滚,即"无器官的身体"(bWo)。这一时期的音乐既区别于浪漫,又不同于后现代,既是二者的过渡,也是二者矛盾的调和。德勒兹与加塔利认为,同古典主义的"环境"和浪漫主义的"领地"相比,现代主义所对应的,是"宇宙"(cosmos)。此时迭奏曲的功能蕴含两重面向:一是朝向更为广阔的外部世界,二是作为一种凝缩为精密且高强度的"技术"主题。前者倾向形式,后者注重内容;前者朝

---

[1] [法]德勒兹、加塔利:《资本主义与精神分裂(卷2):千高原》,姜宇辉译,上海书店出版社2010年版,第501页。

向久远的未来，后者专注于此刻的当下。德勒兹说，内外两股力量犹如浩瀚的宇宙苍穹，在遇到某种特殊材料的化学分子，看似格格不入的彼此，其实可产生巨大的能量。它们彼此碰撞，相互交融。它们产生全新的动能，不再是形式、物质和主题，而是力量、密度和强度。①

我们在理解德勒兹与加塔利的"音乐是什么"的问题时，应当采取两条路径：一是从"生成—音乐"（becoming-music）概念入手。我们已无从得知音乐从何时开始，只能预测音乐的未来样态。它既不会千篇一律、僵死固化，也不会漫无目的、千变万化。它会随着外在环境的改变，适时做出调整。因为音乐，是一次偶发性"事件"（event）。二是从"迭奏曲"（the Refrain）概念入手。迭奏曲与音乐，既有联系也有区别。迭奏曲作为音乐的一种形式，它构成了音乐在重复中的差异。或者说，正是迭奏曲的出现，让音乐的生成得以可能；正是差异的出现，让重复得以实现。但是，音乐不可能仅仅满足于一种重复，也不可能满足于一种差异。音乐，总是在不断的差异与重复中向前推进。

关于音乐的"生成"内涵，我们试图以20世纪典型的两部流行音乐作品为例，剖析德勒兹与加塔利是如何借用"界域"概念，将音乐的各个元素进行差异化处理，从而实现"生成—音乐"的。第一首作品是戴维·西尔维恩（David Sylvian）的《流行歌》（*Pop Song*），这首发布于1989年的个人单曲，标志着他职业生涯的转型。从一个追求艺术品质的特立独行的艺术家，开始转变为一个追逐利益以迎合市场需求的商业歌手。有人称这首歌曲是他所有作品中"最不优美"的一部。这种不优美，可以从音响与节奏两个方面进行分析。除了微分音和钢琴即兴伴奏贯穿全曲

---

[1] Brent Adkins, *Deleuze and Guattari's A Thousand Plateaus——A Critical Introduction and Guide*, Edinburgh: Edinburgh University Press, 2015, pp.187-188.

以外，还有一个引人注意的声响，就是一个来回弹跳的合成器。它的节奏极富有规律性，以 3/4 拍的节奏型分析，第一小节是附点，第二小节是两个 8 分音乐，第三小节是一个 4 分音符。这样的节奏组合，从心理上给人以安全感。但是，与之形成鲜明对比的，恰恰是音程上的不和谐，除了小三度、小六度等给人以短暂的舒适感以外，音乐中大胆加入的半音程和增四度，令人始终欲从虚幻的安逸感中逃逸。[①] 正如德勒兹"逃逸的宇宙线"的第一条面向，朝向一种更为广阔的外部空间。第二部作品来自著名电子音乐怪才崔奇（Tricky）于 1996 年发行的个人专辑《前—千禧年的焦虑》（*Pre-Millennium Tension*）中的一首作品《让我想死》（*Makes me wanna die*）。演唱伊始是核心乐句"She makes me wanna die"响起，唱到一半时贝斯和高帽霹雳舞进入，接着稀疏的电吉他声出场。自此，令听者感到耳膜持续的亚舒适开始。虽然器乐（吉他）伴奏与声乐旋律如影随形，但始终未能完全呼应。与之形成强烈反差的，是节拍的如期而至，如同建立了一套封闭的"网格系统"（grid system）。此时显得格格不入的是，人声与吉他声在听觉感受上的"跌落与下滑"（slip and slide）。这种手法，在于打破了器乐与声乐旋律，在和声与节奏层面的融合。更令人瞠目结舌的是，结尾那句"You know"停止得毫无征兆，仿佛突然被切断的电源，空留听者意犹未尽的虚幻感。[②] 正如德勒兹"逃逸的宇宙线"的第二条面向，凝缩为一种精密且高强度的主题。

[①] Greg Hainge, "Is Pop Music?", Ian Buchanan and Marcel *Swiboda: Deleuze and Music*, Edinburgh: Edinburgh University Press, 2019, pp.45-46.

[②] Greg Hainge, "Is Pop Music?", Ian Buchanan and Marcel *Swiboda: Deleuze and Music*, Edinburgh: Edinburgh University Press, 2019, pp.42-45.

三、德勒兹与加塔利"点—圈—线"的音乐美学观

德勒兹与加塔利将古典、浪漫与现代三个阶段的音乐特征，以秩序的环境点、领土圈和逃逸的宇宙线概括。三者构建亚（infra）、内（intra）和交互（inter）三种配置（agencement）。如果将"配置"比喻为拼魔方游戏："亚—配置"突出上下左右的方向性维度，"内—配置"突出色彩图案的强度性维度，"交互—配置"突出综合性因素。古典主义突出方向性因素，体现在它寻求秩序的统一；浪漫主义突出强度性因素，表现在对情感的追求；现代主义突出综合性因素，在音乐上表现为合成、混杂和一切皆可的光怪陆离的现象。亚—配置的方向性因素，对应的是混沌的力量；内—配置的强度性理想，对应的是大地的力量；而交互—配置的综合性因素，则对应着宇宙的力量。三者既不是"进化"的关系，也不是前后"相继"的过程，而是迭奏曲的三重面向。三者既彼此对抗又相互缠绕。最终，生成他者。由此，我们基于古典—浪漫—现代的时间之维，将德勒兹与加塔利的音乐史观总结为以下三点：从混沌中寻求秩序、在领土上安置家园和在宇宙中生成他者。

首先，西方音乐经历漫长的探索，从最初的懵懂幼稚逐渐退却。在古希腊和中世纪，有著名的墓志铭和格里高利圣咏，天籁婉转、回声嘹亮；在文艺复兴，有经文歌、弥撒曲和尚松，诉诸天主的同时不忘对世俗的礼赞。到了巴洛克时期，则开始出现了托卡塔、赋格和咏叹调。通奏低音（basso continuo）[①]将此时的音乐技巧推到了以往任何阶段均难以企及的高

[①] 指作曲家在键盘乐器的乐谱低音声部写上明确的音，并标以说明其上方和声的数字，演奏者根据这种提示奏出低音与和声，而该和弦各音的排列及织体则由演奏者自行选择。

度。如果说，直到此时，音乐都未达到自律的话，那么古典时期的到来，将是一次同自身和解的契机。启蒙与狂飙突进运动的兴起，引发的是人性的解放和对真理的渴望。当富丽堂皇的巴洛克，逐渐剥去珠光宝气的荧光壳；当精心点缀的洛可可，日益脱落银装粉饰的绚烂色彩。古典，以前所未有的觉醒意识来到音乐的殿前，不是祈祷回荡、赞颂和炫技，而是寻求反馈、震颤与求同存异。可以说，古典主义时期的音乐以前所未有的理性与包容审视世界。器乐思维的哲理、奏鸣曲的"鸣响"及交响曲的"共融"。诚如德勒兹与加塔利所言，这一混沌的世界，通过"亚—配置"的重组，形成一种汇聚的力量。不是具有前后方向的进化或倒退，也不同于内外属性的解放或禁闭，而是一种试图在混沌中寻求秩序，在无序中谋求统一的暗潮涌动的力量。

其次，从混沌愚昧到逐步开化，从诉诸祭祀到展开理智行动。每一次的跃变都是全新的尝试与体验，对于在无知中诉诸暴力以祈求灵魂救赎的岁月，唯有选择忘却。这种带有救赎性质的"遗忘"功能，恰似古典主义时期音乐的秩序井然、条分缕析。当人们正襟危坐，聆听一场场宏大叙事的交响时；当人们困倦鼾起，遭遇一次次海顿《惊愕》般的调戏时，附庸风雅的听众依旧选择"相信"乐谱的千真万确、指挥的绝对权威、社会的安定和谐，以及音乐的魔幻魅影。随之而来的，是持久的"沉默"。沉默于过往，因为暂时无力诉说；沉默于当下，因为不曾从睡梦中醒来；沉默于未来，因为一切尚未可知。人们走过商场、路过餐厅抑或进入咖啡馆，无处不在的和谐乐章，近乎完美的主—下属—属和弦，不断"按摩"着身体的每一根听觉神经。人们沉浸在此刻的欢声笑语，享受于当下的纸醉金迷。似乎消费即真理，娱乐包治百病。

在浪漫主义音乐风格的晚期，"标题音乐"（Programme Music）是重要题材之一，"标题"音乐，以其具有明确所指性质的语言，为纯乐或绝对音乐作品命名，主要包括戏剧性与世俗性的类型。无论是标题音乐的戏剧性还是世俗性，先在浪漫主义时期表现得较为典型的体裁是歌剧。直到17世纪晚期，歌剧才开始成为"欧洲所有音乐娱乐形式中最受欢迎的一种"[①]，19世纪以后渐进成熟。主要题材包括意大利的正歌剧和喜歌剧，法国的严肃歌剧、轻歌剧及抒情歌剧等。同其他单一艺术门类相比，歌剧是一门综合性极强的艺术，它具有故事情节。德勒兹在《千高原》第11座高原"1837年：迭奏曲"中，论述完"从混沌跃向秩序"以后，接着打开了浪漫主义音乐的特征描述，即"我们安居于自身之所"[②]。为何音乐到了浪漫主义时期，才可以称得上"安居"，此前与此后的音乐，不具有"家园"属性吗？如此描述的重心，不在于音乐的性质或目的，而是音乐的功能。歌剧独有的情节性，是音乐能够找到"家园"的基础。正如阿塔利所言，浪漫主义时期的音乐，有一个明显的功能，就是令人"沉默"。在该鼓掌的地方鼓掌，该献花的时候献花；在该沉默的地方一言不发，该点评的地方高谈阔论。为何如此，因为"每一个音乐代码都根植于那个时代的意识形态和技术"[③]。德勒兹与加塔利关于浪漫主义音乐的描述，论及频繁的音乐家，一位是舒曼，一位是瓦格纳。舒曼不仅作曲、写音评，同时还完成过一部歌剧，而且是一部世俗清唱剧《天堂与仙子》(*Das Paradies und die*

---

① ［美］列昂·普兰廷加：《浪漫音乐——十九世纪欧洲音乐风格史》，刘丹霓译，上海音乐出版社2016年版，第111页。
② ［法］德勒兹、加塔利：《资本主义与精神分裂（卷2）：千高原》，姜宇辉译，上海书店出版社2010年版，第441页。
③ J. Attali, *Noise: The Political Economy of Music*, trans. B. Massumi, Minneapolis: University of Minnesota Press, 1985, pp.19-20.

Peri,1843）。① 另一位是瓦格纳，他的主要成果是歌剧，虽然作品数量不胜枚举，但是就其主题而言，具有一个明显的共性，就是"通过爱情而实现的救赎"②。从诸多作品可知，瓦格纳的歌剧既蕴含丰富的"戏剧性"，也包含明显的"世俗性"。而"世俗性"，恰恰是人类回归"家园"的本心。

最后，德勒兹与加塔利在描述20世纪音乐时，频繁提及的音乐家是梅西安与布列兹。这二位音乐家，作为法国序列革命的先驱，其创作在很长一段时间未曾进入大众主流视线。一方面，梅西安对节奏进行的改造，体现在以下三个方面：一是"附加音值"，通过改变每一小节的音符时值，达到变幻规整节拍的目的；二是"节奏角色"，将节拍描绘成人物情景，从而达到节奏拟人化的效果；三是"非可逆型"，若以一分为三的结构来比喻，是将中间的节奏，进行自由化处理，两边若能对称，则"可逆"，反之则"不可逆"。梅西安对节奏的改造，旨在重新思考时间，重新思考音乐的意义。③ 另一方面，梅西安对旋律进行的改造，主要体现在对声音素材的创新，比如鸟歌（Bird Song）。鸟类的声音之所以能够激发人类的想象，是因为它们"所唱的是比半音小的非平均律音程"。这一点似乎尚未脱离时间因素。但是，他进一步将"调式"进行视觉化处理，则进入听觉以外的其他感官层面。他在调性色彩解读中，将"彩虹"分为三种"原色"和

---

① 参见［美］列昂·普兰廷加《浪漫音乐——十九世纪欧洲音乐风格史》，刘丹霓译，上海音乐出版社2016年版，第613页。
② ［美］列昂·普兰廷加：《浪漫音乐——十九世纪欧洲音乐风格史》，刘丹霓译，上海音乐出版社2016年版，第613页。
③ 参见曹家慧《德勒兹"界域—解域"的艺术生成论——以德勒兹论音乐为例》，硕士学位论文，南京艺术学院，2017年。

三种"间色",分别是蓝、黄、红与绿、橘、紫。① 无独有偶,德勒兹也有类似的描述。他认为,音乐不仅仅是单一的听觉艺术,同时也是视觉和触觉艺术。人体的各个感官之间不是彼此隔绝的关系,而是相互关联的。但是,这种感官之间的互通不是随时都可以发生的,它是需要具备一定的条件,才能激发出来的。例如,"听"的行为,若想达到"看"的效果,就需要加入触觉感官,而后视觉则产生了一种叫作"飞行线"的物质。② "飞行"是一种需要综合各类感官,方能达到的体验阶段。它需要大脑的联觉起作用,这种综合感官,恰恰就是德勒兹所谓的"生成":生成—鸟儿,如同梅西安的《鸟歌》;生成—儿童,比如舒曼的《童年即景》;生成—女人,好似阉伶歌手,甚至生成—不可感知,任何事物均可生成。

余 论

我们由德勒兹与加塔利的音乐史观,推出他们的音乐美学观,可以概括为"点—圈—线"的形态特征。就音乐史观而言,其价值体现在对传统意义上关于古典、浪漫和现代三个历史时期音乐特征的颠覆与挑战。就音乐美学观而言,其核心理论集中体现在"迭奏曲"与"生成—音乐"两大概念。"迭奏曲"在过去、现在乃至未来,对国内音乐学领域,均具有一定的启示意义。"生成—音乐"观点的提出,对音乐类型的多元化,提供可资的想象空间。关于此两个概念,学术界缺乏西方音乐史方向的理论运

---

① 参见[法]奥利维亚·梅湘《我的音乐语言技巧》,连宪升译,中国音乐书房1992年版,释注第19页。
② 参见 Jean-Godefroy Bidima, "Music and the Socio-Historical Real: Rhythm, Series and Critique in Deleuze and 0. Revault d'AIIonnes", trans by Janice Griffiths, lan Buchanan and Marcel *Swiboda: Deleuze and Music*, Edinburgh: Edinburgh University Press, 2019, pp.179-180.

用,以及音乐美学专业的深入研读。毋庸置疑的是,二人关于新概念的发明,是值得充分肯定的。音乐美学观的哲学内涵与外延等诸多问题,尚待挖掘与思考。无论是生成系列对于音乐史理论的拓展,如生成—他者、生成—鸟儿、生成—女人还是生成—不可感知物,还是迭奏曲关于音乐美学中"强度"理论的解读。尽管"美学强度"引起过国内学者的重视,以及对于德勒兹与加塔利音乐哲学理论的兴趣,但是在音乐美学的理论解读与音乐史的实践运用方面,显然是不足的。配置,可以视为生成系列的理论延续与扩展,但是关于"亚""内"和"交互"的配置类型,未能在"主体性"生产中,得以具体深入地阐释。新的主体性样态,并没有具象化模型。主体性生产,在十年前已被关注和研究,却未得以有效推进。究其原因,例如专业性的强化导致综合性人才的缺失等诸多方面。而且,德勒兹与加塔利认为,音乐可以被称为一种典范的艺术,究竟何为典范,在什么意义上可以称之为典范等,二人并未进行明晰的界定,或许散落各处,有待后学挖掘。

作者简介　　曹家慧,华东师范大学哲学系。

元宇宙视阈下的审美变迁
——以偶像产业为例

张雅琪

摘 要

麦克卢汉具有前瞻性的思想成功预言了电子时代乃至元宇宙时代的到来。在他的媒介观之下，元宇宙是一种不断延伸的融媒介，其下虚实交互的沉浸式美学引发了人类新一轮的审美变迁。在元宇宙带来的众多审美变迁之中，偶像产业在审美方面的变迁尤为突出，具体表现为对偶像外貌科技感的追求和审美客体向女性的不断倾斜。随着这些审美的变迁，人们不得不面对新的审美困境：文化主体性的模糊和资本狂欢下的审美麻木。

关键词

元宇宙 审美变迁 偶像产业 麦克卢汉

元宇宙是集成与融合现在和未来全部数字技术于一体的终极数字媒介，它将实现现实世界和虚拟世界的连接革命，进而成为超越现实世界的、更高维度的新型世界。① 元宇宙描绘和构造了未来社会的愿景形态，它是对互联网相关技术的全面融合、连接与重组，是一个庞大的生态系统，包括游戏、社交、购物等基础功能，延伸到整个经济和社会体系。科学技术的进步往往带来审美的变迁、促进审美多元化，元宇宙亦是如此。随着扩展现实（XR）② 概念的普及，各类产业逐渐超越了传统物理时空的羁绊，纷纷顺应科技融合的趋势，力图营造全方位的沉浸式审美氛围。

作为横贯各大产业的一大新兴热门概念，元宇宙备受各国资本家和各大互联网巨头的追捧。其中，偶像产业的表现尤为突出。该产业带来的"饭圈文化"和种种商业效应影响着人们生活的方方面面，随着元宇宙概念的日渐普及，元宇宙与偶像文化的结合已然成为当前一大热门话题。各类新型偶像的诞生和爆火早已成为一种极具代表性的"元宇宙文化"，反映着元宇宙所引发的种种审美变迁。元宇宙与偶像产业的结合与麦克卢汉的媒介观不谋而合，其所反映的审美变迁、带来的产业转移，宣告着元宇宙背景下偶像产业无尽的机遇与挑战。

一、不断延伸的融媒介：麦克卢汉视阈下的元宇宙

元宇宙并非是一种具有划时代意义的、具体化的全新发明。"元宇宙"一词最早出现在美国作家尼尔·史蒂芬森于 1992 年出版的科幻小说《雪

---

① 参见喻国明、耿晓梦《元宇宙：媒介化社会的未来生态图景》，《新疆师范大学学报（哲学社会科学版）》2022 年第 3 期。
② 扩展现实（XR）是虚拟现实（VR）、增强现实（AR）和混合现实（MR）等沉浸式技术的总称。

崩》(Snow Crash)之中。该小说以21世纪为时代背景,通过构建一个平行于现实世界的虚拟世界——Metaverse,给出"所有现实生活中的人都有一个网络分身(Avatar)"的设定,构建了一种平行于现实世界的、依托于互联网高新技术的人类全新空间。[1]近年来,随着人工智能、网络和算力、区块链等技术的发展与不断成熟,存在于想象之中的、虚实交互的元宇宙世界逐渐具备了投射至现实的可能性,在很大程度上指引着当前人类社会的技术发展与投资方向。然而,无论如何发展变化,元宇宙都离不开其作为媒介的本质。

麦克卢汉曾提出:"任何媒介(即人的任何延伸)对个人和社会的任何影响,都是由于新的尺度产生的;我们的任何一种延伸(或曰任何一种新的技术),都要在我们的事务中引进一种新的尺度。"[2]作为一种新型媒介,元宇宙同其他媒介一样,也是人类的一种延伸,并注定为人类未来的生活引进全新的尺度,为人类的生活方式带来颠覆性变革。在元宇宙中,人们不仅可以通过VR头显、腕带式AR传感器、触觉手套等先进设备延伸我们的感官甚至是中枢神经系统,还可以在种种延伸中实现虚实共生,将生活的方方面面融入元宇宙的虚拟空间中,实现日常生活空间的转移,甚至是整个人类社会各类体系的重塑。

与麦克卢汉提出的单一化的热、冷媒介不同,元宇宙还是一种杂交的"融媒介"。它不仅包含了热媒介所具有的"高清晰度"的特点,又拥有冷媒介所具有的"高包容性""高参与度"等特点。

首先,元宇宙具有的高清晰度,指的是一种充满数据的状态。以照片

---

[1] 参见[美]尼尔·斯蒂芬森《雪崩》,郭泽译,四川科学技术出版社2017年版。
[2] [加]马歇尔·麦克卢汉:《理解媒介:论人的延伸》,何道宽译,译林出版社2019年版,第17页。

和卡通画为例，照片清晰逼真，即具有高清晰度，而卡通画可爱抽象，即具有低清晰度。相比照片，元宇宙蕴含着海量的信息和数据，具有极高的清晰度，甚至可以说，元宇宙中的生活很大程度上是由种种数据构成的。其次，元宇宙具有高度的包容性。元宇宙是一个聚焦于社交联结的 3D 虚拟世界网络，要想与如此复杂多样的现实世界的共生，高度的包容性也就成了元宇宙正常运转的必要条件。再次，元宇宙还需要用户的高参与度。麦克卢汉在 1971 年致爱德华·霍尔的信中说："电灯光、铁锤、书籍的使用者才是媒介的内容。这样，界面就完全促成了用户的变形。我认为这一变形是讯息。"[1] 在所有涉及媒介的交流中，无论是何种媒介，其用户都构成该媒介的内容。同样，元宇宙的核心特点之一，或者说这种集成技术之外的一大创新点就是 UGC（User Generated Content），用户生成内容即用户将自己原创的内容通过互联网平台进行展示或提供给其他用户的现象。按照人们对元宇宙的构想，每个用户都能够在这一空间中实现对自己和他人生活的深度参与，并以此构成元宇宙这一媒介的内容。元宇宙并非一诞生就充满了各类数据，要想实现沉浸式的虚实共生，就需要用户去填补其中的大量空白。显而易见，UGC 的应用实现了元宇宙内用户的高度参与，进一步推进了元宇宙内部虚实共生的演化。因为"媒介杂交释放出新的力量和能量，正如原子裂变和聚变要释放巨大的核能一样"[2]。一旦在技术层面得到足够的支持，元宇宙这一"融媒介"为人类社会带来的改变将会是颠覆性的。

---

[1] M. McLuhan, *Letters of Marshall Mcluhan*, eds. Matie Molinaro, Corinne Mcluhan & William Toye, Toronto, Ontario, Canada: Oxford University Press, 1987.

[2] ［加］马歇尔·麦克卢汉：《理解媒介：论人的延伸》，何道宽译，译林出版社 2019 年版，第 69 页。

按照麦克卢汉的观点，媒介能够作为人类感觉和感官的延伸。在此基础上，他又进一步提出了"重新部落化"的理论，进而发展为人们熟悉的"地球村"（global village）概念。"我们这个地球只不过是一个小小的村落。一切社会功能和政治功能都结合起来，以电的速度产生内爆。"[1]"地球村"并不是说媒介使地球缩小了，而是指新型媒介引起了人类交往方式和社会文化形态的重大变化。在数字化时代，科学技术的发展加快了人类社会各种传播的速度，从而拉近了人与人之间的距离，人类因而再次返回了文字作为媒介出现前的部落化社会。自相矛盾的是，元宇宙作为人类身体之外延伸出的中枢神经系统，还意味着一种自杀性的"自我截除"。人迷恋人体的延伸，人的延伸和麦克卢汉所谓的"截除"（amputation）分不开。[2] 在元宇宙中，人类的感官和中枢神经系统均得到了极大程度的延伸，人体器官及其延伸的感知比率因而下降，由增益转变成截除，人体建立起一个高强度的封闭系统，进而导致社会的冷漠和麻木。

作为一种新型的"融媒介"，元宇宙是人类对未来生活方式的创新和美好构想，是一种全新的人的延伸，是"地球村"的进一步发展，也是一种自杀性的"自我截除"。麦克卢汉延伸性的媒介观为归理人类社会中不断更新的媒介技术指引了一个基本方向：立足人的主体性，思考各种媒介技术之于人的意义。[3] 在元宇宙中，用户能够充分体会其高清晰度、高包容性和高参与度的特点，有望实现自身从感官到中枢神经的全面延伸。

---

[1] 胡泳：《理解麦克卢汉》，载[加]马歇尔·麦克卢汉《理解媒介：论人的延伸》，何道宽译，译林出版社2019年版，前言第16页。

[2] 参见特伦斯·戈登《增订评注本序》，载[加]马歇尔·麦克卢汉《理解媒介：论人的延伸》，何道宽译，译林出版社2019年版，前言第28页。

[3] 参见喻国明、耿晓梦《元宇宙：媒介化社会的未来生态图景》，《新疆师范大学学报（哲学社会科学版）》2022年第3期。

人们现阶段的种种构想，也逐步描绘着元宇宙这一人类社会即将面对的、崭新却又熟悉的生存空间。

二、虚实交互的沉浸式美学：元宇宙引发的审美变迁

传统沉浸式艺术和数字时代沉浸式艺术的审美特征与发生机制的差异主要表现在以下几个层面：感知性、空间性和交互性。[①]其中，元宇宙中的交互性主要是指虚体与实体间的交互。感知性和空间性的差异，很大程度上又通过感官和神经系统的沉浸程度反映出来。"沉浸"的感觉与跨越空间的"身临其境感"相辅相成，共同构成元宇宙之下的沉浸式美学。

（一）虚实交互

虚体是相对于身体的概念，是数字化网络最基本的存在单元。在数字化网络中，个体只能通过虚体参与到数字化的交往当中。实体（即真实世界的个体）并不直接是数字化界面上的行动元（actant），尽管他们可以操作数字化的虚体，但是，他们唯有将他们自己变成一个虚体才能在数字化界面上进行交往。[②]虚体打破了人与非人的界限。在如今这个数字化的时代，虚体既可以是作为自然人的个体，也可以是数字化的程序。近年来，随着人工智能技术的发展，虚体已能够通过各类智能软件模仿人类的对话和行为并参与到网络社交之中，对其背后实体操作的依赖也随着科

[①] 参见张晶、解英华《数字时代沉浸式艺术的美学考察》，《现代传播（中国传媒大学学报）》2022年第7期。

[②] 参见蓝江《一般数据、虚体与数字资本：历史唯物主义视域下的数字资本主义批判》，江苏人民出版社2022年版，第31—32页。

技的发展逐渐减少，甚至能够做到完全脱离。

科学研究深化了人对世界的认识，使人更具有自由自觉的创造能力，同时也给人类审美带来了重要的变化。随着科学技术的发展革新，现代科技审美虚实交互的特性在元宇宙中被进一步放大，并不断得以凸显。技术活动生产出的各类工具则延伸了人的感官、拓展人的能力，使人的本质力量得以不断增强。3D建模、全息成像、深度合成、运动捕捉、图像识别等虚拟技术，以及微创脑机接口技术等人机交互技术的快速发展，为各类虚体的构建提供了必要的技术条件，促使虚体与实体间产生更深入的交流互动，将元宇宙之下的人与媒介引向一个虚实交互的世界。以数字化艺术品的欣赏为例，在基于元宇宙构想的新型世界之中，数字化沉浸式艺术品是开放式的、交互的，这就需要用受众的审美能力去填补其空白。艺术和受众之间是双向交流的，交互的过程是基于认知的，交互的结果是实现艺术家、作品与受众之间的信息互通和情感共鸣。[1] 通过调动受众的感官和借助数字科技的种种延伸，元宇宙审美的虚实交互性将受众的各种情绪行为投射到虚拟空间中，使其成为艺术品的一部分，以实现数字与人的虚实交互，提高观赏者对艺术品产生的情感共鸣。在数字资本主义时代，我们每一个人都面对着自己的影子，一个由数字和算法构成的影子。[2] 虚体不代表对身体的直接模仿，实体也无法完全孤立于虚体，两者在数字和算法构成的世界之中逐步实现感知、体验和情感的虚实交互。

---

[1] 参见韦艳丽《新媒体交互艺术》，化学工业出版社2017年版，第60页。
[2] 参见蓝江《一般数据、虚体与数字资本：历史唯物主义视域下的数字资本主义批判》，江苏人民出版社2022年版，第97页。

（二）沉浸式美学

"沉浸"常见的意思有两种：一是完全浸没；二是一种全神贯注的精神状态，一种自然的、无压迫的内在指向。随着计算机科技的发展，"沉浸"的概念也逐渐拓展到各个方面。其中，数字网络下的沉浸式交互是近年来的一大研究热点，其研究成果对元宇宙中的沉浸式交互提供了很大的参考价值，并对其发展提出了更高的要求。在元宇宙中，用户间的交互需要充分调动人的各类感官和中枢神经系统，以获得一种"身临其境"的感觉，进而使用户获得一种置身于虚实之间的、沉浸式的感官与认知体验。

目前，我们所能接触到的元宇宙中的"沉浸"主要分为感官沉浸和中枢神经系统的沉浸两个层次。这也与麦克卢汉提出的媒介是人的"感官延伸"与"中枢神经系统的延伸"这一观点不谋而合。感官沉浸是相对于中枢神经系统的沉浸（或称精神性沉浸）而提出来的，它强调的是人类感官或身体的沉浸，而中枢神经系统的沉浸则强调人类在精神层面的沉浸，二者间的差异在于：感官性主要是指形而下的沉浸，精神性沉浸主要是指形而上的沉浸。[①] 随着科学技术的发展，众多虚拟现实工具的研发使感官层面的沉浸在技术上已得到初步实现。目前，人类已经可以从技术层面较好地解决一些虚拟现实交互过程中出现的问题。然而，要想实现中枢神经系统层面的沉浸、符合人类对元宇宙的初步构想，还需要进一步发展、优化元宇宙的支持技术。中枢神经系统的沉浸是沉浸的最高级阶段，该阶段的沉浸主要是通过脑机接口（brain-computer interface，BCI）技术

---

① 参见张晶、解英华《数字时代沉浸式艺术的美学考察》，《现代传播（中国传媒大学学报）》2022年第7期。

来实现神经网络层面的传导。[1]与感官沉浸的支持技术相比，该层面的支持技术目前还处于初始的、很不成熟的水平。不过，目前已存在初步应用于社会实践的脑机接口技术。脑机接口公司 Neuralink 研发了一种可扩展的高带宽脑机接口系统，其研究人员于 2021 年进行了恒河猴通过脑机接口用意念控制进行游戏的实验[2]，该实验的开展为微型脑机接口在技术的实现上取得了重要进展。脑机接口等技术的发展为人与媒介的深度融合带来了更大的可能。

元宇宙追求沉浸式审美体验。正如电影《头号玩家》(Ready Player One)中所呈现的那样，在未来，人们通过先进的科学技术可以实现随时随地切换身份，自由地穿梭于物理世界与数字世界，在"元宇宙"中实现学习、工作、交友、购物、旅游等日常活动。通过沉浸式技术的不断发展，人们有望看到虚拟进一步接近现实。在提供沉浸式体验的同时，科学为技术还为人们提供了一种新的审美情境，进而将沉浸式美学引至虚实交互的元宇宙世界。沉浸式美学的核心仍为"沉浸"。在虚拟现实中，沉浸式美学的独特之处就在于科学技术为其提供了一种不同于以往的审美视角，使人们能够感知到虚拟的数字世界带来的"沉浸感"。柏拉图认为，艺术根源于对现实世界的模仿和再现。他的"摹仿说"强调艺术要以现实生活为基础，要追求艺术的真实性，要用生活本来的形式反映生活的本质。元宇宙中对虚实交互世界的构建正是一种对"摹仿说"的演进。在元宇宙中，人们看待世界的视角得到了拓展，用户既可以足不出户看到撒哈

---

[1] 参见张晶、解英华《数字时代沉浸式艺术的美学考察》，《现代传播（中国传媒大学学报）》2022 年第 7 期。

[2] 参见许未晴、陈磊、隋秀峰等《脑机接口——脑信息读取与脑活动调控技术》，《科学通报》2023 年第 8 期。

拉沙漠的美景，也可以去消失的亚特兰蒂斯探险；既可以再次见到已经灭绝的珍稀物种，也可以看到想象之中的未来都市……这一切都意味着元宇宙用户在审美过程中的沉浸视角得到了拓宽。因此，元宇宙中所蕴含的沉浸式美学是一种更加具有宽度的美学。元宇宙之下的沉浸式美学还是一种具备高参与度的沉浸式美学。作为一种具有高参与度的融媒介，元宇宙能够使其用户在审美过程中充分参与美学作品的创作过程中，用户的审美视角也就实现了从"欣赏者"到"创作者"的转变，得以更加沉浸于元宇宙之美。

"沉浸式美学"在元宇宙通过媒介与现实界限的模糊，使用户在虚实交互世界中得到了视角的拓宽和参与感的提升。然而，它也留有一定的局限性。与传统的审美情境相比，在虚实交互的数字空间中完成审美过程，用户虽然可能达到一种"身临其境"的感觉，但终究无法实现真正的身临其境。元宇宙中的审美在时间和空间层面得到了极大程度的压缩，除非科学技术能够做到分毫不差地还原，否则元宇宙中的沉浸式美学就会像一条永远无限趋近于坐标轴的函数曲线，虽然十分逼近但永远无法使用户体验到绝对的沉浸。

三、元宇宙视阈下偶像产业的审美变迁

偶像产业是受元宇宙影响较大代表产业之一，它不断吸收、学习甚至促进着元宇宙时代的审美变迁。随着元宇宙概念的影响力不断扩大，对虚拟偶像的追捧已逐渐成为媒介融合时代的一种娱乐方式，昭示着新的偶像时代已经到来。虚拟偶像，是通过绘画、动画、CG 等形式制作，在虚拟或现实场景进行唱歌等活动，以商业、文化等具体需求制作培养，但本身并不以实体形式存在的人物形象。虚拟偶像进行的偶像活动在实现

本身设定目标的同时，不仅可以通过专辑、MV（Music Video，音乐视频）、写真集等形式进行偶像活动，还可以汲取粉丝的同人二次创作来丰富自己的内涵。比起以往的真人偶像，虚拟偶像似乎更加符合"偶像由粉丝塑造"的饭圈文化，能够更大程度上满足粉丝的追星心理，为粉丝提供情感需求。

虚拟偶像最初诞生于日本。其中，最具代表性的虚拟偶像初音未来（Hatsune Miku）诞生于2007年8月31日，由Crypton Future Media 以雅马哈的 Vocaloid 系列语音合成程序为基础开发的音源库，音源数据资料采样于日本声优藤田咲。初音未来是世界上第一个使用全息投影技术举办演唱会的虚拟偶像。借由3D全息摄影（holographic），她的演唱会风靡世界各地。[1] 随着元宇宙概念的进一步发展和普及，除了早期基于语音合成软件的虚拟偶像，更为写实的虚拟数字人也逐渐进入大众视野，为偶像产业带来新的潮流。虚拟数字人的思想起源于赛博格（Cyborg）。1985年，哈拉维在其《赛博格宣言》中将赛博格定义为无机物机器与生物体的结合体，例如安装了假牙、假肢、心脏起搏器等的身体，这些身体模糊了人类与动物、有机体与机器、物质与非物质的界限。[2] 超写实数字人 AYAYI 是燃麦科技公司于2021年5月创造的国内首个3D写实虚拟人物，最初出现在时尚社交软件"小红书"上，主要营业内容是分享自己的穿搭和日常。自账号创建以来，AYAYI 一夜之间暴涨4万粉丝。写实数字人是一种通过强大引擎创建的人物，实现了现实人物和虚拟人物的结合，可以进行直播带货、穿搭分享等吸引流量的操作，具有成为元宇宙时代"网红"

---

[1] 参见宋雷雨《虚拟偶像粉丝参与式文化的特征与意义》，《现代传播（中国传媒大学学报）》2019年第12期。

[2] 参见欧阳灿灿《当代欧美身体研究批评》，中国社会科学出版社2015年版，第165页。

的潜力，同时也能为背后的创作者带来很好的经济效益。

除了构建于数字基础之上的虚拟偶像，元宇宙下的许多概念也纷纷映射在传统意义上的流行偶像上，在传统娱乐行业掀起审美变革。比如，韩国元宇宙女子唱跳组合 aespa 以"旷野"（Kwangya）为大背景，以打败反派"黑曼巴（Black Mamba）"为主线任务，塑造了打开现实与"旷野"连接之门的 naevis，以及每个成员对应的 ae（成员们旷野中的化身）。在该偶像团体的世界观里，四位成员分别担任不同的角色，并以每次回归的歌曲为线索，与各自的 ae（可理解为该团体世界观下的"虚体"）在"旷野"与现实中反复穿梭，在虚实交互中诠释其世界观。aespa 组合的世界观基于元宇宙，并为其他传统的偶像组合的提供了新的发展思路，成为目前"现实偶像产业"中元宇宙领域的领头羊。

偶像（idol）一词来自拉丁语名词 idolum 和希腊语名词 eidolon，本意是"形象"，或在多神教中表示代表神灵的偶像，后引申为"受到热爱和崇拜的人"。随着人们物质精神文化生活的丰富，又演变为如今的常见含义，即广受民众欢迎的名人、明星等。虽然逐渐摆脱了宗教色彩，但"偶像"一词在词义演变过程中从未脱离"神性"的色彩，可见其在粉丝心中的地位之高。因此，偶像产业往往是引导大众审美的重要指向标。

元宇宙时代下偶像产业的审美变迁主要体现在审美风格和审美客体的转变。从审美风格上看，元宇宙时代更推崇一种科技感十足的动漫化审美风格。二次元、建模脸、AI 感等都是当前偶像产业常见的形容词。无论是动画中常用的动作捕捉技术，还是以二次元或半写实风格示人的虚拟歌手、虚拟偶像、虚拟主播，溯源虚拟数字人，其发展进程始终与动漫文化有着千丝万缕的关联。① 与以往的审美相比，元宇宙下的偶像产业更强调一种外貌上的"AI感"，这种审美体现在许多虚拟偶像的外貌上，并且已经映射到追星族对真人爱豆的审美上。比如，在前文提及的aespa组合中，队长KARINA就以"蛇系AI脸"著称，并因其酷似AI建模的长相和身材而备受追捧，引领了韩国新一代的女团审美。"AI感"这类位于科技与动漫交界处的审美常常意味着一种"非现实"，这一审美的兴起类似于此前"女神""男神""仙气"等网络词汇的流行，都是大众运用非现实的存在来形容超脱凡俗的美丽长相或气质的产物。但比起"神仙"系审美，"AI感"立足于科技、面向未来，反映着元宇宙概念之下人们对于科学美和技术美的喜爱。然而，元宇宙的虚实交互性并没有使偶像产业的审美脱离人的本体。目前，市面上的虚拟偶像所具有的一大共同特征是趋于真人化。他们拥有自己的长相、身份，甚至人际关系。在数字资本的不断发展下，虚拟偶像的经营模式与真人偶像无限趋近，可以说，虚拟偶像除了没有肉身之外与现实中的偶像并无太大差异，就连以往人们普遍认为的"虚拟偶像是偶像的完美形态""虚拟不会塌房"等观点也随着资本的发展被推翻。比如，AI偶像SUPERKIND的Seung与虚拟数字人女团MAVE的ZENA就曾传出过绯闻，通过"AI流量密码"让粉丝也体验了一次"赛博塌房"。从审美客体上看，女性虚拟生命体占据了元宇宙下偶像产业的主体地位。从初音未来到如今的虚拟数字女团和"AI系爱豆"，女性几乎占据了影响元宇宙时代审美变迁的所有重要角色。一方面，女性角色在美的塑造和感性表达方面，与男性相比有着天然优势；另一方面，

---

① 参见马颖寅《元宇宙视阈下女性虚拟生命体的设计策略与审美表达——以新综艺〈2060〉为例》，《装饰》2022年第7期。

女性角色天生具有亲切感，能够拉近与观众的心理距离。[①] 当今偶像产业对不同类型的女性虚拟偶像形象的选择，既能够满足女性用户对美的喜爱和追求，也能够满足男性用户对完美异性的想象。

在很大程度上，偶像本身就是一种超越现实的产物，虚拟偶像更是构建于粉丝"完美想象"之上的"完美存在"。在先进科技的加持之下，元宇宙时代下的虚拟偶像不仅能够维持人设，更能借助先进科技将粉丝想象之中的画面展现出来，为粉丝带来全新的娱乐体验。如今的偶像产业不仅在外形上越发契合元宇宙时代的审美观念，更以融合尖端科技的沉浸式娱乐体验迅速抓住了广大粉丝的心，从审美风格和审美客体上引领着新一代的审美革命。

四、问题与反思：元宇宙视阈下偶像产业的审美困境

元宇宙时代偶像产业审美的变迁是一把双刃剑，在为人们带来机遇的同时也带来了挑战与困境，主要表现为文化主体性的模糊和资本狂欢下的审美麻木。

（一）文化主体性的模糊

"文化自信是文化主体（主要指人）对身处其中作为客体的文化，通过对象性活动所形成的对自身文化确信和肯定的稳定性心理特征。"[②] 文化主体性体现了本土文化在社会发展进程中的坚守性和发展力，在民族

---

① 参见马颖寅《元宇宙视阈下女性虚拟生命体的设计策略与审美表达——以新综艺〈2060〉为例》，《装饰》2022年第7期。
② 刘林涛：《文化自信的概强、本质特征及其当代价值》，《思想教育研究》2016年第4期。

国家体系中体现出高度民族文化认同感，在文化继承过程中体现出对文化传统底色的坚持，在文化创新发展过程中体现出不忘本来的融合度。优秀的文艺作品传递的不应仅是浮于表面的外在内容，更应该植根于本民族文化，重视文化主体性，树立文化自信，凸显各民族自身的文化特性。

元宇宙之下以互联网和数字技术为核心的文艺创作催生了新的审美标准。然而，我们仍能明显感受到元宇宙之下偶像产业对外来文化符号普遍且大量的复刻。其中，最为突出的是我国虚拟偶像相关产业对日本二次元动漫的复刻。以著名虚拟歌姬洛天依为例，她的形象设计就体现了大量日漫手法，如碧绿色的动漫大眼、幼态的脸型、超长银发、对称的"呆毛"、各式各样的超短裙和丝袜等，无不透露着浓郁的日系二次元气息。不仅如此，当前的偶像产业，尤其是虚拟偶像产业，鲜有植根于本国文化的文艺产品。该领域现有的偶像风格和文艺作品对于民族文化的运用也大多浮于表面，无法体现该产业本应具备的丰富人文内在和创造力，欠缺深度，不利于其长远发展。

（二）资本狂欢下的审美麻木

元宇宙是一场资本的狂欢。在元宇宙中，用户既是玩家，又是劳动者。玩家们创造出多余价值的游戏活动，在当前资本主义意识形态下被纯然界定为娱乐，而不被承认为劳动，故而彻底是无偿的（并且还要花钱）。[1] 偶像产业滋生的大量"饭圈"粉丝亦是如此：他们的劳动被娱乐遮盖，所创造的多余价值则尽归资本所有。随着元宇宙产业的到来，人们既

---

[1] 参见吴冠军《从元宇宙到量子现实——迈向后人类主义政治本体论》，中信出版社2023年版，第139页。

是娱乐至死,亦是劳动至死:每时每刻,不只是眼、耳,手乃至全身都被调动起来。元宇宙资本主义的"割韭菜"操作,不仅仅是让粉丝掏钱,更是让粉丝"掏时间"。资本得到了免费的劳动力,而用户却在娱乐和劳动之中走向深渊。

"传统的消费观往往将'生产'视为积极主动的、男性的,而'消费'则是消极被动的、女性的,消费领域标示着'浪费、奢侈、破坏、吹毛求疵以及贪得无厌'。"[1]元宇宙中偶像产业的审美同样面对着类似的困境。审美客体的单一化和同质化严重限制了元宇宙用户审美能力的进步。正如前文所述,当前偶像产业的审美客体以女性为主,在性别上趋于单一。在满足用户审美需求和体验感的同时,亦会导致审美单一化。男性作为审美客体的缺失不仅会加剧当下社会对女性容貌过度审视、审美畸形等社会问题,也会导致男性忽视自身的美学素养,与"美"渐行渐远。

结　语

随着科技的发展进步,元宇宙逐渐形成了其独特的审美特色,并以此影响着各产业,带来无数审美变迁。在体会元宇宙美感的同时,我们还应当注重元宇宙下各类产业的多元可持续性发展,打破固有的单一表达,丰富大众审美类型。正如麦克卢汉所说,"事实上有一样东西比电子媒介的速度还快:那就是思考"[2]。元宇宙为世界带来了许多颠覆性的改变,偶像

---

[1] 林树明:《大众消费文化与女性审美体验》,《湘潭大学学报(哲学社会科学版)》2013年第4期。

[2] 胡泳:《理解麦克卢汉》,载[加]马歇尔·麦克卢汉《理解媒介:论人的延伸》,何道宽译,译林出版社2019年版,前言第20页。

产业的审美变迁只是其中的一个方面。在未来，人类科技会坚定不移地进步，元宇宙的冲击和影响也会不断扩大，从前人们只能在科幻电影见到的画面很有可能会照进现实并令人习以为常。在这些震撼人心的变化面前，只有通过提前思考、不断思考，我们才能走在变化前面，拥有"转移和控制力量的能力"[1]，向着未来平稳前进。

作者简介　　张雅琪，北方工业大学文法学院英语语言文学硕士研究生，研究方向为比较文字与跨文化研究。

---

[1] 胡泳：《理解麦克卢汉》，载[加]马歇尔·麦克卢汉《理解媒介：论人的延伸》，何道宽译，译林出版社2019年版，前言第20页。

作为姿态的舞蹈

熊佳琦

摘 要

"姿态"是阿甘本在其著作中反复、多次提及的重要概念。阿甘本将舞蹈视为一种"姿态",拒绝在审美领域看待舞蹈而是将其作为纯粹手段的展示。在舞蹈的创作语言方面,作为姿态的舞蹈具有多义性、纯粹性和无目的性;在舞蹈的作品展示方面,作为姿态的舞蹈具有中止和悬置的两个重要时刻使得舞蹈中充满了张力和无言之言;在舞蹈的文艺批评方面,阿甘本将作为姿态的批评视为批评的中心层级,作为"姿态"的批评方式给舞蹈作品带来了更多可思考的余地,以身体的在场展示出语言的无言魅力。

关键词

阿甘本 姿态 舞蹈 身体

阿甘本在《作为姿态的作者》《关于姿态的笔记》《科莫雷尔,或论姿势》等多篇文章中反复对"姿势"(gesture)一词进行了探讨,并在不同的领域赋予了其不同的含义。阿甘本认为,姿态具有两个方面的含义。首先,它作为生命形态的一种,是生物体所表现出来的身体动作。其次,它作为一种纯粹手段的表达,并不直接言说任何含义,而是作为一种"无言"的表达状态。因而姿态是"对中介性的展示：它是使手段变得可见的过程"①。同时"阿甘本拒绝在审美领域内看待舞蹈，而是把舞蹈定义为姿态"②，因此，本文将舞蹈视为姿态的一种，从舞蹈语言的创作、作品的呈现和批评谈起，讨论舞蹈作为姿态的意义及召唤的可能性。

一、创作语言

舞蹈创作中以生物性肢体为表意工具进行叙事，但将舞蹈作品中的每一个动作进行片段式截取后我们会发现舞蹈的肢体语言存在着多义性与模糊性。舞蹈动作所传达肢体语言的叙事既不像小说一样清晰又不同于画作的朦胧，而是存在着表达的多种可能性。肢体动作是作为纯粹的手段进行展示的，所有的身体姿势都源于语言，但是它又是语言所无法穷竭的在场，是"语言的另一面，是内在于人类语言能力的暗哑，是它（语言）寓居在语言之中的无言"③，因此舞蹈动作在创作的过程中总是作为召唤的姿势，单个的动作加以组合才能成为有意义的舞蹈叙事结构。而这种有意义的舞蹈叙事，通常也并没有单一和固定的含义，而呈现出"一千个读者就有一千个哈姆雷特"的多义性特征。因此，在舞蹈中单个的舞蹈动作作为一种纯粹的展示手段，即作为中介性的展示使意义变得可见。例如，在舞蹈诗剧《只此青绿》中的出圈动作"青绿腰"，如果把这个动作单独拎出来进行展示，它仅作为一个纯粹的手段而不具备任何意义，观众

---

① ［意］阿甘本：《无目的的手段：政治学笔记》，赵文译，河南大学出版社2015年版，第78页。
② 支运波：《阿甘本论作为"姿态"的舞蹈》，《北京舞蹈学院学报》2018年第1期。
③ ［意］阿甘本：《潜能》，王立秋、严和来等译，漓江出版社2014年版，第253页。

们所感叹的只有技术性的出色而无语义上的赞美，只有将"青绿腰"这个动作放置进《只此青绿》的整段舞蹈之中，它才作为"姿势"出现，而表达出青绿腰中形似青绿山水画上山峰陡峭和险要的部分，肢体语言通过纯粹手段的展示而获得了意义的更多可能性。因此，"姿势"本身就是无法言说清楚的状态，但正是因为这种不明确界定表达的存在，它因此才能获得更多表达的可能性。阿甘本说："如果我们把每一个表达行为中未被表达的东西成为'姿势'，我们可以说，就像无名者那样，作者只是作为一个姿势而出现在文本中的，并通过在这个表达中建立一个中心的空无，使表达成为可能。"[1] 这也就是说，舞蹈的肢体语言作为一种纯粹手段的展示，由于其不可明确言说的语义而悬置了文本与行动、权力与规训并在这种悬置之中成了无目的的手段。"舞蹈正因为其不具备合目的性，才是人类身体能力的完美展示。同样，我们还可以说，身体只要不受制于有意与目的……就能首次在姿势中发掘并展现其所具备的一切可能性。"[2] 舞蹈中的单一动作由于其不受制于目的，所以作为人类身体能力的完美展示而获得了更多意义召唤的可能性。

　　同时，阿甘本提出舞蹈诞生于庆典之中"一个打破并暂时颠覆社会秩序的失序时期"[3]，这也就是说舞蹈出现于例外状态之中，它联系着日常生活和日常行为同时又对这种行为进行了超越和悬置。在这个基础上，"阿甘本区分了自然状态的舞蹈姿态观（记录姿态）和现代文化中的舞蹈状态观（拯救业已丧失的姿态）"[4]。在自然状态的舞蹈姿态观中，舞蹈作为表

---

[1] Giorgio Agamben, *Profanations*, New York: Zone Books, 2007, p.66.
[2] ［意］吉奥乔·阿甘本：《业：简论行动、过错和姿势》，"前言"，潘震译，上海社会科学院出版社 2021 年版，第 xl—xli 页。
[3] 阿甘本：《例外状态》，薛熙平译，台湾麦田出版社 2010 年版，第 200 页。
[4] 支运波：《阿甘本论作为"姿态"的舞蹈》，《北京舞蹈学院学报》2018 年第 1 期。

情达意的手段,正如伊莎多拉·邓肯的舞蹈一般,它未经过任何反身体的训练而自然地传达着人类的情感。现代文化中的舞蹈状态观在生命中已经被植入了权力,此时的生命状态已经不仅仅是自然生命而是政治生命(bios)。"姿态在不可见的权力运作下越多地丧失其自然随意性,生命就越变得不可辨认。"[①]此种丧失的姿态我们亦可以在舞蹈中窥见。古典芭蕾便是生命政治在艺术上体现的绝佳范例。阿甘本的理论认为姿态的丧失来自权力运作下身体逐渐反自然。正如古典芭蕾,最开始是皇家贵族专享。自路易十四开始,古典芭蕾的身体作为贵族身体的标杆而出现了一系列反自然化的规训。路易十四下令建立皇家舞蹈院并规定了外开、手位和脚位等多种身体标准,自此开始古典芭蕾的身体逐步走向了标准化、程式化。同时,这种标准化和程式化无疑是反身体、反自然的。例如,在古典芭蕾中的大跳、挥鞭转所追求的滞空感和平衡感无疑是对地心引力及自然人体的挑战。再比如,古典芭蕾的身体规训,特别是对女演员的身体规训,无疑是在男权社会下凝视的产物,女性芭蕾舞者展现出的轻盈、纤细和去性欲化便是男权社会中权力规训下的产物。为了反对这种权力的运作,为了废除从自然生命(zoe)转换到政治生命(bios)的过程,阿甘本提出了亵渎(profanation)。这里的亵渎并不是指冒犯或者不敬,而是"后来重新为人类所用,成为人类的财产"[②]。而现代舞便属于亵渎的领域,它重新规划了身体的使用方式,用姿势的在场来抵抗权力的运作。正如阿甘本在书中多次提到的伊莎多拉·邓肯,她的舞蹈以自由而出名,其擅长

---

① [意]阿甘本:《无目的的手段:政治学笔记》,赵文译,河南大学出版社2015年版,第68页。
② [意]吉奥乔·阿甘本:《论友爱》,刘耀辉、尉光吉译,北京大学出版社2017年版,第22页。

用自由的、未经规训的肢体来表达自己同样未经规训的思想，同时其舞蹈并非意图叙事而是寻求更多不确定的可能性。此时的舞蹈，正如阿甘本所定义的姿势"既不是手段，也不是目的，而是对纯粹手段性的展示，是让人们看见手段本身，而从一切合目的性中解放出来"[①]。

自此，我们讨论了姿势的两个特点：纯粹手段的展示和从一切目的性中解放出来。在纯粹手段的展示中，舞蹈的肢体语言体现出了多义性和模糊性。在无目的性中，现代舞从权力运作装置中解放出来，从而让人们看到未经规训的自然身体作为手段展示。正是由于舞蹈所具备这样的特性，因而阿甘本多次提及舞蹈作为姿态对于政治社会权力运作下装置的亵渎意义。

二、作品呈现

舞蹈作品在进行整体呈现的时候恰到好处的"亮相"与行云流水的动作同样重要，而这正是姿势的本性。"要理解姿势的本性，关键就在于中止和悬置的时刻，也就是它和时间的关系……将'停滞'（arresto）时刻置于舞蹈的核心位置……"[②] 关于舞蹈中的"停滞"时刻，我们可以将其分为两种：第一种是两个动作之间的停滞，第二种则是停滞作为一种姿态或者亮相而出现。

其一，我们探讨两个动作中之间的停滞。阿甘本认为："两个动作之

[①] ［意］吉奥乔·阿甘本：《业：简论行动、过错和姿势》，"前言"，潘震译，上海社会科学院出版社 2021 年版，第 xxix 页。

[②] ［意］吉奥乔·阿甘本：《业：简论行动、过错和姿势》，"前言"，潘震译，上海社会科学院出版社 2021 年版，第 xxx—xxxi 页。

间的停歇,是固定、记忆并展示动作的'悬置'。"①舞者通过肢体表达来传情达意,但正如上文所言,单个的肢体动作本身存在着诸多的不确定性和多义性。每段舞蹈都要从分解动作的练习开始,此时动作的分解是冰冷和僵死的,它不具备任何与时间的联系或者召唤结构,而是毫无生命力的断裂。只有将单个的动作相连接,在动作与动作之间进行衔接与过渡,才能赋予舞蹈以流动的生命。此刻最重要的并非单个动作之间的多义性,而是动作与动作连接之外的思想倾注。因此,正是动作与动作之间连接所带来的"悬置"使得舞蹈具有了成为姿态的可能性。首先,这种悬置使得单个、片段的肢体语言相互连接,与生命和时间相互连接。其次,这种动作与动作之间的连接使得肢体语言不再是明确、可直接言说的表达,而是一种"无言"(gag)的不可言说、无法表达的状态,它并不传递任何含义而是作为传递本身而出现。因此,这种动作与动作连接过程中造成的停顿或者说"悬置"给了舞蹈更多成为姿态的可能性。这亦是舞蹈动作区别于日常动作的重要因素之一。在日常生活中,动作往往是不连贯、配合语言直接表意的;而在舞蹈作品中,动作则是连贯和语言所无法穷竭(或者难以清晰表达)的存在。

例如,阿甘本曾多次提到的舞蹈家尼金斯基,在其舞蹈《春之祭》中舞蹈演员们的动作反复中断、重复。舞者高高地跳起又重重地踏击大地,舞者围成一圈继而又扩散到舞台的每个角落。在这个舞蹈中,任何一个单个的动作的不能表达出清晰的语义和叙事性。但是,如果将这些动作加以连接,便赋予了这个舞蹈言说不尽的可能性。尤其是在当时的社会背景下,反开、绷、直、立的舞蹈动作本身就具有强烈的社会意味,加以

---

① [意]吉奥乔·阿甘本:《业:简论行动、过错和姿势》,"前言",潘震译,上海社会科学院出版社 2021 年版,第 xxxi 页。

动作与动作连接之中所倾注的思想含义，共同构筑了这部重排 100 多次的绝世佳作。回到动作与动作之间的连接，雅克·里维埃曾在 1913 年的《新法兰西评论》中评价道："那身体每次像是要爆发出冲力，就都又突然中断、重启；而每次他在自己的内里找到可能的发力点，就又都收敛了起来……他的舞蹈则要枚举、分解他在自身中发现的一切运动倾向。"[1] 在这种动作的连接与停滞之中，舞蹈首先具备了生命力，其不再是训练组合或者生活动作，而是加以合成为多义性的舞蹈肢体语言；其次这种连接与停滞带给了舞蹈语义的更多可能性，其表达了语言难以或者无法表达的状态，这就使得舞蹈动作不同于生活化表意动作而具备了更多可能性。因此，舞蹈动作之间的停滞和连接使得舞蹈具有了作为"姿态"的可能性。

其二，我们探讨停滞作为一种姿态。在阿甘本的著作《宁芙》中就曾经用舞蹈来说明影像作为一种姿势的可能。首先，阿甘本提出时间赋予了影像新的生命范式，影像由此获得了生命力。其次，阿甘本通过舞蹈为例阐释魅像并讨论影像与时间的关系。"魅像是肉身的轻盈，它是由对节拍的把握所掌控的……在完成一段动作之后，在那一刻，你应当看起来完全由石头所组成。"[2] 由此可以看出，阿甘本在这里说的就是舞蹈动作在时间上停滞所产生的姿势。"该停顿使整个舞蹈动作套路的节拍和记忆立下了契约……在本质上，舞蹈就是在记忆中进行的操作，一个在时空序列中对魅像的创作。"[3] 而我们在这里讲的停滞，并不意味着舞蹈或者时间的中断，相反，在这种停滞不动中姿势蕴含着巨大的力量。"其不动的姿势将

---

[1] 转引自［意］吉奥乔·阿甘本：《业：简论行动、过错和姿势》，"前言"，潘震译，上海社会科学院出版社 2021 年版，第 xxxvii 页。

[2] ［意］阿甘本：《宁芙》，蓝江译，重庆大学出版社 2016 年版，第 10 页。

[3] ［意］阿甘本：《宁芙》，蓝江译，重庆大学出版社 2016 年版，第 10—12 页。

先前的和之后要发出的动作都凝聚在其中。"[1]在中国古典舞中，这种停滞的现象一般被称为"亮相"，其主要的作用在于通过短促的停顿而塑造一个典型的姿势形象，使剧情中所表达的情感更加明朗和清晰。此时舞蹈与时间的关系形成了一个"收"与"放"之间的特殊张力，前段剧情在这短促的停滞之中归于平淡，而在这停滞的姿势之中又蕴含着下一个动作的巨大张力。这种姿势不仅激活了过去，而且也在蕴含着未来的巨大能量。所以阿甘本在书中写道："那姿势不是舞蹈，而是使舞蹈得以发生的敞开（apertura）之所……关键在于这'不动'和停滞使充满了张力的。"[2]

例如前文提及的"青绿腰"的动作，当《只此青绿》作为春晚舞蹈进行展示后，网络媒介中出现了成规模的"青绿腰"挑战风潮，这种挑战本身即是将这一停滞产生的舞蹈动作单独展示。这种展示会因为单纯具备技术性而受到称赞，但却使得动作失去了在场景中的叙事性。"青绿腰"的动作在《只此青绿》中停滞了近两秒，这两秒的停滞使其具备了成为姿态的可能性。首先，该动作融合于舞剧中动作与动作的连接之中，将动作进行悬置，使得该动作融于中国传统文化乃至中国青绿山水画的意境，以人比作陡峭的山石，该动作就不仅有规定中可以衡量与表达的技术难度，更成了无言之言的塞口。其次，该动作虽然停滞了两秒，但并未中断整个舞蹈，而是在连接前后两个动作。前一个动作群舞队伍在缓慢地走位，到青绿腰完全静止，接着下一个动作舞者抽手点步翻身，是干净利落的动。由此，"青绿腰"起到了连接慢板与快板的作用，此时的停滞并非中止，而

---

[1] ［意］吉奥乔·阿甘本：《业：简论行动、过错和姿势》"前言"，潘震译，上海社会科学院出版社2021年版，第xxxii页。

[2] ［意］吉奥乔·阿甘本：《业：简论行动、过错和姿势》"前言"，潘震译，上海社会科学院出版社2021年版，第xxxii页。

是充满了张力和表达的可能性。

综上所述，舞蹈作品存在着作为姿态的可能性是由于其具有停滞和中止的特性。在停滞之中，舞蹈作品将肢体语言相互连接，从而使舞蹈的肢体语言摆脱了实用的表意目的而具备更多言说的可能性，动作与动作之间的相互连接表达了语言难以表达的多义性。在中止之中，舞蹈作品将肢体语言作为亮相的姿态出现，此中止并非中断，而是在这种短暂的暂停之中连接两个动作乃至两个部分，这个时候的动作是充满张力和蕴含着无限可能性的。因此，舞蹈作品中的肢体语言能够作为姿态而呈现出更多的可能性。

三、文艺批评

阿甘本同样将姿态引入文艺批评的领域，他在《作为姿态的作者》中指出作者"在文本中仅作为使表达成为可能的姿态在场"[1]；在《科莫雷尔，或论姿势》一文中，提出姿态是一种"在语言本身之中的有力的在场"和语言的"塞口"[2]；在《关于姿态的笔记》中，提出"姿态是对可交流性的交流"[3]。由此我们可以看出，阿甘本论姿势将姿势置于语言学的领域，提出关于姿态的语言观。一方面，姿态使语言塞口，表达了语言学中无法清晰表达或者无法全部表达的东西，于是姿态便以这种无言方式存在。另一方面，姿态具有交流的可能性，其作为纯粹性的手段而在场。对阿甘本

---

[1] ［意］吉奥乔·阿甘本：《渎神》，王立秋译，北京大学出版社2017年版，第110页。
[2] ［意］阿甘本：《潜能》，王立秋、严和来等译，漓江出版社2014年版，第252页。
[3] ［意］阿甘本：《无目的的手段：政治学笔记》，赵文译，河南大学出版社2015年版，第80页。

而言,"姿态发生于所有确定的界定——生命与艺术、文本与实践、现实与虚幻、权力与行动、个人事迹与客观事件——都被悬置时",它"是一种特殊的行为,既不是手段也不是目的……(而)属于第三种行为概念,把它描述为执行(carrying)、承担(enduring)和支撑(supporting)。它是既不同于任何先验定义(如生命或艺术),也不同于任何终极定义(telos),包括一切美学定义(如为艺术而艺术)的'纯粹实践'(pure praxis)"。[1] 而属于文艺批评的舞蹈批评也在阿甘本所论述的语言学领域当中,作为"姿态"连接着舞蹈作品和剧场观众。首先,舞蹈批评具有极强的个人性和多义性,因为每个评论家的观点不同而有可能对同一部舞蹈作品产生不同的阐释方向。其次,舞蹈批评并非"官方解释"而仅仅是作为提出舞蹈作品不同理解的可能性,从这个角度,我们可以将舞蹈批评理解为纯粹手段的展示。最后,舞蹈批评并非手段也非目的,而是以文字或者语言的形式表达了肢体难以表达的内容。

阿甘本提出了批评的三个层面:文献学—阐释学的层面,技术的层面和姿态的层面。在这三个可描述为三个同心圆的层面中,第一层面专注于作品的阐释,第二层面着眼于(在历史和自然的秩序中)定位作品,第三个层面则把作品的意图分解为姿态。[2] 由此,我们可以将舞蹈评论亦分为三个层面进行阐释,第一个层面针对舞蹈的技术标准,如技术难度或完成的标准程度进行评价,此时的评价由于有清晰的标准而相对客观和固定;第二个层面针对历史或者叙事的层面,例如在汉唐古典舞或者敦煌古典舞的评价体系中,我们要将叙事和动作标准放置于当时的历史语境下

---

[1] Alex Murray and Jessica Whyte, *The Agamben Dictionary*, Edinburgh: Edinburgh University Press, 2011, p.79.
[2] 参见[意]阿甘本《潜能》,王立秋、严和来等译,漓江出版社2014年版,第251页。

进行评判，以符合当时的历史风格与文化标准为主，此时的评价则需要有一定的专业素养和历史背景；第三个层面针对作品的意图，其无疑是评价的最高领域，即将作品放置于纯粹姿态的领域进行研究。此时对于纯粹姿态的研究无疑是放弃了具体的叙事和语言，而指向一种混沌无言的可能性，"语言的形式……是言说本身纯粹的可能性……这些'纯粹的姿势'放弃了所有对现实性的要求……在自身中消耗灵魂用它自己明亮的影子来描绘它自己"[①]。这就表明，纯粹姿态领域的批评更多关注的是作为舞蹈作品深层"无言"的领域，并不在于表面上完整的故事或者连贯的情节，而是内容未被明确表达的可能性。在这里，批评家们不会直接讲述或阐释该舞蹈的完成故事或者干脆肢解舞蹈的情节，而是选择通过自己的文章而创造出一个新的空间，在这个空间中舞蹈作品被撕开了一个空洞，观众们可以通过这个空洞再次进入舞蹈作品而获得新的、不同的作品体验。因此舞蹈批评"不再是批评家必须探究并原封不动地、一字不易地交付给传统的既定文本。相反，它们是姿势——在那些奇妙的文本中，它们展示的只是一种记忆的巨大缺乏，只是一种注定隐藏不可治愈的无言的'塞口'"[②]。在当下，我们将舞蹈批评置于姿态的领域进行研究，也同样是为舞蹈批评撕开了一个全新的空洞，这种撕裂并不意味着对前两个层面的抛弃，而正如阿甘本所一直强调的，这为舞蹈批评提供了更多的可能性。

结　语

阿甘本在其著作中反复提及了舞蹈和影像作为姿态的可能性。在舞

---

① ［意］阿甘本：《潜能》，王立秋、严和来等译，漓江出版社 2014 年版，第 197 页。
② ［意］阿甘本：《潜能》，王立秋、严和来等译，漓江出版社 2014 年版，第 257—258 页。

蹈创作过程中，舞蹈语言不同于文字或者画作而具有表达的模糊性，其是寓居于语言之中却有无法清晰表达的在场，因此单个的舞蹈语言只有放置于整体的舞蹈叙事过程中才具有语义学上解析的可能性。同时，舞蹈语言仅作为纯粹手段的展示而具备了多义性、朦胧性和模糊性。现代舞的舞蹈语言相比于古典芭蕾在表达的过程中是摆脱了生命政治权力而呈现出的无目的的姿态，其不同于古典芭蕾身体中蕴藏的权力对身体的规训，现代舞的舞蹈语言是"亵渎"的、自然的、重新被规划而自由的。在作品呈现的过程中，舞蹈姿势以中止和悬置为召唤手段。在舞蹈作品展示的过程中，两个动作之间的悬置使得生命与时间重新开始连接并且获得了活力，这种连接不是直接言说的表达而是塞口状态，给予了观者更多解读的可能性。舞蹈中的停滞作为一种姿态的过程中，这种停滞也绝不是时间的停止或者生命活力的消失，而是在前一个动作和后一个动作之间蕴含着巨大的张力和可能性。阿甘本在《宁芙》中多次讨论影像与时间的关系时曾讲到，此种停顿是对于魅像的创作，是在记忆中进行的操作。在舞蹈作品的文艺批评中，阿甘本提出了文献学、技术和姿势三个层面，并以姿势的层面为最中心级。舞蹈批评在语言的表达中撕开了一个空洞或者说入口以提供给观众更多思考的可能性，姿态的批评关注的并非表面上的故事或者剧情的连贯，而是作品深处的无言或者未被清晰表达之内容，给予了舞蹈作品更多被解读的可能性。因此，舞蹈作为姿态的召唤具备着不确定性、多义性和塞口，对舞蹈的姿态研究能够为舞蹈的研究提供更多新的视角和思考方向。

作者简介　熊佳琦，中国艺术研究院舞蹈研究所 2023 级毕业生。

美育教学与反思

大学诗教的体悟、实践与反思[*]

赵晓辉

摘 要

综观当前教育现状，诗教处于普遍弱化的境遇。大学教育应重视加强诗教，使学生具备道德、审美、人文素养。首先，感悟诗心、把握意境是大学诗教体悟与实践的重要方面，在教学中，教师应引导学生体悟涵泳诗心诗境，提高对诗词的敏感度，成为诗人的知音，从而亲近传统文化。其次，吟诵涵泳、因声求气也是大学诗教不可或缺的实践环节，吟诵涵泳之要义在于随着声调的抑扬顿挫，声腔的曲折逆挽，使人深度沉浸在作品的深邃意境之中，进而陶冶品性，涵泳性灵，深入领会诗歌予人的兴发感动和审美愉悦。最后，大学诗教还应重视细读、传递意旨，启发学生感受诗歌中的多重意旨和文化内涵。这三方面彼此联系，密不可分，在诗教实践中可以滋养灵心，启迪智慧，对于完善人格，提升境界，以及传承中华优秀文化都具有重要意义。

关键词

诗教 体悟 诗心 吟诵涵泳 细读

儒家诗教是中华文化的重要组成部分。在儒家诗教传统中，诗歌是文化的载体，是表达情感和感悟世界的重要方式。

---

[*] 本文得到北方工业大学本科教育教学改革项目资助。

孔子认为诗教乃教育之始，他认为"不学诗，无以言"，又云："小子何莫学夫诗？诗，可以兴，可以观，可以群，可以怨。迩之事父，远之事君；多识于鸟兽草木之名。"[①] 又云："温柔敦厚，《诗》教也。"(《礼记·经解》)此种诗教观念强调人文精神，倡导以人为本的仁爱思想，已成为一种深入人心、历代相传的文化遗产，对于中华民族的历史和文化发展具有深远的影响。诗教具有心灵教育和美育功能，能使人温柔敦厚，养成谦谦君子人格。从孔子时代到 20 世纪 2000 多年间，中国读书人对于国学的启蒙大都由学诗入手，循序渐进地研习和体悟。综观当前教育现状，可以发现，诗教处于普遍弱化的境遇中。尽管大中小语文教材中，也选了不少古典诗词篇目，然而其教育方式却与传统的研习体悟方式相去甚远。当今大学教育应重视加强诗教，使学生具备道德、审美、人文方面的素养，这对滋养灵心，启迪智慧，完善其人格与精神世界，以及传承中华优秀文化都具有重要意义。作为一名从事古典诗词教育多年的教师，笔者拟从以下几方面谈谈大学诗教的体悟、实践与反思，敬祈方家批评指正。

一、感悟诗心，把握意境

关于诗心，著名学者顾随先生有云："人可以不作诗，但不可无诗心，此不仅与文学修养有关，与人格修养也有关系。"[②] 又云："'诗心'二字含义甚宽，如科学家之谓宇宙，佛家之谓道。有诗心亦有二条件，一要恬静（恬静与热烈非二事，尽管热烈，同时也尽管恬静），一要宽裕。这样写出作品才能活泼泼的。感觉敏锐固能使诗心活泼泼地，而又必须恬静宽裕

---

① 杨伯峻译注：《论语译注》，中华书局 1980 年版，第 185 页。
② 顾随讲述：《驼庵诗话》，叶嘉莹记录，顾之京整理，天津人民出版社 2007 年版，第 13 页。

才能'心'转'物'成诗。"① 由是观之，诗心既与诗人独特的天性、气质、性格、感情有关，也与诗人创作时涌现萌发的感兴、寄托有关，是作者在内心深处所获得的见解、感受和理解真实世界的能力。诗心包含了诗人对人世万相的洞察，对宇宙天地的感悟，只有富有诗心的诗歌才能引起读者的共鸣和深思。只有深刻地感悟诗心，才能理解古典诗歌源远流长的生命之力和文化魅力。此外，诗心也是诗歌区别于其他文体和艺术形式的最重要构成要素之一。

在教学中，教师应引导学生探求、感悟诗心，提高对诗词的敏感度，成为诗人的知音。学诗者若能体悟诗心，则如探骊得珠，可得其奥义；若不能体悟诗心，则如买椟还珠矣。古人通过写诗，以追求审美愉悦与人格完善，学诗者亦应提升修养，在精神上与诗人相通，方能理解其胸襟志趣，体悟其诗心诗意。叶燮的《原诗·内篇下》云："有是胸襟以为基，而后可以为诗文。不然，虽日诵万言，吟千首，浮响肤辞，不从中出，如剪彩之花，根蒂既无，生意自绝，何异乎凭虚而作室也。"② 叶燮之言，虽然是在谈作诗之道，但将其看作学诗之道，其道理亦相通。北宋学者杨时教罗从彦读书之法云："某尝有数句教学者读书之法云：'以身体之，以心验之，从容默会于幽闲静一之中，超然自得于书言象意之表。'此盖某所自为者如此。"③ 此话亦可理解为学诗之法，教师应引导学生于从容静默中体会诗心，把握诗人超然自得的心灵境界，也可以让学生亲身体悟到诗歌生生不息、延绵久远的美感与价值。当然，此种体悟有浅深高下之分，有透

---

① 顾随讲述：《驼庵诗话》，叶嘉莹记录，顾之京整理，天津人民出版社2007年版，第8页。
② （清）叶燮：《原诗·内篇下》，载《原诗·一瓢诗话·说诗晬语》，霍松林校注，人民文学出版社1979年版，第17页。
③ 杨时撰：《杨时集》卷一二《语录三·余杭所闻》，林海权点校，福建人民出版社1993年版，第318页。

彻之悟，亦有一知半解之悟，此又另当别论。

在中国古典艺术形式中，诗文地位最高，也备受重视。古典诗词的经典之作并非立足于功利世界，而是立足于审美境界。关于古典诗歌的艺术标准，历代论述夥矣。然而，学诗之要义亦在于对诗歌意境之体悟与把握。唐代诗人戴叔伦云："诗家之景，如蓝田日暖，良玉生烟，可望而不可置于眉睫之前也。象外之象，景外之景，岂容易可谈哉！"[1]宗白华云："化实景而为虚境，创形象以为象征，使人类最高的心灵具体化、肉身化，这就是'艺术境界'，艺术境界主于美。"[2]由此可见，教诗者需要敏感的诗心，善于发现意境之美的慧眼，揭示出诗篇独具诗意之处，并对此做出细致入微、富于情采的分析。

那么，如何在教学中引领学生感悟诗心，把握意境呢？兹举一例。唐代诗人王维的《从岐王过杨氏别业应教》云："杨子谈经所，淮王载酒过。兴阑啼鸟换，坐久落花多。径转回银烛，林开散玉珂。严城时未启，前路拥笙歌。"从题目看，这是一首纪游诗，但是王维这首诗并没有很写实地去描摹杨氏别业的景致，以及游赏的全过程，而是凸显了一种空灵宁静、含蓄不尽的诗意境界。历来诗家所称道的中间二联，给人自然真切，一片神行之感。颔联若用散文的语序，似乎可以写成：兴阑始知啼鸟换，坐久更觉花落多。兴尽始觉鸣的鸟儿已经换了种类，坐久才发现地上的落花也多了起来。但此一改写，远不及原句凝练、含蓄。春天的落花，本是诗人笔下寻常所写之物，如"细雨湿衣看不见，闲花落地听无声"（刘长卿《别严士元》）；"细数落花因坐久，缓寻芳草得归识"（王安石《北山》），它唤起了一种轻柔敏感的诗意，也给人无限敞开的想象，原本欢宴游乐的

---

[1] （唐）司空图：《二十四诗品》，罗仲鼎、蔡乃中译，浙江古籍出版社2018年版，第125页。
[2] 宗白华：《艺境》，北京大学出版社1986年版，第159页。

热闹场景，却给人以静谧空灵之感。春天的夜晚，这鸟类的啼鸣究竟换了多少种？闲坐之静谧中，究竟是何种落花？又有多少种落花无声飘落？深夜的落花以何种形态飘落？给人无限遐思。"径转回银烛，林开散玉珂"，从经验角度而言，所写的是，路径回转时看到银烛的光亮，夜晚幽静的树林开阔起来，可以听到马络头上玉珂的声音。众人一直游玩到凌晨回城，城门还未开启，一路余兴未尽，照样笙歌相伴。语序错综，诗意空灵，给人"象外之象，景外之景"之感，这才是体气高妙的写法。学诗应体悟涵养此种澄澈清明之境，如"道人胸中水镜清，万象起灭无逃形"（苏轼《次韵僧潜见赠》），真实地观照世间万物，将事物的诗意微妙地呈现出来。这种感受和意象是超越实际景观的，是从景物中产生的一种跨越时空的精神境界，它不仅增强了诗句的美感，更使人们对自然万物产生深刻的思考与体悟。

总之，诗意境界是一种超越现实、虚实相生的境界，诗人在创作过程中常常采用形象手法来营造特定的意境。陶渊明《饮酒》中"采菊东篱下，悠然见南山"，简洁又兴味悠长，营造出一种清新脱俗、自然惬意的意境。杜甫《登高》中，也通过"无边落木萧萧下，不尽长江滚滚来"的境界来启发一种丰富高远又沉郁孤独的境界。再如韦应物《赋得暮雨送李曹》："漠漠帆来重，冥冥鸟去迟。海门深不见，浦树远含滋。"细雨湿帆，帆湿而重；飞鸟入雨，振翅不速。从景物状态看，帆、鸟、海门、浦树皆写得动中有静，静中有动。帆行江上，鸟飞空中，海门深远，浦树幽邃。一切又笼罩在烟雨薄暮之中，复添离愁别绪。此种诗心与诗境，如"浦树远含滋"一样滋养心灵，激发读者的共情共感。

古典诗词音律谐美，韵味悠长，在意境上追寻象外之象，景外之景，《诗经》之讽喻美刺，《离骚》之芳馨悱恻，陶渊明之任真固穷，李白之奔放自由，杜甫之沉郁顿挫，苏轼之清旷达观，辛弃疾之大声镗鞳，这些经典之作无不诚心正意，达于粹美境界。读诗学诗，把握诗心的魅力即在于能够体悟此种幽微萃美之情思，令今人与古人之心遥相感应，在超然的境界中，摆脱世间俗谛的桎梏，默会诗人的心灵境界。因此，大学诗教不应仅止于知识传授，而应重视诗心诗境之体悟涵泳，由此可引导学生进德修业，亲近传统文化。

二、吟诵涵泳，因声求气

吟诵涵泳是从中国古代教育实践中总结出来的一套行之有效的读书研习法，也是文史专业研习与传承的基本功。从内涵来看，吟诵涵泳之要义在于随着声调的抑扬顿挫，声腔的曲折逆挽，语速的疾徐变化，从而使人深度沉浸在作品的深邃意境之中，进而陶冶品性，涵泳性灵，深入领会文学经典给人带来的兴发感动和审美愉悦。在大学诗教中，倡导吟诵涵泳之法，对领会诗词声情之美、传承人文经典、提升课堂教学效果，都将起到积极有益的推动作用。

今之吟诵多指节奏分明地诵读诗文，而传统的吟诵带有歌唱性质。"吟"即"咏"，意谓拉长声音歌唱。沈括《梦溪笔谈》云："古诗皆咏之，然后以声依咏以成曲，谓之协律。"[1]赵元任云："……吟诗没有唱歌那么固定；同是一句'满插瓶花罢出游'，不用说因地方不同而调儿略有不同，就是一个人念两次也不能工尺全同，不过大致是同一个调儿（tune）就是了。要是跟着笛子唱《九连环》，那就差不多一定是照那个工尺唱，就不然至少也可以说唱唱儿每次用同样工尺是照例的事情，每次换点花样是（比

---

[1] （北宋）沈括：《新校正梦溪笔谈》卷五《乐律》，胡道静校注，中华书局1957年版，第62页。

较的)例外的,而在吟诗每次换点花样是照例的事情,两次碰巧用恰恰一样的工尺倒是例外的了。"①由是可知,吟诗近乎一种无固定乐谱的自由唱法,对乐调、旋律的处理有一定随意性。实际上,我们现在听到的一些受过私塾教育的前辈老先生吟诵诗词,都用一种近乎歌唱的调子,依字行腔,拖长腔调地吟诵,给人悦耳美听之感。这样更适于把握汉语的文体特征和声情之美,也是传统文化中诗教的根基。

涵泳本意是指潜游水中。左思《吴都赋》"涵泳乎其中",李善注:"左思《吴都赋》云:鼋鼍鲭鳄,涵泳乎其中。"唐人李善注曰:"涵,沉也。杨雄《方言》曰:"南楚谓沉为涵。泳,潜行也,见《尔雅》。言已上鱼龙,潜没泳其中。"②涵泳指沉潜于经典中,反复吟味寻绎。关于涵泳,宋代学者朱熹对此多有论述。如朱熹尝云:"读书之法,又当熟读沉思,反复涵泳,铢积寸累,久自见功,不唯理明,心亦自定。"③又云:"大抵读书当择先儒旧说之当于理者,反复玩味,朝夕涵泳,便与本经之言之意通贯,浃洽于胸中,然后有益。"④其意与"沉潜讽诵,玩味义理,咀嚼滋味",以及"沉浸醲郁,含英咀华"相似,都是指将主体神思沉潜于经典之中,细加吟绎,从而深度领悟其奥义。

中国传统私塾教育历来重视吟诵涵泳。凡谙熟一种经典,塾师都要

---

① 赵元任:《原〈新诗歌集〉序》,载人民音乐出版社编辑部编《赵元任歌曲选集》,人民音乐出版社1981年版,第41页。
② (梁)萧统编,(唐)李善注:《文选》,上海古籍出版社1986年版,第206页。
③ (宋)朱熹:《晦庵先生朱文公文集》卷六四《答江端伯》,载朱傑人、严佐之、刘永翔主编《朱子全书(修订版)》(第23册),上海古籍出版社、安徽教育出版社2010年版,第3123页。
④ (宋)朱熹:《晦庵先生朱文公文集》卷六二《答李晦叔》,载朱傑人、严佐之、刘永翔主编《朱子全书(修订版)》(第23册),上海古籍出版社、安徽教育出版社2010年版,第3011页。

求学生反复吟诵，因声求气，字从韵出，由此而对作品产生深入的感发，领会其意境，诚所谓书读百遍，其义自见。学者钟毓龙在《说杭州》里讲过晚清民国时代的教育，言及初等所读之书，略有九种：一曰《百家姓》，一曰《千字文》，一曰《三字经》，一曰《千家诗》，一曰《神童诗》，一曰《诗品》，一曰《鉴略》，一曰《廿一史弹词》，一曰《龙文鞭影》。又云："以上九种，皆用韵语者，譬如唱歌，便儿童之记诵也。亦有略而不读者。或读其一二种，不须尽读。义塾之学生，年龄已长，读此等书之时期已过，无读之者。读此等书，多在五六龄初入学时。"①具体书目便在以上九种之中，具体方法就是反复吟诵涵泳，令学生熟记，这样才能打下坚实的基础。清季学者崔东壁云："先君课述兄弟读书，务令极熟，每举前人'读书千遍，其义自见'之语以勖之。十余岁时，每夕侍寝，必令背诵旧所读书若文。旦醒后亦如是。从行道中亦然。非止欲玩其理，亦兼以闲其心。述兄弟举于乡，暇中犹时命之背诵；有不记忆，则呵叱之令补读语焉。"②由是可知，吟诵涵泳经典乃是研习传统文化的重要根基，这也是一个培养语文基本功的过程。

而当代诗教大多只读不吟，亦不重视涵泳熟诵的传承方式，学生阅读古典诗文能力较弱，教师上课时多就文章内容加以阐释解析，办法多是重复句意，再说几句修辞之好，话虽不少，但多给人浮光掠影、飘风过耳之感，对文化典籍的内在精神意蕴领悟不深。此种教育模式与中国吟诵涵泳之传统渐行渐远，结果便是学生对传统文化缺乏亲近感，如此一来，更无从谈到打下坚实深厚的语文根基和功底。

---

① 钟毓龙：《说杭州》（增订本），浙江人民出版社1983年版，第386—387页。
② （清）崔述：《考信附录卷之一·先君教述读书法》，载（清）崔述撰著，顾颉刚编订《崔东壁遗书》，上海古籍出版社1983年版，第470页。

纵观中国古代文学史及文化史便会发现，基于吟诵涵泳的研习与传承方式，培养了众多造诣精深的国学大家和文史通才。随着传统文化愈益受到重视，传统的教育理念也不断被重新审视，这也令人意识到提升传统文化修养，吟诵涵泳经典乃是十分重要的基础环节。而立足于当代高校诗教现状，将吟诵涵泳法应用于现代课堂，对于营造诗意灵动的教学空间，增强学生对于文学幽微境界的理解，领悟作品情韵相生的美感，也可以从传统的教育视角激活经典之作的时代价值，进而深度探究中华传统优秀文化的美感底蕴。在吟诵涵泳中，也可以引导学生反思查省人生经验，提升人格修养，拥有旷达进取的人生态度。

那么，吟诵涵泳的本质要求是什么呢？其实汉语的吟诵涵泳虽然方式各异，但其本质都是依托字句、音节领悟文本内在的气息、情感和意蕴。对此，先贤们有很多精彩论述。清代桐城派古文家刘大櫆有"因声求气"说，吟诵涵泳可于音节间求其神气，其云："神气者，文之最精处也；音节者，文之稍粗处也；字句者，文之最粗处也。然论文而至于字句，则文之能事尽矣。盖音节者，神气之迹也；字句者，音节之矩也。神气不可见，于音节见之；音节无可准，以字句准之。"[1] "音节高则神气必高，音节下则神气必下，故音节为神气之迹；一句之中，或多一字，或少一字；一字之中，或用平声，或用仄声；同一平字仄字，或用阴平、阳平、上声、去声、入声，则音节迥异，故字句为音节之矩。积字成句，积句成章，积章成篇，合而读之，音节见矣；歌而咏之，神气出矣。"[2] 这段话深中肯綮，尤其是对神气、音节、字句三者关系的分析极为精彩。神气乃诗文最精微之处，微茫不可见，但是可以通过音节来呈现，而音节又依托具体的字句而

---

[1] （清）刘大櫆著，舒芜校点：《论文偶记》，人民文学出版社1998年版，第6页。
[2] （清）刘大櫆著，舒芜校点：《论文偶记》，人民文学出版社1998年版，第6页。

存在。因而吟诵涵咏时，依次把握字句、音节和神气十分重要，三者缺一不可，如此才能"歌而咏之，神气出矣"。

晚清散文家张裕钊又用"因声求气"说对吟诵涵泳法加以概括："古之论文者曰，文以意为主，而辞欲能副其意，气欲能举其辞。譬之车然，意为之御，辞为之载，而气则所以行也。欲学古人之文，其始在因声以求气，得其气则意与辞往往因之而并显，而法不外是矣……故必讽诵之深且久，使吾之心与古人沂合于无间，然后能深契自然之妙，而究极其能事。"[①] 此类说法为吟诵涵泳开示了一条路径，就是因声入境，求其神气。"声"有抑扬顿挫，轻重徐疾等要求。"气"则一般指为文气，即由作品呈现出来的幽微要眇的气息神理，以及作家的气质性情等。譬如韩愈诗文，可体会其渊深流转、奇崛排奡之气，而欧阳修诗文，则呈现条达疏畅、纡徐平易之气。因此，循声入境，求其神气，这乃是古典诗文吟诵涵泳的根本，能够入境得神，才算真正掌握了吟诵涵泳之真谛。清人贺贻孙《诗筏》云："李、杜诗、韩、苏文……反复朗诵至数十百过，口颔涎流，滋味无穷，咀嚼不尽。乃至自少至老，诵之不辍，其境愈熟，其味愈长。"[②] 这便是通过吟诵涵泳才能得到的深刻感受，越是反复咀嚼，越觉滋味无穷。

吟诵涵泳教学法具有促进文本语感内化的作用，有助于学生把握诗词声律辞采之美，以及调和身心、陶冶性灵的价值。教师在教学中要重视吟诵涵泳，必要时对作品的声情韵律加以示范性导读。周济在《宋四家词选目录序论》中云："东真韵宽平，支先韵细腻，鱼歌韵缠绵，萧尤韵感

[①] 张裕钊：《答吴挚甫书》，载郭绍虞、罗根泽主编《中国近代文论选》（上），人民文学出版社 1959 年版，第 297—298 页。
[②] （清）贺贻孙：《诗筏》，载郭绍虞编选，富寿荪校点《清诗话续编》，上海古籍出版社 2016 年版，第 127 页。

慨,各具声响,莫草草乱用。"① 不同的韵部,引发的情感反应大不相同,具有宽平、细腻、缠绵、感慨等情感,韵部与情感之间有丰富多样的联系。在运用音韵学来阐述诗歌的语音和它所唤起的情感之间的关系,吴世昌先生有不少精彩透辟的论见。诸如对唐代诗人贾岛为"推""敲"二字费斟酌的故事,吴世昌论说道:"比如'僧推门下门''僧敲月下门'的问题,不但诗人自己无法解决,他的知己韩愈没法替他解决,好像永远是诗学上没法解决的问题似的。我们假使用现在的方法来替他分析一下,'推'字'tā'平舌音,不仅他原来的意义是,并且他字音的象征也是一种迟缓而延续的动作。'敲'字'ko'(唐音)空颚音,字义和字音都是指一种急遽而间断的动作。我们弄清楚了这些字音所引起的感觉和情绪的不同,再看当时的诗境,也许作诗的时候下字更能正确一点,或者不至于像贾岛那样推到韩愈身上去,虽然有这样的故事流传下来也顶好玩儿。"②

又如秦观《踏莎行》词里的名句:"可堪孤馆闭春寒,杜鹃声里斜阳暮。"王国维《人间词话》对此评价颇高,认为其境界凄厉。吴世昌认为:"可堪孤馆"四字都是直硬的"k—"音,读一次喉头哽住一次,最后"馆"字刚口松一点,到"闭"字的"p—"又把声气给双唇堵住了一次,因为声气的哽苦难吐,读者的情绪自然给引得凄厉了。③ 再如李商隐《无题》"刘郎已恨蓬山远,更隔蓬山一万重",古今读者都觉得蕴藉无限,情意幽邈。唐以后类似的诗句,譬如欧阳修的"平芜尽处是青山,行人更在青山外",《西厢记》的"当初那巫山远隔如天样,听说罢又在巫山那厢",读之

---

① 周济:《宋四家词选目录序论》,载唐圭璋编《词话丛编》,中华书局1986年版,1645页。
② 吴世昌:《诗与语音》,载吴世昌著,吴令华编《吴世昌全集》(第3册),河北教育出版社2003年版,第21—22页。
③ 参见吴世昌《诗与语音》,载吴世昌著,吴令华编《吴世昌全集》(第3册),河北教育出版社2003年版,第22页。

总觉得不及李商隐诗深挚悠长。究竟何故？前人没有说出理由。吴世昌认为此诗关键在于"更隔"二字予人的感受。"这二字都是'K-'音收声的元音，又都有深近喉部的'û'音，这二个音碰在一起读时就得异常使劲。'使劲'是艺术欣赏中很重要的一个条件……能使我们对于所要欣赏的事物注意力更加集中，使我们的欣赏更有意义……我们读完了'刘郎已恨蓬山远'，已经预备好了一种怅望的心境，再读下去的'更隔'便有格格不能吐的感觉，这种感觉最能暗示上句恨的心境。惟其因为他格格不能吐，便得'使劲'，要使劲，读者对于这首诗的感觉更亲切，对于诗中情绪的了解，已经不是被动，而是处于主动的地位了。这是读者的'入神'（Empathy）。"①

以上所论都抓住了诗句读音和读者情感的关联，也让读者深入体悟到了这些诗句所蕴含传达的情感。这些对诗歌语音的分析，揭示了汉字在意义和音韵上的奥妙，对大学诗教具有深刻启迪意义。此外，从教书育人角度来看，吟诵涵泳的诗教方法重视发挥学生在审美活动中的积极作用，引导学生以更积极的态度吟诵涵泳经典作品，深刻感受作品的意境形象，获得审美愉悦、智慧启发和精神陶冶，也即古人所谓"得意文中，会心言外"的过程。

三、重视细读，传递意旨

在大学诗教中，古典诗词的讲解赏读是一个难点。撇开诸多因素不论，古人的环境、名物，乃至人事、心境都与现代人大不相同，古人习知

---

① 吴世昌：《诗与语音》，载吴世昌著，吴令华编《吴世昌全集》（第3册），河北教育出版社2003年版，第23页。

的典故史实，对今人来说，已显得陌生艰深，因此讲解古典诗词难免有俞平伯所言"昔贤往矣，心事幽微，强作解人，毋乃好事"[①]之感。如果是在私人阅读情境下，每欣然会意之时，尚可以"好读书，不求甚解"为自解之辞，然而作为授课教师，却应当"求甚解"以令学生信服。因此，诗词细读乃是非常重要的品读诗词的方法，其中包括词义、语言表现、音律运用、情感体现、文化内涵等方面的细致分析解读。它可以帮助学生更深入地理解品读诗歌，同时也可以帮助学生发现诗歌中隐藏的多重意旨和文化内涵。

兹以晚唐诗人李商隐名作《无题·来是空言去绝踪》一诗为例，其诗云："来是空言去绝踪，月斜楼上五更钟。梦为远别啼难唤，书被催成墨未浓。蜡照半笼金翡翠，麝熏微度绣芙蓉。刘郎已恨蓬山远，更隔蓬山一万重。"此诗深情绵邈，沉博绝丽，其文辞有诸多难以确解之处，其诗境又极尽迷离惝恍之致，读来真有隔雾看花之感。对其诗意题旨及文辞内容究竟如何确解，历来即有很多说法。由此凸显了诗中的诸多疑点：诗中情境是犹在梦中还是梦觉以后？既然所想之人没来，又怎会"去绝踪"？又怎会有"啼难唤"之一幕？此外，啼哭者为谁？这封墨迹未浓的书信究竟出自谁的手笔？"金翡翠"与"绣芙蓉"是指被褥还是帷帐？"刘郎"所指为汉武帝刘彻还是刘晨？……历来笺释者众说纷纭，聚讼不休，颇令人迷乱。若用文本细读的方法深入这首诗，会发现此诗昭示了多重阐释的可能性，也给人以丰富多元的美感。

首句"来是空言去绝踪"破空而来，给人盟誓破灭之感。其中关于所思之人是否来过，就有多种说法。有人认为她实际上没来，要来只是空

[①] 《俞平伯全集》（第四卷），花山文艺出版社1997年版，第4页。

言而已,有人认为确实来过,但来过一次就杳无踪迹,也有人认为只是在梦中来过,诗中出现的抵牾乖违之语,正与梦境之破碎迷离相符。这些说法,究竟哪种更为合理呢?其实,依个人之见,来与不来,这并不重要,此诗予人无尽诗性魅力的原因即在于此:任何一种推论都解释得通,给人以"横看成岭侧成峰"式的多元感受。第二句"月斜楼上五更钟",我们从叙述者的角度可知,明月西斜,外面已响起报晓的五更钟声。一种解释认为,这暗示了他整夜无眠,苦苦等待,直至月斜钟尽。晏殊词"斜光到晓穿朱户",晏几道词"斜月半窗还少睡",皆是此意。另一种解释则认为,他在梦中,梦到了与女子的别离聚散,然而这梦境却被五更的钟声惊醒,醒来时发现月已西斜。笔者倾向于前种解释,因为如果女子说要如约而来,他却睡着了,这显得不够深情。当然,也可能是他彻夜等待,女子不来,后来他倦极入梦,复为钟声惊醒。"梦为远别啼难唤"一句,点出了梦中远别,他(或她)感梦而泣,而一旦别离,再也难以唤回。接下来,我们看到了一封在匆忙情态下写就的信,写完后他才发现,字迹太过浅淡,因急迫而研磨未浓。此诗的语言就像这漫漫不清的字迹一样,我们恍惚感到它记录了一段非同寻常的情事,但却无法清晰无碍地阅读其字句。

关于此四句,姜炳章谓:"(来是句)写梦。(月斜句)梦之时。(梦为二句),梦中之景,点出梦,统贯上下,以清意旨,针线极细。"[1] 汪辟疆认为:"首章前四句写梦中,后四句写梦觉。来去既不常,故言曰空言,踪曰绝踪,已非醒眼时境界,从古诗'既来不须臾,又不处重帏'脱化出也。次句点时地,入梦之时地也。三四梦中之情事,极恍惚迷离之境,决非果有其事。"[2] 以上说法极富启发性,但也存在一些疑问,如前四句,笔者认

---

[1] 刘学锴、余恕诚:《李商隐诗歌集解》(第四册),中华书局 1988 年版,第 1645 页。
[2] 刘学锴、余恕诚:《李商隐诗歌集解》(第四册),中华书局 1988 年版,第 1647 页。

为并非皆写"梦中"之境，至少"月斜楼上五更钟"，当是叙述者清醒时的所见所听，"书被催成墨未浓"，写的是一个人在清醒状态下的觉知，同时也是细腻锐感之人，才会注意到墨迹浓淡这样的细节。

当然，我们再次审视这四句诗，还是无法判定，对于叙述者来说，他究竟是做了一个凄切感伤的别离之梦，梦境真切得令人泪下。还是现实中他们之间有过真正的别离，现在回忆起来这次别离像一个恍惚的梦境，这两者无疑都解释得通。

接下来，我们看到丝织品般绮丽的颈联："蜡照半笼金翡翠，麝熏微度绣芙蓉。"在这两句当中，围绕"金翡翠""绣芙蓉"有很多论争，有说是屏障，有说是帷帐，还有人认为是被褥，或者灯罩。一般说来，翡翠鸟与芙蓉花都是古代常见的图案，可绣在帷帐、被褥或灯罩上。笔者认为，"金翡翠"当指被褥，盖烛台应在案上，烛光必由上而下始有"笼"意；而"绣芙蓉"则应当是指帷帐，因其材质必如床帷般轻透者，才有麝熏微"度"之说。但是，凝视这张在诗句中浮现的床，又会产生一个疑问：这究竟出自想象，还是实景？有人认为此景出自想象，如徐德泓云："五六二句，想象华显之地"[1]，姚培谦云："遥想翡翠灯笼，芙蓉帱幔，所谓'其室则迩，其人甚远'，纵复沥血刳肠，谁知我耶？"[2]也有人认为这是实写，如程梦星云："五六又追忆秘书省之情事。宿直紫禁，亲见翡翠金屏；身近御炉，香度芙蓉绣带，何其乐也！"[3]冯浩云："五六言留宿。蓬山，唐人每以比翰林仙署，怨恨之至，故言更隔万重也。若误认艳体，则翡翠被中，

---

[1] 刘学锴、余恕诚：《李商隐诗歌集解》（第四册），中华书局1988年版，第1641页。
[2] 刘学锴、余恕诚：《李商隐诗歌集解》（第四册），中华书局1988年版，第1642页。
[3] 刘学锴、余恕诚：《李商隐诗歌集解》（第四册），中华书局1988年版，第1643页。

芙蓉褥上，既已惠然肯来，岂尚徒托空言而有梦别催书之情事哉？"① 依上之说，程梦星指为追忆值宿秘书省之事，而冯氏认为五六两句是写在令狐绹家留宿所见。汪辟疆则批评了这种指实的牵强附会之说，且云："'来是空言'一首前人所笺或以艳情，或以为令狐绹来见，其说之不可信，可于本诗证之。如为艳遇之作，则既于深夜翩然肯来，而又翡翠被中、芙蓉褥上既极燕妮之欢，何又忽云蓬山远隔，则前后之不合也。如为子直来见，无论子直贵官，不常下顾，即感念故人亲来存问，又何为待至五更深夜月斜楼上之时乎？……惟解为梦中梦觉两层，则通体圆融，诗味深远。"汪之说极有见地，但究竟哪句写梦中，哪句又是梦觉，还当仔细推敲。汪氏以为："五六则为梦醒之景况，故云'半笼'，云'微度'，即为梦醒时在枕上重理梦境之感觉。"② 但从诗意来看，诗人只是在"梦为远别"一句中点醒梦境，其余各句展示的乃是梦觉以后的情境，五六句中翡翠被褥与芙蓉床帏应当是梦醒后叙述者目睹伤情之物。当然，麝香氤氲的气息极富于暗示意味，亦令人联想到，很可能也是所思之人留下来的香气，引人回忆且未曾消歇。

最后，尾联"刘郎已恨蓬山远，更隔蓬山一万重"，此处"刘郎"，所指究竟是谁？清初笺注家，有认为是汉武帝者，如朱鹤龄、程梦星、冯浩皆持此说。然何义门则认为刘郎宜指刘晨、阮肇入天台山事，此说影响甚远。后来笺注者注释义山此诗，或曰"刘郎"便是刘晨，或者是刘晨、汉武帝两说并存。如喻守真云："《幽明录》：'汉刘晨阮肇，共入天台山，溪边有二女子，资质妙绝，遂留半年而归。'一说刘郎指汉武帝信方士言，东

---

① 刘学锴、余恕诚：《李商隐诗歌集解》（第四册），中华书局1988年版，第1644页。
② 刘学锴、余恕诚：《李商隐诗歌集解》（第四册），中华书局1988年版，第1648页。

至海上冀遇蓬莱事。"① 金性尧云："刘郎，相传东汉时刘晨、阮肇一同入山采药，遇二女子，邀至家，留半年乃还乡。见《太平广记》引录。后也以此典喻'艳遇'。"② 刘若愚亦认为是刘晨事，而周策纵则云："此诗似大受《汉武故事》及《汉书·李夫人传》中所述武帝命李少翁求李夫人神故事之影响。古今来诸家注此诗，多谓其系指蓬莱求仙，而不及李夫人与少翁事。实则此诗与求仙事无关，不可不辨也。"③ 周氏此说，极富启发意义。查《幽明录》中刘晨、阮肇事会发现，刘阮所去乃"天台山"，与此诗中"蓬山"并无联系。再者，刘、阮与仙女之邂逅艳遇，与该诗中深情苦恨之语，其情调也大不相类。此刘郎当指汉武帝，《史记·孝武本纪》中载汉武帝入海寻找蓬莱仙山事："天子即已封禅泰山，无风雨菑，而方士更言蓬莱诸神山若将可得，于是上欣然庶几遇之，乃复东至海上望，冀遇蓬莱焉。"④ 又载："今上封禅，其后十二岁而还，偏于五岳、四渎矣。而方士之候祠神人，入海求蓬莱，终无有验。"⑤ 此外，《汉书·外戚传》中云："上思念李夫人不已，方士齐人少翁言能致其神。乃夜张灯烛，设帷帐，陈酒肉，而令上居他帐，遥望见好女如李夫人之貌，还幄坐而步。又不得就视，上愈益相思悲感，为作诗曰：'是邪，非邪？立而望之，偏何姗姗其来迟！'"⑥ 后来武帝命李少翁求李夫人事又有所演绎，在《汉武故事》中，

---

① 喻守真编注：《唐诗三百首详析》，中华书局1985年版，第307页。
② 金性尧注：《唐诗三百首新注》，上海古籍出版社1980年版，第283页。
③ 周策纵：《弃园文粹》，上海文艺出版社1997年版，第162页。
④ （汉）司马迁：《史记·孝武本纪第十二》，中华书局2011年版，第402页。
⑤ （汉）司马迁：《史记·孝武本纪第十二》，中华书局2011年版，第409页。
⑥ （汉）班固撰，（唐）颜师古注：《汉书·外戚传》卷九十七（上），中华书局1999年版，第2910页。

更言少翁能"升天然后可至蓬莱",又"令上居他帐中,遥见李夫人"[①],后来"汉武帝""李夫人""蓬莱山"等意象就绾合在一起,由是可知,"刘郎已恨蓬山,更隔蓬山一万重",其意即汉武帝思念李夫人,即便蓬山遥远,但仍可遣方士"升天入地求之遍",然而所思之人呢?相会已然遥遥无期,就像那万重山峰的阻隔。

读完此诗,我们发现,尽管已经尽力厘清此诗的文意内涵,但该诗还是给人一种溟濛浑茫之感,它包蕴着多重意旨,给人丰富幽邈、沉博绝丽的诗意联想。

在大学诗教中,以上所示文本细读是重要的实践环节之一,其目的在于从语言、修辞、意象等多个层面理解和探究诗歌文本的内涵意义。读诗当思其情志,审其言辞,辨其格调,细其音节,深其义理。只有深入分析每一处细节,才能更好地领悟诗歌的魅力和意义。此外,也要格外注意,诗的语言有其特殊性,有时是非理性的,甚至反逻辑的。须知好的诗歌,其妙处正在于可解不可解之间。诗人深知语言表情达意时存在不确定性,所以在诗歌中刻意运用这种不确定性,使诗意更加丰富幽邈,意味多元。学诗者在解读诗歌时,不能胶柱鼓瑟、板滞片面地理解诗意,这样会削弱诗歌的朦胧意境。此种言外之意与象外之象,幽邈难踪,只能由学诗者亲自体悟感受了。

余 论

以上所论,从感悟诗心、吟诵涵泳和文本细读三个层面论述了大学诗

[①] 徐震堮选注:《汉魏六朝小说选》,上海古典文学出版社1956年版,第14页。

教的体悟与实践。反思当下，电子媒介极大地改变了人们的阅读学习方式，这给大学诗教带来了新的挑战和机遇。大学诗教亦应适应时代变化，积极发掘应用网络与数字化资源等。高校可以开设线上课程或讲座，通过在线教学的方式进行诗词教育。此外，利用数字化资源可以将诗词教育与多媒体课件和互动资源相结合，更加生动多样地进行教学，为学生提供更丰富的文化资源。近年来，不少高校都推出了诗词吟诵、作诗大赛等活动，这些比赛的举办不但可以提升学生参与的兴趣，在以文会友、书写当下等方面也具有一定推动意义。随着传统文化愈益受到重视，中国传统的教育理念与研习方法也被重新审视和挖掘。在诗教现有基础上，将感悟诗心、吟诵涵泳和文本细读等实践方法应用于现代课堂，对于培养学生的人文素养，优化课堂教学效果都具有积极的推动作用。作为教师，应该积极鼓励学生涵泳经典，传达其中的智慧和灵感，提升学生的人格修养。教师应具有丰富的学识、终身学习的意识，不断提升自身修养和专业能力，引导学生沉潜涵泳，鼓励他们拥抱诗心，研精覃思，传达文学经典生生不息的诗性美感。

作者简介　　赵晓辉，北方工业大学文法学院中文系副教授。研究方向为唐宋文学研究、诗词美育研究。

京与昆、曲与戏

——北京高校戏曲教学的若干思考

胡淳艳

摘　要

　　高校戏曲教学虽然从整体上是以高校学生为对象，但如果细分，不同的专业大类学生的戏曲教学在教学内容、方式上还是应该有所区别，以达到更好的教学效果。对不同地区高校而言，戏曲教学还有剧种选择的问题，应针对性地选择具有代表性的剧种。在京剧教学中，注重审美与常识的结合；在昆曲教学中，则因文学、艺术密不可分，应遵循"曲"与"剧""诗"与"艺"相结合的原则。

关键词

　　高校　戏曲教学　剧种　京剧　昆曲

　　北京的一些高校，比如北京大学、北京师范大学、中国人民大学、首都师范大学等都先后开设过戏曲教育方面的通识课程。作为以高校非戏曲专业为主要教学对象的戏曲课程，其教学与面向其他对象的戏曲教育相比，既有共性，但也有相对比较特殊的一面。

一

面对社会公众，戏曲教育应主要侧重于能引发人生思考；面对外国友人、海外华人，宜于以经典进行对话，用戏曲之声、色打动人；面对非戏曲专业的艺术群体，则应强调艺术间的共性和戏曲的独有特性。而对于中、小学生，选择其认知范畴内的戏曲人和事展开讲述是比较适宜的做法。高校戏曲教育，除了与上述对象相类的以讲座为主的戏曲教育方式之外，作为高校美育教育的一个重要组成部分，还可以以系统的通识课程的方式进行（有条件的中小学也可以安排相关课程，但教学上针对学生的年龄会有所不同）。同时，高校学生与上述对象既有相似的一面，但也存在着诸多的不同，比如受教育程度、接受新生事物的速度与程度等方面，高校学生都具有相对的优势。因此，高校戏曲教育有其得天独厚的课程优势。

在高校戏曲教学中，除了戏曲历史、戏曲特性等内容之外，还有一些问题值得我们进行探讨。首先，戏曲教学课程中的剧种选择问题。中国的戏曲剧种丰富，2017年12月26日，文化部公布地方戏曲剧种普查结果：截至2015年8月31日，全国共有348个剧种。在戏曲教育课程中，面对众多的戏曲剧种应该怎样进行选择？这300多种剧种，不要说普通人，就是专门的戏曲研究者，很多也都没有看过。剔除掉一些分布范围小、演出很少及面临失传的剧种，余下的不足200个剧种，也仍然不可能都在戏曲课堂上进行展示。因此，有必要选择合适的剧种。这种选择需要考虑几个方面的情况：一方面，尽量选择发展成熟、体系完备的剧种，以展示中国戏曲的精华；另一方面，也要在一定程度上考虑高校戏曲教育所在地域，换言之，两者之间应该保持一个相对平衡的状态。对于北京本土而言，曲剧、评剧等都是流行相对广的剧种，但如果从戏曲艺术发展、完备程度而言，它们并非上选。

其实，作为北京地区的高校，在戏曲教育课程上具有得天独厚的优势，可以选择最具代表性的京剧作为主要剧种来展示中国戏曲方方面面的审美特性。这不仅仅是因为京剧的知名度、艺术发展成熟度和艺术体系的完整性，还因为它虽然形成来源众多，但的确是在北京这片土地上形成的，无论它有多少源头、鼻祖，最终还是姓"京"。无论是作为北京土生土长的大学生，还是来京求学的大学生，有必要加强对这一几乎遍布全国的代表性戏曲剧种的了解、认知。除了各种演出、讲座、票房之外，高校戏曲课程中对京剧的教学，也是将京剧推向青年学子，获得更多年轻观众、粉丝的重要途径之一。而这一点，对于京剧这一剧种尤其重要。

之所以如此说，是因为目前京剧的观众普遍年龄偏大，银发观众占据了观众中的绝大多数。当然不可否认的是，高校的确有一些年轻的京剧观众与爱好者，比如清华大学长期坚持聘请京剧资深演员进行教学，培养了一些年轻的爱好者和学生票友。但相比于昆曲和越剧，京剧年轻观众和爱好者的整体状况的确不容乐观。以昆曲为例，21世纪初白先勇青春版《牡丹亭》进入若干所南北高校演出，传统的音乐、曲牌依然如故，但着重打造青春版，以青春气息浓郁的舞台、演员吸引高校青年学子，一时引起热议。如今十几年已经过去，必须承认的是，白先勇的这一创意取得了不俗的成绩。虽然从专业的角度而言，青春版《牡丹亭》并不完美，在编排、舞美、表演等方面存在诸多问题，但它的南北演出，让人们几十年来第一次看到，在昆曲台下的观众中，年轻的面孔占据了多数。发展到今天，在大江南北剧场中的昆曲演出，年轻观众的比例也大大增加。这足以证明青春版《牡丹亭》主要面向高校学子、拓展年轻观众的策略是成功的。而今南北很多地方的昆曲曲社，活跃的中坚力量基本上都是年轻人，这是非常令人欣慰的现象。

然而遗憾的是，到目前为止，京剧尚未出现这样的一部作品能够吸引年青一代的高校学子。京剧的票房中，当然不乏年轻人，但与昆曲曲社相比，仍然显得寥落。在这种情况下，除了不定期的讲座外，通过戏曲通识课程对年轻的高校学子们普及京剧，在一定时期内仍然是主要途径之一。这种细水长流却坚持不懈的方式，不会取得瞬间的轰动效应，但持之以恒，甘苦自知，取得的点滴效果也许终将有所体现。而国家京剧院、北京京剧院身处北京，无疑又可以成为首都高校京剧教学最有力的支持。

除了京剧之外，笔者认为北京地区高校戏曲课程还应将昆曲纳入课堂教学中。首先，相比于形成近代的京剧，昆曲的历史更悠久，从昆曲到京剧，反映着中国戏曲从古代向近代的转变。如果说京剧是集板腔体之大成，那么昆曲则是曲牌体的代表。京昆对照，使学生对戏曲曲牌体和板腔体的认知加深，这无疑是最好的选择。其次，京剧的程式其实很多来自昆曲，所谓梅兰芳表演艺术体系最核心的其实主要来自昆曲。将昆曲引入课堂，才能让学生明白京剧程式的由来与发展。最后，京剧与昆曲的审美格调差异。京剧起自民间，原本倾向于俗，但后来经过文人的介入而逐渐趋向雅，发展到如今，这一剧种其实呈现的是一种介于雅俗之间的审美品格。相形之下，昆曲虽然也是雅俗兼备，但其整体上是趋向雅文化的一面的。

昆曲的唱作并重，它的含蓄蕴藉的审美意蕴，它的雅文化品格，是中国文化中值得被珍视并继承的元素，这正是课堂引入昆曲的另一个主要原因。在北京地区高校的戏曲通识课堂上，应该是京昆并重，两得其擅，使学生既对古代戏剧留存至今的昆曲有所了解，也对近代以来兴盛的京剧有切身的体验，如此，才能对中国戏曲的整体状况有一个相对全面的认知。当然，这并不意味着课堂上只能讲这两个剧种，其他需要之处，仍然可以涉及相关的其他剧种，只是在涉及中国戏曲的历史发展、审美特性等问题时，选择京剧和昆曲这两个剧种进行讲述、展示，取得的课堂效果、学生的认知程度应该是最理想的。

二

选择了京剧与昆曲作为北京地区高校京剧教学的主要剧种，接下来的问题就是，这两种剧种在戏曲教育中，应该注意从哪些方面入手，避免哪些偏颇有可能带来的问题。

首先看京剧。在高校戏曲教育中，京剧这一剧种的教学中，有可能涉及一个问题，就是京剧教育中的审美与基本常识的选择问题。这个问题如果在公众层面，在面向普通观众时，并不是一个问题。但作为通识课程，高校的京剧教育还是有某些不同之处。如前所述，如果只是对普通的对象，戏曲教育中可以直接通过经典的剧目、人或事等吸引公众的注意，能使对戏曲一无所知的受众对戏曲有简单的了解，就达到了效果。但高校学生的戏曲教育，不仅承担着普及的功能，还要为戏曲培养新的观众和爱好者。如此一来，只从审美角度、艺术角度教授京剧的艺术特性、审美格调等，虽然仍是不可或缺的重要内容，但却不太可能是全部。举例来说，高校有时会请京剧演员做讲座，演员边说边演示相关的唱念做打，使台下的学生对这一剧种获得最为直接的感性认知。这种以表演的声、色打动人心，从而引起人们兴趣的做法，无疑具有不错的传播效果。不过，当表演结束，讲座完毕，带着一份视觉和听觉的满足走出讲堂的学生，对戏曲本身的认知固然有了一些，但基本也就止步于此了。不乏真正热爱的人从此一发而不可收，进入京剧的世界，成为铁杆粉丝，不过这绝对是少之又少。

因此，现有的高校戏曲教学中，在京剧的教学部分，对京剧的审美部分涉及得相对比较多，而基本常识部分，诸如京剧作为板腔体的音乐部分，其实涉及得相对还是较少。之所以如此，其实源于教学者的某种担心。如果不以服装、化装脸谱、唱念做打等来吸引学生，可能教学不会取得理想的效果，毕竟戏曲教学中的京剧教学并不是一定要培养出多少票友。这种担心的确是有一定道理的。但从另一方面而言，我们既然要培养京剧新一代的年轻观众，那么就要考虑一个问题，我们需要培养什么样的观众和爱好者？是能让这些人肯花钱买票走进剧场看戏，而不只是在送戏进校园、进社区时瞄上一眼，或者在网络上看看而已。京剧始终应该是一门剧场艺术，离开剧场演出，离开舞台的京剧，注定是不完整的。同样，如果不能争取到年青一代的剧场观众，本身已经是"遗产"的京剧的未来，同样也是堪忧的。

要争取年轻的观众与爱好者，需要努力的方面当然很多，笔者这里想着重指出的是，在高校戏曲课堂教学中，京剧音乐的教育尤其需要加强。与曲牌体形成鲜明对比的板腔体，是由梆子、皮黄发展，由京剧集大成，使中国的戏曲音乐发展到了一个新阶段。板腔体音乐基本结构简单，具有巨大的板式变化空间，为音乐本身的戏剧化提供了可能，舞台性也因此大大加强。至此，京剧等地方剧种与此前古典式的传奇杂剧分道扬镳。作为板腔体音乐发展最为丰富、成熟的剧种，京剧音乐无疑是促进京剧走向辉煌的重要元素之一。但是在很长一段时间内，在高校戏曲教学中对此其实是有所忽视的。这种现象的背后，其实也有社会的某些因素的影响。曾经在央视的某次京剧比赛中，某位评委就强调自己打分只看感觉，至于西皮二黄是否荒腔走板他是不理的，这种对于京剧音乐的漠视，在一定程度上也影响到了高校京剧的课堂教学。

当然，现在剧场演出京剧时，多数都会注上具体的声腔板式，但对于高校戏曲教学而言，好好讲一遍、唱一次的体验更直接、更有效。这方面如果任课教师自己就是票友或琴师，可以直接操刀上阵。如果不习此道，可以外请京剧琴师、鼓师，为学生现场展示京剧的诸多声腔、板式，同时为学生列出相关剧目，使学生逐渐可以分清什么是西皮、什么是二黄，以及散板、原板、二六、慢板、摇板等板式。这其实并不是一件枯燥的教学内容，时代在发展，特别是这几年的高校青年学子，很多从小是接受过音乐教育，学过这样或那样的乐器。他们对京剧的声腔、板式的理解是比较快的，而且有些还会将京剧音乐与西方音乐进行某种比较，如此一来，他们对京剧音乐的认知与理解就能相对更深入。所谓外行看热闹、内行看门道，这些学子在观看京剧演出时，就不仅仅是看个热闹而已，而是能从中看出一些不一样的东西，有更深切的审美体会。

与高校戏曲教育中的京剧更注重音乐和舞台艺术不同的是，昆曲教育中的"文"与"艺"，或者说"曲"与"剧"关系及其处理，是一个需要特别关注的问题。这一问题在京剧中基本不存在，作为近代以角儿制为核心的剧种，京剧的文学水平始终不尽如人意，不能与昆曲的文辞相媲美。试比较一下曲词：

我是个蒸不烂煮不熟槌不匾炒不爆响当当一粒铜豌豆，恁子弟每谁教你钻入他锄不断斫不下解不开顿不脱慢腾腾千层锦套头。我玩的是梁园月，饮的是东京酒，赏的是洛阳花，攀的是章台柳。我也会围棋会蹴鞠会打围会插科，会歌舞会吹弹会咽作会吟诗会双陆。你便是落了我牙歪了我口瘸了我腿折了我手，天赐与我这几般儿歹症候，尚兀自不肯休。则除是阎王亲自唤，神鬼自来勾，三魂归地府，七魄丧冥幽，那其间才不向烟花路儿上走！（关汉卿【南吕・一枝花】不伏老之【隔尾】）

原来姹紫嫣红开遍，似这般都付与断井颓垣。良辰美景奈何天，赏心

乐事谁家院。朝飞暮卷，云霞翠轩。雨丝风片，烟波画船，锦屏人忒看的这韶光贱。（汤显祖《牡丹亭》第十出之【皂罗袍】）

店主东带过了黄骠马，不由得秦叔宝两泪如麻！提起了此马来头大，兵部堂黄大人相增与咱。遭不幸困至在天堂下，还你的店饭钱无可奈何只得来卖它。摆一摆手儿你就牵去了吧！但不知此马落在谁家？（谭鑫培《卖马》）

从以上元曲、传奇与京剧的三种曲词可以看出，作为板腔体的京剧，其曲文大都质朴、通俗、本色，甚至有若干曲词不通的水词儿，在语言运用、审美风格上完全不同于元曲曲文的酣畅淋漓，也有别于昆曲曲文的典雅华美。从根本上讲，这是中国戏曲在从古代向近代的转化中审美意识发生变化而导致的结果。当然，京剧继承了昆曲排场生动、表演体系完备的长处，又改变了昆曲曲词辞深意晦的弊端，由此在激烈的演出市场竞争中胜出，赢得了观众喜爱。但毋庸讳言的是，从昆曲到京剧，从原本的以剧本为中心发展到以表演为中心，在文化高度上下的确下降了不止一点半点，这是戏曲艺术的发展走向，有必然也有无奈，有所得亦有所失。

戏曲所唱之曲，原本属于广义的中国诗歌的一部分，而中国古代诗歌本来是诗乐舞三者兼具。即令只是从音乐角度而言，诗歌本来也是可歌的。从先秦以来，《诗经》、楚辞、汉魏六朝乐府、唐诗、宋词、元曲，都曾经是诗乐一体的。但今天我们基本上只能阅读、欣赏其文辞，其配套音乐多数已经失传。虽然有许多作曲者早期以中国风自认，现今以国潮标榜，创作了许多以古典诗词曲为词的歌曲，但这些无论风格怎样变换，旋律如何优美，传唱怎样广泛，从根本上讲，仍然是一种古诗词的现代演绎，是所谓的古词新唱。

在高校大学语文等通识课程的课堂上，所讲上述各代诗歌，多数从文学角度，而无法进一步讲解其音乐形态与发展。这一方面是课程性质的限制，另一方面也源于这些诗歌的音乐载体的失传与缺失。比如，宋词大多没有乐谱流传下来，因为"词谱有定声，作者就声以入文（白石词，凡旧牌皆无谱，即此理）。曲无定声，谱者就文以入拍。惟其有定声也，文士伶伦辈以为习见也，故未及辑录而日久渐亡"[1]。宋代词人为辑录新作之曲才用记谱符号，多数词牌之声只是口口相传，当时为人熟知，后世日渐消亡。宋词如此，元散曲亦然。姜夔的《白石道人歌曲集》中有17首新调注有谱字，但因板眼失落，谱字仍需校订。

相形之下，明清传奇的情况要好得多。其中若干剧目都有乐谱保存至今，并因其乐谱记录详尽，音符、板眼俱全，所以虽百年之后，仍可依谱而歌。并且这种歌唱，还保持了口传心授的艺术传承方式，从而使明清以来昆曲歌唱的基本艺术形态没有走样。不仅如此，其所唱元曲其实是以昆曲形式保存下来的，即所谓"元剧昆唱"。赵景深认为，"元曲的唱法，在昆曲最初盛行时，就早已绝响了。但昆曲绝不是一蹴而就的，它一定是从许多腔调变化出来的。昆曲也唱北曲，那末，保不定元曲的唱法，在昆曲中还保留了一些典范"[2]。相对于赵先生的谨慎之论，另一位曲家王守泰的观点就显得更为乐观。在他看来，"由金元北曲发展成昆曲北曲，变革是不大的，因此可以说，金元北曲的唱法在昆曲中保留得还是比较多的"[3]。

因此，从古代诗歌发展的角度，在高校戏曲课程中，以清曲形式向学

---

[1] 蔡桢疏证：《词源疏证·序》，中国书店1985年版，第1页。
[2] 赵景深：《读曲小记》，载赵景深著，江巨荣编《赵景深文存》（上），上海古籍出版社2016年版，第547页。
[3] 王守泰：《昆曲格律·绪论》，江苏人民出版社1982年版，第5页。

生传授若干宋词、元曲乃至昆曲的唱法，使学生切身感受诗乐一体，乃是对大学语文等高校通识课程的一个完美的有益补充。现在学生大多只会普通话，而以普通话念古诗词，其平仄、押韵等经常与原作有出入。其在清曲教授过程中，每字的反切、平仄、五音四呼、尖团、阴阳、韵脚等都会一一点出，使学生可以明了该首词、曲的声韵，兼以习唱，从而体味古诗词的声韵之美。不仅如此，昆曲中的散板曲旋律简单，继承了古代吟诵传统。通过诸如【点绛唇】【新水令】等昆曲散板曲的习唱，某种程度上其实也是古诗词吟诵的体现，这对于学生切身体会也大有裨益。

与此同时，剧曲同样是高校戏曲教学中不可或缺的内容。如果说清曲主要着眼于古诗词吟唱传统的传承，那么剧曲则立足于戏曲课程本身。明清传奇所留存下来的曲牌，从文学角度而言，是古代诗歌传统的延续。而从戏剧角度而言，则是承载戏剧叙事、抒情功能的载体。清曲的品位、赏玩固然是文人传统在当代的一脉相承，剧曲的场上性却是观戏、品戏、入戏的必经之途。各支曲牌的歌唱，一旦落实到舞台表演，唱做并重时，其戏剧性的一面就显示出来。在引导学生明了某支曲牌的歌唱规则后，还要引导他们注意，同样一支曲牌，在昆剧舞台上演出时，演员的身段是与词意紧密结合的，所谓词到、眼到、手到是也，也即载歌载舞。梅兰芳在谈到《思凡》的表演时曾说：

在京戏里，夹杂在唱功里面的身段，除了带一点武的边唱边做，动作还比较多些之外，大半是指指戳戳，比画几下，没有具体组织的。昆曲就不同了。所有各种细致繁重的身段，都安排在唱词里面。嘴里唱的那句词儿是什么意思，就要用动作来告诉观众，所以讲到"歌舞合一"，唱做并重，昆曲是当之无愧的。①

通俗点说，清曲是"嘴里的"，剧曲是"嘴里的"，但更是"身上的"。

举例来说，明中叶李开先的传奇《宝剑记·夜奔》中的一支【折桂令】，其唱词如下（舞台版与《宝剑记》原文稍有不同）：

实指望封侯也那万里班超，（到如今）生逼做叛国红巾，作了背主黄巢。恰便似脱扣苍鹰，离笼狡兔，摘网腾蛟。救国难谁诛正卯，掌刑罚难得皋陶。似这鬓发焦梢，行李萧条，此一去博得个斗转天回，（高俅）管教你海沸山摇。

昆曲清曲演唱的这支双调北曲【折桂令】，一板三眼，全曲唱来，健捷激越、雄劲悲愤。而作为剧曲，其身段动作则要繁难得多，词、乐、动作要三位一体，词到、乐到、舞到，保持协调。

北方昆曲剧院的昆剧名角白云生曾分析《夜奔》的表演艺术，对【折桂令】这支曲牌的表演时，曾逐句进行了分析。首先，第一句"实指望封侯万里也那万里班超"，这句拉开山膀，左手拳，右手四指屈，大拇指独伸做"英雄指"，表示自己是英雄。唱"封侯也那万里班超"时，转身，左掌心朝上右手掌心向下做托印式。"（到如今）生逼做叛国红巾，作了背主黄巢"，翻身左右先后拍脑打肘，拍手背，抬腿打膝盖上边，再双手反掌，同时跺脚转身走弧形半圆场，右手拍脑，用力伸出，要有抖膀子的劲，要睁眼，双眉微竖露怒气，并有狠心气概。"恰便似脱扣苍鹰"，做斜卧身，单

---

① 梅兰芳口述，许姬传、许源朱整理：《舞台生活四十年》（上册），团结出版社2006年版，第313—314页。

腿站，左臂伸开，是另一种射雁姿势，象征苍鹰形状。"离笼狡兔"，转身垫腿起飞脚腿，是表现狡兔窜出了樊笼。"摘网腾蛟"，双整肘袖，走翻身交叉，斜身站，双臂双手用掌尽力伸直，亮相，这三个姿势是相连的，是舞蹈身段在起伏上的一个高潮。"救国难，谁诛正卯，掌刑罚难得皋陶"，这两句做左右穿袖的平指转身，先向左边双手掌心上下相对有半尺距离旋转，同时左腿用足尖随之而转，不要离地或抬起腿，因与涮腿不同，这个姿势叫束缚式，表示捆绑的意思。唱"鬓发焦梢"时，左右边做同一姿势，但收住亮相时与前一个不同，要双手一上一下向头部鬓边指，是表示鬓发纷乱。古典舞蹈姿势的特征就是同一姿势可以用在不同的词句上，这全在演员表演时，以眼神和手势交代清楚，唱的字眼更应清楚，以便做综合交代。

"行李萧条"句，左手按剑，右手按掌在脑前走小圆场站住。"此一去博得个斗转天回"，用手向左台角天空指，念"高俅"二字时回身向上场门指，微咬牙，恨的气氛要重。"管教你海沸山摇"，回身面向左台角，双手微颤动，上下越动越快而有力，步伐向后退做波浪式，双手拉开，抬左腿踢右腿，仍向左台角蹬出右腿，半翻身，右腿不落，左手平伸出，用右手在左臂下边斜指出，右腿落下做蹬弓步，右手向上场门指，左手按剑，全身微晃，双目圆睁，眉梢尽力向上竖起，鼻孔微出气，腹部不要动，否则会使观众误认为气喘，要做到怒气不息，很有海水沸腾，高山动摇之概，以表示不管高俅的势力多大，也得把他消灭的决心。[①]

白云生所形象描绘的这一演法，直到当代的昆剧舞台上，仍然被后辈一代又一代的年轻演员传承、演绎。在高校戏曲课堂上，通过演出视频或

---

① 参见白云生《〈林冲夜奔〉的表演艺术》，载《白云生文集》，中国戏剧出版社2002年版，第265—266页。

请专业演员亲身示范,使学生直观感受昆曲舞台表演的魅力。如此,才能使学生领悟到,昆曲之曲牌,固然是继承了中国古典诗词传统的广义上的诗歌,同时也是场上之曲,是中国古代戏曲的特殊载体与表现方式。曲牌之美,固然是文辞之美,也是音乐之美,但更是戏剧之美。清曲与剧曲的结合,应该是高校戏曲课堂的昆曲教学中所应遵循的教学原则。

作者简介　　胡淳艳,北方工业大学中文系教授,研究方向为明清文学。

数字技术对美育的挑战与机遇
——"新文科"背景下大学美育的教学实践探索

张 艳 李麟学

摘 要

数字技术的普及为美育，尤其是强调动手能力的艺术教育，带来了全新的挑战与机遇，应把握这一契机，探索数字技术与美育相融合的可能性路径。艺术创造不应被视为技能的传授，而应当被重新定义为学生自主探究，并反思生存世界，创造理想未来的活动；教师的角色也应从"传授者"转变为"启发者"和"协作者"，助力学生成为自我教育的主体。基于"新文科"背景，大学美育课程探索了线上与线下相融合、理论与实践相结合，文、艺、理、工跨学科相互整合的创新式课程教学模式，收到了良好的反馈与成效。

关键词

数字技术 美育 新文科

一、挑战与机遇

如今大学美育面对的对象是所谓的Z世代（Z Generation）族群，即1995年至2009年之间出生的年青一代。他们是互联网世界的原住民（internet natives），从牙牙学语时期开始，即能熟练地利用新媒体来获取海量资讯和知识。由于计算机技术已深度嵌入当代艺术创作过程中，他们甚至更擅长利用新技术平台从事自己的艺术创作活动（如摄影、拍剪视频、数字绘画等），并将社交网络的个人主页当作"个人展览馆"进行"策展"（curating）和作品展示。由于年轻人获取知识和艺术创造的主动性大大增强，这反过来激励我们对传统以课堂为中心、以教师为中心、强调单向度知识输出的授课模式和学习方式进行反思。

在近年来长时间线上教学的过程中，教师面临了线下教学所不曾遭遇的一系列挑战，如临场互动性的减弱、调动学生注意力和主动参与的困难度大大增加等，传统的学生被动接受知识的模式遭到了极大的挑战。然而，我们不应悲观地将这一暂时的境况简单地归咎于新技术带来的障碍，因为新媒体实际上是灵活而可塑的（malleable），如今的困境或许恰恰来自我们未能充分地调动和开发出新技术的全部潜能，技术相对于现实环境的滞后性和时间差才是导致前文困境的根本原因。我们应当充分利用这一契机尽快推动革新，尽可能探索和延伸新技术在未来发展的可能性，令其成为我们积极调解和环境之间关系的有益助力。比如，开发出更多适用于新媒体平台上的互动性新样式，既可以在课堂内调动和激发学生的兴趣，也可以在课后让每个学生更便捷地探索出创造性和个性化表达的形式，让他们真正成为主动的学习者和教育的主人翁，改变以往作为信息接收者的被动性地位。

我们认为，恰恰在这一技术"奇点"（singularity）时刻，大学美育获得了前所未有的发展前景。审美和艺术教育与传统的哲学、历史等课程的不同之处就在于它突出的实践性和操作性，它不只是一种理解和认知知识的活动，而更是一种在实践中探索和创造的活动，因此，审美和艺术教育恰恰具备了与数字技术进行结合的丰富潜力，继而能在当下这个时代展现出有别于其他学科的灵活性、开放性和可延伸性。比如，在哲学等传统的知识性讲授的课程中，学生如果无法面对面与教授相互辩难和诘问时，学习效果将会大大降低。但在艺术课程中情况则不同，艺术和审美作为一种感性教育，它往往不是围绕知性"对话"来进行的，而是更多倚重一种实践中的"自我探索"，学生需要在对媒介材料不断"试探"的过程中尝试性建立起符号表达，而这一过程必然是动态的、反复的、自我批判的，需要通过应对每一次媒材的"抵抗"和反馈来不断进行反思性调整。因此，艺术教育就是学生自主地和媒材相互"合作"，并建立起一套独一无二的创作方法论的过程，最终建立起材料—感知—思想相融合的内在贯通的回环。因而，当下线上教学的普及及信息技术的大规模运用反而为美育提供了更广泛的实验性机遇，如此，美育反而从种种科目中脱颖而出，得到了前所未有的发挥空间。学生在上课的时候可以很便捷地一边听讲，一边打开 Photoshop 等软件进行同步尝试，课后他们也能动手利用互联网上各式各样的资源和互动软件饶有兴趣地完成练习，主动成为一个"小艺术家"。

当代著名技术哲学家斯蒂格勒（Bernard Stiegler）曾提出，在当下，由于我们被可无限复制的机械装置捕获，因而丧失了一种"器具式（instrumental）的审美知识"[1]，由此导致了"感性的机械化"[2]趋势："从那时开始，人们用不着学会如何去读，也用不着去学音乐的演奏了，也不会复制作品了；文学不再是教育小说，不再是生活转变的工具，也不是生活

---

[1] ［法］贝尔纳·斯蒂格勒：《人类纪里的艺术：斯蒂格勒中国美院讲座》，陆兴华、许煜译，重庆大学出版社 2016 年版，第 62 页。

[2] ［法］贝尔纳·斯蒂格勒：《人类纪里的艺术：斯蒂格勒中国美院讲座》，陆兴华、许煜译，重庆大学出版社 2016 年版，第 98 页。

的艺术……而只是消费的对象和功能，或者说是所有工业生产的消费的组织。"① 所谓"感性知识"必然是一种以亲身实践得来的默会知识（tacit knowledge），自20世纪文化工业兴起以来，现代人习惯于被电视剧、流行乐、游戏等各种文化产品"喂养"，被动地从肤浅的娱乐中获得感官和情绪刺激等。但正如斯蒂格勒所指出的，不能够演奏其实就不能够真正听懂音乐，不能够临摹就不能够真正看懂绘画，若想获得真正的感性知识，就需要在心灵—身体—人工器官（媒介）之间建构一个一体化的反馈循环回路②，这恰说明在数字时代，我们提倡一种天然具有实践导向的艺术教育十分必要，也正因为它切中了时代的症结而正合时宜，艺术教育甚至是能挽救我们百年来身心不断导向"机械化"症状的一剂灵药。

近年来，人工智能的崛起，如小冰写诗、AI绘画等，给数字化艺术教育带来了不容忽视的挑战。如人工智能绘画应用大多使用"文本到图像"（text-to-image）的机器学习模型，它将自然语言描述作为输入，最后输出与该描述相匹配的图像。这种模型基于深度神经网络的学习基础，最早于21世纪初的十年中被开发。而到了2022年左右，这一模型生产出的图像的精细和逼真的程度已开始接近人类手绘，甚至是真实照片的质感。这对当下的艺术教育是极大的冲击，引发了艺术教育界内的自我怀疑和反思。假如所有图像都能够被便捷地由生成器创造，那么艺术家的创造力是否还有用武之地呢？"何为艺术""何为创造力"等原理性问题被置于必须重新反思的境地。假如人工智能可以轻而易举地生产出超越我们想

---

① ［法］贝尔纳·斯蒂格勒：《人类纪里的艺术：斯蒂格勒中国美院讲座》，陆兴华、许煜译，重庆大学出版社2016年版，第62页。
② 参见［法］贝尔纳·斯蒂格勒《人类纪里的艺术：斯蒂格勒中国美院讲座》，陆兴华、许煜译，重庆大学出版社2016年版，第37页。

象的、前所未有的艺术作品，那我们不得不反躬自省——人类的创造力与机器、自然等非人的创造力究竟有何根本性不同？如果艺术家在此过程中还有创造的余地的话，他们的工作是否需要被重新地进行定义？

二、数字时代美育目标的再锚定

数字技术的普及在哲学领域激发我们对何为"创造力"、何为"智能"等问题的原理性思考，而这些问题与艺术教育和美学教育的终极目标也高度相关，艺术教育的使命是否只是传递艺术创造的技巧和技能呢？接受音乐、美术等教育的学生是否只是被期望通过反复的操练而掌握一套身体技术呢？在当前时代，我们发现此种对艺术教育的理解必然会遭到现实的冲击和挑战。因为，假如我们仅仅将艺术教育视为一套创作音乐、摄影、绘画的套路和技艺的话，那么，如今的人工智能画家和作曲家都已经证明了，即使是看似无规律的艺术创作也可以被提炼出一系列的"固有范式和模型"，并被计算机通过无限的排列组合来进行重复性生产，它们可以完全取代我们教育出来的"技术型"学生。因此，我们对艺术的定义应该重新被调整：艺术不应仅仅停留在"技术"的层面上，而应该被提升至对学生的批判能力和真正的创造性思维和表达方式的培养的层次上。艺术教育不应停留在"技"的层面，而应上升到"道"的层面，正所谓"道"为本，"技"为末，艺术和审美应当被重新定义为，一种让年轻人以其想象力创造出一个超越现实空间之上的全新理想空间的能力。艺术教育应当着力培养他们不断地反思当前的世界，并展望和塑造希望中的美好世界的能力，由此推动整个社会的进步。如此，我们就不必过于担忧人工智能造成的破坏，因为机器恰恰不具备这样的反思现状和展望未来的能力。人工智能创造的基础全部都是计算机搜集到的历史中既有的数据模型,尽管将它们进行千变万化的排列组合,可以生成我们无法预料到的结果,但此种仅停留在"形式"层面上的"创造力"并没有现实指涉作为根基。而人类的创造力则相反,他们能够基于自身的生命经历、生存境遇,切实地反思和修正我们所生活的世界,为我们指向一个梦想的未来社会,这是仅基于"历史数据"的机器所遥不可及的。

一些学者更倾向于将艺术定义为一种探究世界与自我的方式,他们认为,艺术指的不是一件制作完成的作品,而应被视为一种过程性的自我反思活动。[1] 如此一来,我们便不能将"艺术教育"中的"艺术"一词视为一个名词、一个客观对象,而是将"艺术"视为一个副词——"艺术地学习""艺术地教育"等,其内涵在于,将传统的传授一套固化知识和技能的教育方式,转变为一种探索式的、开放式的、没有固定形式的、任凭学生在"小径分叉的花园"中肆意徜徉的学习方式。马歇尔(Julia Marshall)和金伯利(Kimberley D'Adamo)提出,作为一种探究性学习方法的"艺术"至少包含了四个层面的含义。

(一)探索中的偶然相遇

作为探究性学习的艺术没有预先确定的终点和答案,而是面向多变的、纷繁复杂的要素而敞开,并在探索推进的沿途中不断因各种"偶然遭遇"而对自身进行反思和重构,以及不断改变思想与表达的形态。"艺术研究是一条道路,一条始于兴趣或审美的小径,并从那里分支,这些分支会逐渐在一个统一的主题下交织在一起,这个主题又在分支和交织的过

---

[1] Julia Marshall and Kimberley D'Adamo, "Art practice as research in the classroom: A new paradigm in art education", *Art Education,* Vol.64, No.5, 2011, pp.12-18.

程中逐渐显露。"[1] 马歇尔和达莫举出伯克利学院的学生哈廷格作为例证，她从查克·克洛斯（Chuck Close）的肖像照片中的网格（grid），联系到非洲艺术中的抽象几何图形，再联系到古代的日本艺术，她从"网格"这一主题出发，探索到艺术史中与网格相关的、各个别具特色的艺术家，并串联起一条创造性脉络，洞察到一个特定形式主题与深度意义之间的关联性，这也启发了她之后自身的艺术创作活动。

（二）作为生命历程的探索

作为探究性学习的艺术不像传统教育那样，追寻绝对准确、清晰和客观性，而是引入更多的模糊性、复杂性、情感、直觉、生活体验等主观性要素。这一探究过程不是像实证科学那样，将观察对象的过程当作在解剖一只青蛙，而是将这一探究过程与研究者自身活生生的生命体验结合在一起，由此展开一种富有意义的、有自身关切的学习过程。比如，哈廷格对网格的兴趣就源于她自身生活在一座充满抽象几何感建筑的城市当中，这彻底塑造了她的生命经验。因此，探索"网格"形式就是在探索她自身的生命历史和生命存在、追问自身缘何而来。

（三）通向无法言说之物

作为探究过程的艺术不仅仅采用确定性的符号语言或者枯燥的概念和命题，而且还加入视觉意象及其他非语言的形式，这些形式常通过隐喻和征象来捕捉那些不可言喻的事物，从而向那些未知的、不曾被言说、无法被清晰表达的复杂情感领域敞开，而这恰恰是创造性得以被开发出来

---

[1] Julia Marshal and Kimberley D'Adamo, "Art practice as research in the classroom: A new paradigm in art education", *Art Education*, Vol.64, No.5, 2011, pp.12-18.

的前提。沙利文（Graeme Sullivan）指出："对于需要研究的艺术实践，它必须同时涉及想象力和智力。"[①]他提倡，作为探究的艺术活动不应仅仅使用非语言文字的形式，而是应该将语言文字和非语言文字相互混搭和并置起来，"这两种形式在一个反复往来的过程中交织在一起，相互推动，相互促进"[②]。这并非以想象力或者智力任何一端为中心，而是强调二者之间需要相互启发、相互注解和相互推动。比如，在哈廷格的探索中，她将网格的形式主题予以智性化，发掘出这些艺术家绘制网格的内在动力是源于对"魔法"和"幻觉"的迷恋，而这种智性化的认知也能够反过来推动学生进一步研究任意特定美学形式本身，研究何种分割空间的网格形式能够激发何种特定的幻觉。

（四）创造性生成

艺术式探究所产生的知识必然是全新的、独一无二的和前所未有的。"它能够增加我们对世界的理解，或者改变我们对世界的理解"[③]，而拓展未知的边界，向着无尽的、对未来可能性的想象敞开，恰恰就是改变我们现存生存世界的前提。

总而言之，当前艺术教育的目标应当被重新锚定，它旨在培养超越于技能之上的探究能力、反思能力、批判能力及综合的创造性表达等素养，这些是人工智能完全无法取代的。不过它们可以协助我们进行探究性学

---

① Graeme Sullivan, "Painting as research.", *Handbook of the Arts in Qualitative Research: Perspectives, Methodologies, Examples and Issues*（2002）, pp.339-355.

② Marshal, Julia Kimberley D'Adamo. "Art practice as research in the classroom: A new paradigm in art education." *Art Education* 64.5（2011）: 12-18.

③ Marshal, Julia Kimberley D'Adamo. "Art practice as research in the classroom: A new paradigm in art education." *Art Education* 64.5（2011）: 12-18.

习，由于AI等技术手段能够帮助我们完成传统媒介中大量重复性和枯燥的任务，解放我们的时间和双手，反而能成为推动真正艺术创新的"催化剂"。虽然将数字技术引入艺术课堂是必然的趋势，但我们也应当注意引入的方式与方法，数字技术的应用应当能够帮助推动以传统"教师为中心"的教学法转向"以学生为中心的"的教学法，数字技术不应当仅仅是作为教学和演示知识与技能的工具，而是应该用来促进学生的创造性思维和生产、相互协作学习，以及通过动手实践来解决问题的能力。而相应地，我们也应当及时地调整教师的角色。教师如今更多应从"传授者"转变为"启发者"和"协作者"，教师的教学任务应当转变为如何协助和启发学生对形式主题进行批判性的分析和讨论，并积极引导他们进行自由的探索，建立起一套独属于自己的"媒介—感知—思想"反馈回环的路径。

三、对国外美育课程中数字技术应用的调研与借鉴

通过检索国外艺术教育期刊中有关数字美育的重要研究文献，笔者调查了国外大学美育课程中数字技术应用的重要教学案例和成果，并分析总结当前数字技术可以赋能艺术和审美教育的典型路径。我们以为，数字技术之应用于艺术教育，至少可以产生以下几种益处，或可供国内致力于相关教育实践探索的教育者们参考。

（一）利用数字技术探索知识传递的新模式

计算机丰富的可视化技术有助于向学生更加直观、更加清晰地展现艺术知识。比如，在传统课堂中，由于受限于线性讲述的有限容量，呈现艺术各流派的历史发展与演变只能以少量的例子来进行传授，而在互联网环境下，学生可以轻松取得海量的在线艺术资源库，通过对大量信息之

间的彼此印证和相互对比，学生可以更快速地、高效地对艺术作品及流派建立起感性认知。并且，互联网对知识的组织模式有别于传统书籍的线性模式，而是以超链接和生成式网络状进行组织，更有助于学生通过某个主题，创造性地串联其自己独特的艺术史脉络，并有助于建立一种围绕"问题"为核心的、探究式的学习模式。近年来，我国一些数字教育平台对其也有所借鉴，开发了"知识图谱"的智能知识管理方案，以可视化形式加速学生的理解；以无限链接的方式揭示信息间的复杂联系，便于透视复杂问题的核心；以可搜索的方式促使学生自主探究问题；以语境化的方式便于机器—人类之间相互沟通、补充与协作。

（二）利用数字技术促进媒介融合的艺术新表达

计算机技术有助于将传统艺术和新型数字艺术相结合，开拓出更多创新性的艺术形式。数字技术并不会彻底取代传统艺术的技能和知识，而是可以更大限度地节约学生花费在练习线条、色彩等基础元素的重复性劳动上的时间，把更多的时间和精力引导到开发灵感和悟性、提高批判意识及综合艺术素养上面来。比如，在哈佛－史密松森（Harvard-Smithsonian）天体物理中心工作的博士后艾利克斯·帕克以凡·高的经典作品《星夜》为蓝本，用美国宇航局的哈勃望远镜拍摄到的100张太空照片为素材，将它们以马赛克的形式重新拼贴出《星夜》的图像。[1] 当我们近距离将这一作品放大时，能够清晰地看到，每片马赛克碎片都是一张真实的宇宙星空的照片。该作品利用传统艺术与新艺术相结合的方式，批判性思索了当代技术捕捉宇宙图像的行星化视角，模拟像素化的图像

---

[1] Al-Hanna, Linda Sue. *Digital technology: The modern medium for the art classroom*, The University of Texas at El Paso, 2013, p.19.

及可放大缩小的观看方式,完全再现了这一世界逐渐被计算机视觉化的过程。

(三)利用数字技术构建虚实融合的学习新场景

基于数字技术可以开发出多种多样具有沉浸性和交互性的装置,在虚拟空间中模拟出更逼真的情境,以解决由于时空限制,学生无法前往一些实地场景进行考察的弊端。一些展出数字艺术作品的线下博物馆可以作为教师良好的助手和辅助工具,帮助培养出学生的情境化知识。伊恩·博格斯特(Ian Bogost)称这种知识的习得为"过程性素养"(procedural literacy),它指的是,学生在完全嵌入物质、社会和文化世界的背景当中所习得活生生的情境认知。[1]这样能更好地让他们在真实的生活实践当中举一反三地重新调用出这些知识。参观这些虚实融合博物馆的活动还可以进一步启发学生相互协作,自己动手制作出一些艺术装置。比如,教师带领学生参观名为"A-Volve"的互动艺术装置,参观者可以通过在屏幕上创建虚拟水中生物,并观察它们如何在水中生态环境中逐渐成长,学生可通过与生物互动真实地理解生命的起源、创造和生长等知识。[2]

通过调研我们发现,数字技术通过传输的高效性、内容的多元性、媒介的融合性、信息的可操作性、感知的沉浸性等特征,能够为艺术教育提供无穷的可能,并提供让学生自主探索和自主成长的动力,我们可以充分利用这些技术创新赋能教育,解放教师和学生,更大程度地激发教师终身

---

[1] Ian Bogost, *Persuasive games: The expressive power of videogames*, Mit Press, 2010, p.233.
[2] Al-Hanna, Linda Sue, *Digital technology: The modern medium for the art classroom*, The University of Texas at El Paso, 2013, p.18.

学习和可持续发展的潜力，以适应急速变化的未来，为当前的教育事业做出与时俱进的贡献。

四、"新技术"背景下大学美育课程的设计与实施

同济大学的大学美育课程响应国务院《关于全面加强和改进新时代学校美育工作的意见》及教育部《关于切实加强新时代高等学校美育工作的意见》（下文简称为"教育部《意见》"）等文件的精神，以习近平新时代中国特色社会主义思想为指导，以弘扬中华美育精神，培养德智体美劳全面发展的社会主义建设者和接班人为目标，对高校美育课程建设开展了有益探索。课程积极面向新技术带来的新形势，利用新技术提供的新机遇，提出以下创新课程设计方案。

第一，课程面向新形势，率先建设了一套高质量的线上慕课，以充分响应教育部《意见》提出的要"充分运用现代化信息技术手段，探索构建网络化、数字化、智能化、线上线下相结合的课程教学模式"这一指导意见的号召。慕课的全部课程所在网站设计精美，过程性考核分为两个部分：第一为视频学习，学生将根据学习要求完成视频学习内容，占比50%；第二为课堂测验，针对每节课程学习的内容，进行网络随堂测验，确保学生的学习效果和听课状态，占比50%。在这一过程中，我们充分利用了数字技术的互动性特征，构建起模块化、动态化、可自由组合并选择学习路径的教学体系，改变以往以教师为中心的课程设计和讲授，而转变为由学生自主选择学习时间、学习内容，以及自主安排训练的培养环节。慕课将"游戏化"的机制纳入教学活动中，如引入"闯关"设计，学生只有通过先导内容的测验，才能"解锁"下一关的学习内容，通过挑战形式增加了学习的趣味性，也调动了学生自主学习的积极性。

第二，课程尝试突破传统的单向度知识讲授模式，增加了动手实践的创作环节，以回应教育部《意见》指出的"普通高校要强化面向全体学生的普及艺术教育""完善课程教学、实践活动、校园文化、艺术展演'四位一体'的普及艺术教育推进机制"，将主动权交还给学生。理论学习当然是美育的基础，课程要求学生除了需掌握相应专业理论和知识之外，也要走出课堂，走向生活和公共场域，在具体的探索过程中发现问题、分析问题及创造性解决问题。课程主体依托同济大学艺术与传媒学院，学院长期致力于校园文化建设和艺术展演实践的探索，配备具有丰富的经验和专业业务能力的一流艺术教员，依托动画专业、音乐专业和音乐表演等专业的人才资源，每年开展"星期音乐会""国际音乐节""动画季"等丰富的校园文化活动，为大学美育的学生提供了实践探索的机会。由此，课程整合了理论教育与实践教育资源，二者相辅相成，真正完成了令学生从美学思维到创造作品的转化过程，致力实现美育树人的全面培养目标。

第三，课程沿跨学科路径进行了有益的尝试和探索，以响应教育部《意见》中对于艺术专业"应与学科建设、产业发展、社会需求、艺术前沿有机衔接，加强社会服务意识，增强人才培养和社会经济发展的契合度"的要求。在如今新技术、新产业日新月异的背景之下，教育部呼吁全面推进"新文科"建设，提倡跨学科、交叉学科、全局性的眼光，以应对层出不穷的新问题的挑战。为适应国家需求，培育知识创新，本课程在跨学科路径的尝试中，通过与人文学院、建筑与城市规划学院、海洋与地球科学学院、创意设计学院、土木工程学院等教学单位进行跨学院合作，集合全校师资力量，组建了覆盖美学、文学、舞蹈、音乐、绘画、建筑、科技、数理等各个学科将近20名教授的授课团队，并兼有院士访谈等特色课程。除了涵盖传统的人文艺术美学之外，也加入了设计美学、技术美学、智能美学等一系列耳目一新的美学新动态的课程元素，在打通文科、理科和工科，打破传统学科与新兴智能学科之间的边界，促进学科交叉融合的可能性方面迈出了坚实的一步。

综上，在深入思索数字技术对美育带来的挑战和机遇，以及充分调研国外大学美育课程中数字技术应用的基础上，同济大学推出了独具特色的大学美育课程。这是在"新技术"和"新文科"背景下对艺术教育的一次尝试性探索。课程设计者思考了数字化和智能化对艺术教育提出的挑战，并充分利用了新技术平台所提供的机遇和动力，探索了线上与线下相融合、理论与实践相结合，传统教育理念与前沿性研究相激发，文、艺、理、工跨学科相整合的创造性课程教学模式，真正提升了学生的审美层次，达到了培养学生发现美、体验美、鉴赏美的能力的课程目标。

作者简介 张艳，同济大学艺术与传媒学院助理教授、硕士生导师。主要研究方向为当代技术语境下媒介、艺术及其他文化领域的互动关系。

李麟学，同济大学艺术与传媒学院院长、建筑与城市规划学院长聘教授、博士生导师。主要研究方向为城市建筑跨媒介传播、热力学生态建筑、公共建筑集群等。

域外美育

当代中法师范院校美育体系比较研究

——以北京师范大学与巴黎高等师范学院为例

杜一雄　柴　婷

摘　要

2018年，习近平总书记在全国教育大会上指出："要全面加强和改进学校美育，坚持以美育人、以文化人，提高学生审美和人文素养。"美育对个体综合素质的提高与国家、民族进步的作用显著。本文旨在通过比较北京师范大学与巴黎高等师范学院的通识美育模式，从教学主体、授课对象、课程设置三个方面探讨两国高校的通识美育培养体系及其侧重点，为我国高校美育发展提供借鉴与参考，促进青年审美素养的提升。

关键词

高校美育　对比研究　北师大　巴黎高师

在我国，高校是美育的重要平台，高等教育中的美育是青年学子成长、成才的重要环节。近年来，高校开始努力探索美育的发展道路，但仍存在高校对美育重视程度不够、缺乏有效的美育课程体系、师资缺乏和经费投入不足、学生审美素养不高等现实问题[1]，如何脱离自身美育建设的困境，走出中国特色美育之路，是摆在各高校面前的现实问题。中法两国均是历史悠久、文化灿烂的大国，法国由于美育教育起步早，多年来，逐渐形成了自身特色。而在诸多的高等院校之中，师范类院校由于其学生，肩负着培养国家未来人才的重任，其审美情趣与美学知识将直接作用于其教学与育人实践。可以说，师范院校的学生既是高等教育美育实践的对象，又是未来整个教育系统的美育实施主体。本文将通过对两国著名的师范类高等学府：北京师范大学（Beijing Normal University，BNU，以下简称"北师大"）与巴黎高等师范学院（École normale supérieure，ENS，以下简称"巴黎高师"）的美育实践，从教学主体、授课对象、课程设置三个方面对比两校通识美育工作，结合我国实际为高校美育发展提出建议。

一、"美育"的概念界定

谈到"美育"（aesthetic education），我们不可避免地要回溯至"美学"（aesthetic）。"美学"一词源于希腊语 aisth étikos，本意指一种感知力，同时也是感知的目的。[2] 1735年，德国哲学家亚历山大·戈特利布·鲍姆嘉通（Alexander Gottlieb Baumgarten，1714—1762）首次提出"美学"概念，建立了研究美及其感知力的哲学学科体系。1793年，德国文学家约翰·克里斯托弗·弗里德里希·冯·席勒（Johann Christoph Friedrich von Schiller，1759—

---

[1] 参见张笑梅《当代高校美育的困境与出路》，硕士学位论文，山东师范大学，2008年。

[2] Dubois, A. Douzat et H. Mitterand, *Esth étique, dans Dictionnaire étymologique et historique du français*, Paris: Éditions Larousse, 2006, p.290-291. Jacqueline Picoche, *Esth étique, dans Dictionnaire é tymologique du français*, Paris: Éditions Le Robert, 2002, p.213.

1805）发表书信集《审美教育书简》(也译《美育书简》)，标志着"美育"概念的正式形成。19世纪，"美育"及西方美学思想传入中国，王国维在《孔子之美育主义》一文中首次使用了"美育"这一术语。

　　在教育历史演进的过程中，东西方都曾对"美育"这一特殊概念进行过界定，但至今尚未达成统一。学界对美育的界定主要有"情感教育说""艺术教育说""审美教育说""全人教育说"四个观点。[①]席勒认为美育是"促进鉴赏力和美的教育，这种教育的目的在于培养我们的感性和精神力量，使整体达到尽可能和谐"[②]；王国维在《论教育之宗旨》一文中写道："美育'使人之感情发达，以达完美之域'。"[③]蔡元培提出："美育者，应用美学之理论于教育，以陶冶感情为目的者也。"[④]张藩等在《教育学教程》一书中指出："美育又称审美教育，是运用艺术美、自然美和社会生活美培养学生正确的审美观点和感受美、鉴赏美、表达美、创造美的能力的教育活动。"[⑤]李牧则强调："美育不同于作为纯粹感性体验的体育与劳育，亦不同于强调精神性的德育和智育，而是作为沟通和联结感性经验与知性思考的桥梁，将"五育"整合为培养完全之人的有效路径和必经之途。"[⑥]2020年，中共中央办公厅、国务院办公厅联合印发的《关于全面加强和改进新时代学校美育工作的意见》(下简称《意见》)中，将"美

[①] 参见栗嘉忻《新时代中国高校德育与美育协同发展研究》，博士学位论文，吉林大学，2019年。
[②] 徐恒醇：《〈美育书简〉导读》，四川教育出版社2002年版，第163页。
[③] 王国维：《论教育之宗旨》，《教育科学论坛》2001年第11期。
[④] 蔡元培：《蔡元培美学文选》，北京大学出版社1983年版，第174页。
[⑤] 张藩、周鸿、黄魁耀、万明春：《教育学教程》，科学技术文献出版社1992年版，第205页。
[⑥] 李牧：《欧美高校本科教育中的美育观念与实践及其对中国高等教育的启示》，《美育学刊》2020年第4期。

育"定义为"审美教育、情操教育、心灵教育,也是丰富想象力和培养创新意识的教育,能提升审美素养、陶冶情操、温润心灵、激发创新创造活力"。《意见》同时明确了加强和改进新时代学校美育工作的总目标及时间表,其中特别提到,到2022年,学校美育课程应全部开足,资源配置不断优化,评价体系逐步健全,以及到2035年,要基本形成"全覆盖、多样化、高质量的具有中国特色的现代化学校美育体系"的愿景。综合以上观点,我们可以将美育理解为一种通过学习、感知美来获得审美的提升从而实现个人情感、思维发展及综合素质提高的教育。艺术教育是美育的重要手段,审美教育是美育的核心内容,情感教育和全人教育则是美育的主要目的。

他乡之石,可以攻玉。作为文艺复兴与启蒙运动的中心,艺术与文化历史悠久的大国,法国自19世纪末便开始倡导将艺术学科融于基础教育。1981年,艺术教学(Enseignement artistique)概念由时任文化与国民教育部长雅克·朗(Jack Lang)深入;1988年,法国议会两院全票通过了《艺术教学法》(*Loi relative aux enseignements artistiques*),伴随着法制化进程,绘画、音乐、塑形艺术、电影、戏剧等艺术形式更加深入课堂,成为通识教学的重要组成部分。进入21世纪,法国将原"艺术教学"(Enseignement artistique)更名为"文化与艺术教育"(Education artistique et culturelle),将其全面纳入义务教育到高等教育人才培养全过程。同时,2005年由法国文化部和教育部共同创立"艺术与文化教育高等委员会"(Haut conseil de l'éducation artistique et culturelle),由两部部长担任主席,将艺术与文化教育作为国家重点发展领域。

艺术与文化教育在法国全面展开,离不开各层级教师的配合与主导。而我国加强与改进新时代美育工作的重点,就在于美育师资队伍建设。据教育部《加强和改进新时代学校美育工作 构建德智体美劳全面培养教育体系》与《2019年全国教育事业发展统计公报》数据显示，2015年《国务院办公厅关于全面加强和改进学校美育工作的意见》下发后，截至2019年，全国美育教师虽增加了14.9万人，但与全国专任教师1732.03万的总数相比，美育师资仅占74.8万人，特别是在偏远及欠发达地区，美育师资仍面临严重不足的局面。目前，在我国各级教育中的美育大多依赖艺术类专业毕业生在校内展开的美术、音乐课程，但如果我们将美育视作全人教育与情感教育的重要组成部分，则各科目教师均应相应提高美学素养，以整体影响学生审美，使学生在学校学习中能够在美术音乐课程之外，丰富自己对美的感受与体验。为实现这一愿景，我国高等师范教育院所，作为未来教师的摇篮，更应合理优化自己的美育项目，使师范学生——当下美育的对象，未来美育的主导者——能够率先在高等教育阶段提升自己的审美体验与审美情趣，将来才能做好美的传播者，为国育才。

二、北京师范大学与巴黎高等师范学院通识美育模式对比研究

高校美育课程包括专业艺术课程与通识美育课程。专业艺术课程面向具有专业基础的艺术类学生，更具有职业指向性，并非真正意义上的"高校美育"；通识美育课程面向全体学生，相比专业艺术课程更具有美育作用。在本文中，我们将通过中法两国最高师范学府：北师大与巴黎高师在官方网站上公开发布的通识美育模式与培养办法（数据采集时间为2022年11月），以两校为引，从教学主体、授课对象、课程设置三个方面对比展现、分析中法两国高等教育阶段通识美育的体系与侧重点。

（一）教学主体

1. 主导部门

北师大和巴黎高师的通识美育工作都依托于本校的艺术学院，具体而言，北师大通识美育主要由艺术与传媒学院（School of Arts & Communication，以下简称"艺术学院"）及该校美育中心负责；巴黎高师由艺术学院（Département ARTS）承担全校的通识美育任务。由同一院系统一负责全校艺术教育方案，可以避免权责不明，加强教学整体方案的实施和集中管理。

2. 教师构成

从教师角度讲，北师大通识美育授课教师主要来自艺术与传媒学院，此外还有部分美育课程由来自本校其他学院的教师讲授，比如文化创新与传播研究院、教育学部、中国文化国际传播研究院、历史学院、地理科学学部、哲学学院、新闻传播学院、文学院、资源学院。该校美育老师均来自中国，且几乎全部为学校在编教师。此外，学校会不定期举办美育相关讲座，邀请艺术家来校进行演出与研讨分享，丰富学生的美育体验。

巴黎高师美育课程的教师构成则更为丰富。还与巴黎国立高等音乐舞蹈学院（CNSMDP）、国立高等装饰艺术学院（ENSAD）、巴黎国立高等美术学院（ENSBA）、法国高等国家视听与声音职业学院（La Fémis）等校展开合作。因此，我们从巴黎高师艺术学院官网提供的课程信息发现，部分课程会采用多校教师合作授课的模式。并且，得益于法国高校教师较强的流动性，巴黎第八大学（Université Paris 8）、巴黎东大联盟（Université Paris Est）甚至外省高校的教师也会参与合作授课。此外，巴黎高师还吸收了一些来自法国国家科学研究中心（CNRS, Centre national de la recherche scientifique）的研究人员参与开办美育相关课程。

相较北师大，巴黎高师除了本国教师之外，还有为数不少的外籍教师参与授课。为美育教师团体注入了新鲜血液，在某些主题的美育课程中，外籍教师的参与也有助于避免单一文化下的固有思维模式，开拓美育新角度，使学生形成多元审美观。此外，巴黎高师会适时邀请某些艺术领域的专家担任客座教授，比如职业摄影师、导演、演员、剧作家、作家、歌手等。这些专家美育课的课时并不短，而且在学校通识美育课程中的占有一定比重。另外，巴黎高师还有一个鲜明的特色：学生也可以自主发起一系列美育讨论课，这类课程同样面向全体师生。并且，同教师合作授课模式一样，发起此类课程的学生也可以来自各个学院甚至各个学校，一方面将自己的艺术观点与实践分享给同龄年轻人，另一方面也锻炼自己将来作为未来教师的教学能力。

（二）授课对象

北师大的通识美育课面向全校所有专业的全体学生（一般认为是在校生），一部分通识美育课则依托中国大学 MOOC 等慕课平台，面向全国受众开设。巴黎高师的美育课程同样承载了全民美育的部分任务，该校艺术学院的通识美育课除了面向所有学生，部分课程也面向校友甚至社会人士。如此，高等教育的美育走出高校，迈向社会，有助于促进全社会文艺交流，带动社会文艺发展。

（三）课程设置

北师大的通识美育课程属于学校通识教育课程中的"艺术鉴赏与审美体验"模块，共有 104 门课程可以选择。其中，艺术学院提供了 85 门美育课程，文学院有 6 门课程，文化创新与传播研究院 4 门，历史学院与哲学学院各 2 门，教育学部、中国文化国际传播研究院、地理科学学部、新闻传播学院、资源学院均提供了 1 门通识美育课程。笔者注意到，艺术学院承担了全校约 82% 的通识美育课程，而且各学院独立提供美育课程，没有跨学科、跨学院合作授课的现象。

巴黎高师艺术学院 2020—2021 学年一共开设了 44 门通识美育课程，其中艺术学院的教师独立开设了 22 门，占全部美育课程的 50%。此外，艺术学院开设的合作美育课共 13 门，包括与专家、研究院合作授课 6 门，以及与其他院、校、文艺机构等合作授课 7 门。由编舞师、演员、导演、编剧、作家等专家独立开办的美育课程共 5 门，本校哲学院联合其他高校开办 1 门，本校文学与语言院与艺术史论院合作开设 1 门，由其他大学教师来巴黎高师开办的通识美育课程共 2 门。

1. 课程分类

北师大与巴黎高师通识美育课程大抵可以分为音乐、美术、舞蹈、影视与舞台艺术、文学几个门类，其授课形式又可分为以史论讲授为主，以作品赏析为主、以艺术实践为主等不同的课堂组织形式。从数量上来说，北师大的通识美育课程要远远多于巴黎高师。笔者认为主要原因在于两校注册学生的人数不同。由于属于精英研究型人才培养院所，巴黎高师每年录取的学生仅 200 余名，远远少于北师大录取学生数量，后者仅 2022 年一年，就计划招收各类硕士研究生 4800 余人，由此可以解释巴黎高师提供美育课程总数同北师大有较大差距。

另外，相较巴黎高师，北师大不同艺术种类的通识美育课程分布更为均匀，而巴黎高师明显更为注重影视类通识美育。这与法国的视听文化产业发展是分不开的。众所周知，法国是电影艺术的发源地，电影产业是法国文化产业之"龙头"，且具有优良的发展传统，因此，影视类美育课程可以算作"法国特色通识美育课程"了。最后，在"其他"这一类目下，巴黎高师的通识美育课程占比更多，说明该校的通识美育种类的离散程度更高，即其通识美育涉及的范围更广，课程内容更加丰富。

从另一个对比维度来看，在北师大的通识美育课程中，史论课占比最高，达到全部课程一半的比例，其次是鉴赏课，美育实践课占比最低；巴黎高师的鉴赏类课程占比最高，其次为实践课，史论课占比最低。这表明北师大通识美育的特点是"重理论、轻实践"：将美育工作的重点放在了艺术历史与理论之上，目前尚未充分开发美育实践课程。巴黎高师更倾向于带给学生审美体验并对其进行分析与探讨。

2. 授课模式

上文中，我们比较了两校的通识美育的课程内容。这三种类型的课程可以代表三种授课模式：史论课主要是由教师进行知识的传授，鉴赏课程模式下，学生的自主性得到了一定提升，教师由传授知识变为引导学生对某一问题进行分析与思考；而在实践课程中，学生的主观能动性可以得到最大的发挥，教师更多地起到辅助作用。

相较而言，北师大美育课程的教学模式偏向于更为传统的教师导向型，巴黎高师则将美育侧重点多置于师生互动之中。但从实际情况来看，其授课模式会根据其他因素综合考虑再确定。具体而言，巴黎高师艺术学院的课程类型分为课程（cours et séminaires）与工作坊（atelier）两种形式。前者是教师主导型授课模式，类似我们所言之"史论课"，教师通过自己授课技巧将知识传授给学生；后者是教师辅助型授课模式，更看重学生的课堂参与，倡导学生主动实践。前者课程周期较长，一般为一至两个学期，课容量较大，可接收多达百名学生；后者的课程周期可长可短，但多数较短，且会限制注册人数，一般只接收十几人。巴黎高师的通识美育课一般采取以上两种授课模式，但课程（cours et séminaires）形式的数量更多。

3. 课程资源

美育的教学资源可被划分为教学内资源与教学外资源。其中，教学内资源指课堂用的教材、课件等资源，美育教师或者客座专家等；教学外资源比如社团、文艺活动、图书馆、博物馆、艺术工作室、剧院等。即使是同类课程，教学资源的多寡与如何利用，也会对课程的开展与教学效果有影响。相对而言，因为地处法国巴黎，欧洲文化艺术的聚集地，巴黎高师的美育资源较为丰富，课程设置更为创新灵活。

以合唱课与艺术史课为例，巴黎高师的合唱课的课程简介中写道：该校合唱课依托于学校的合唱团与交响乐团，并有与专业歌唱家合作演出机会；北师大的合唱课教学大纲中，备注了该课程配备普通教室，并将该课的教学目标定为"了解合唱沿革，了解合唱基础知识，进行合唱基础训练，培养学生对音乐的审美"。

另外，艺术史与作品鉴赏相关课程，法国会将博物馆资源引入教学，使学生可以有在博物馆/美术馆接受审美教育的机会。相较而言，北师大的艺术史课程简介为："本课程按时间线索系统讲授西方艺术自古希腊一直到20世纪的发展脉络。每次课程选取西方艺术史上具有重要意义的时间段或艺术流派展开系统介绍和讲解，内容包括：时代与文化背景、重要艺术作品、重要艺术家、风格传承与时代特征、历史影响等方面。"而巴黎高师将"艺术与作品"这门课，定位为"跨学科文化调解研讨班（atelier de médiation culturelle transdisciplinaire）"，该课程由巴黎集美国立亚洲艺术博物馆（Musée national des arts asiatiques–Guimet）合作开设，该博物馆将会为课程提供丰富的藏品，并且至少有两次在博物馆内部上课的机会。

巴黎高师通过将社会资源引入，鼓励学生走出校门，联合社会艺术机构为学生提供参观与表演的机会；学校的剧场、音乐排练室及艺术工作室向全体学生及校友开放；邀请各领域专家来授课，努力促进学生与艺术家进行交流；开办多门跨学科、跨学院、跨学校的美育课程；举办专题研讨会等措施，集整个社会之合力，以学校平台为载体，充分发挥其美育功能。相较之下，北师大的美育教学资源虽略有局限，但为了优化本校美育效果，北师大美育中心开展了丰富的美育活动，定期邀请艺术家来学校演出、办展、开讲座；开展专题艺术推广活动；开办合唱比赛、创意设计比赛；组织集体观影；承办国际大学生电影节；等等，在一定程度上同样调动了社会资源，弥补了课堂教学的缺憾。

4. 考核方式

整体来看，北师大的通识美育课考核形式仍沿用了"考试"或"考查"的大学通识课程的传统考查模式。前者由"平时成绩+期末成绩"组成，其中"平时成绩"可以包括出勤率、课堂展示、课堂讨论、单元/期中测试。后者的主要形式是撰写论文，或期中、期末各交一篇或者只期末提交一篇，部分实践型美育课的考核方式为汇报或展示。而巴黎高师的通识美育课程部分只要求保证出勤率及课堂参与活跃度即可，书面或随堂考试/考查形式并非强制要求。

四、中国高校美育发展建议

作为全国高校美育的领军者，北师大通识美育工作的理念是"抓品牌，抓特色、抓原创"，秉持"广泛性、深入性、持续性和团队合作性"的美育原则，结合自身人文学科实力及社会各界的力量，打造一个能推广到全国高校的美育特色品牌，培养具有高尚美学修养和审美情趣的未来教师后备军，从而推动我国美育的发展。

但是宏观来看，由于区域资源配置的不同，以及高校对美育功能认识的不到位，我国高校在美育资源与美育设置上仍存在明显的地区、校际差异；微观来看，高校美育一直在传授艺术知识、技能的艺术教育和形而上学的美学教育中过于强调理论知识而忽视审美实践，这在一定程度上会降低课程的美育功能，导致学生缺失应有的"审美感知"，无法获得相应的"审美经验"。

法国历任总统都将文化与艺术教育作为国家的"优先工作"。对于法国教育体系而言，艺术教育不仅有利于发展青少年综合能力，并且有利于解决社会中的价值观冲突与融合问题。法国前任总统奥朗德在执政期间明确提出通过增加文化与艺术教育比重，增加法国民众的身份认同、社会认同与文化认同。马克龙总统上台后，更是依托法国国民教育部和文化部共同推出一项惠及全法1300万青少年和儿童的新的艺术文化教育政策，在新政策框架下，政府将更多的文化资源引入学校艺术文化教育，鼓励更多艺术家和文化领域专业人士参与学校教学。

以北师大美育实践为引，以巴黎高师为例，结合我国高校美育发展现状，笔者认为，未来全国高校美育教育的发展可参考以下几点建议：

第一，认识高校美育意义，明确高校美育目的。高校应当深刻体会通识美育丰富学生人文素养，增强学生创新能力，全面提升个人综合素质的重要意义，将美育与德育、身份教育相结合，通过美学教育，培养学生对民族文化的认同与自信，对多元文化的包容与尊重，培养更多符合未来祖国与时代需要的综合素质人才。

第二，跨学科动员，使高校美育工作更加专业化、整体化。我国高校综合性大学居多，优化高校美育实践，可以艺术学院为主导，但不局限于艺术学院教学资源。我国高校可充分动员校内或地方多所高校的教育学、哲学、美学、艺术、文学等跨学科、多学科资源，因地制宜，联合制订符合地方实际和高校发展目标的美育方案，加强美育与德育、智育、体育、劳育的有机结合，持续建设多学科、全方位、高水平的美育体系。

第三，鼓励跨界合作，联动社会各方资源，同时适度开放美育课程，反哺社会。法国美育的特点是博物馆与社会美育资源的引入，与整个教育体系形成合力，与此同时部分高校课程向当地居民开放旁听，高校由此成为全民审美教育的平台。我国高校可以学生发展为中心，广泛调动社会资源，一方面通过将社会美育资源引入高校，努力帮助学生通过课堂学习以外的形式达到审美经验与审美实践的统一；另一方面通过社会资源培训专业授课教师，扩充美育师资队伍。与此同时，适度开放美育资源，面向公众提供课程、展览、演出等，以高校为依托，形成全民美育、终身美育氛围。

改革高校美育课程，建设中国特色美育体系是长期复杂的进程，高校可以《意见》为指导，根据自身的办学条件努力完善与美育相关的学科建设：优化教学法，实施主动教学，提高学生的学习积极性与参与度，使美育课堂的接受度达到更高标准；优化美育课程评估方式，跳出传统讲授课程的考查模式，鼓励学生自评与互评，提高美育课程质量；多元化美育课程内容，以聚焦本民族的优秀传统文化为基础。将我国传统美术、工艺、书法、音乐纳入课程教学中来，培养青年学生的文化自觉与文化自信，同时使学生了解世界多元的审美特点、美学发展历史与经典作品，使学生能够美人之美，美美与共，早日成长为新时代中国特色社会主义建设所需的复合型人才。

作者简介　　杜一雄，中国政法大学外国语学院副教授，研究方向为国别与区域研究、国际组织研究。
　　　　　　　柴婷，中国政法大学外国语学院 2022 届外国语学院研究生，研究方向为国别与区域研究。